INTRODUÇÃO AOS PROCESSOS DE FABRICAÇÃO DE PRODUTOS METÁLICOS

Blucher

CLAUDIO SHYINTI KIMINAMI
WALMAN BENÍCIO DE CASTRO
MARCELO FALCÃO DE OLIVEIRA

INTRODUÇÃO AOS PROCESSOS DE FABRICAÇÃO DE PRODUTOS METÁLICOS

2ª edição

Introdução aos processos de fabricação de produtos metálicos
© 2018 Claudio Shyinti Kiminami
       Walman Benício de Castro
       Marcelo Falcão de Oliveira
1ª edição – 2013
2ª edição – 2018
Editora Edgard Blücher Ltda.

Blucher

Rua Pedroso Alvarenga, 1.245, 4º andar
04531-012 – São Paulo – SP – Brasil
Tel.: 55 (11) 3078-5366
contato@blucher.com.br
www.blucher.com.br

Segundo o Novo Acordo Ortográfico, conforme 5. ed.
do *Vocabulário Ortográfico da Língua Portuguesa*,
Academia Brasileira de Letras, março de 2009.

É proibida a reprodução total ou parcial por quaisquer meios
sem autorização escrita da editora.

Todos os direitos reservados pela
Editora Edgard Blücher Ltda.

Dados Internacionais de Catalogação
na Publicação (CIP)
Angélica Ilaqua CRB-8/7057

Kiminami, Claudio Shyinti
  Introdução aos processos de fabricação de produtos
metálicos / Claudio Shyinti Kiminami, Walman Benício de Castro,
Marcelo Falcão de Oliveira. – 2. ed. – São Paulo : Blucher, 2018.
  236 p. : il.

  Bibliografia
  ISBN 978-85-212-1312-3

  1. Metalurgia 2. Engenharia de materiais 3. Metais – produtos
4. Usinagem 5. Fundição 6. Metalurgia do pó I. Título. II. Castro,
Walman Benício de. III. Oliveira, Marcelo Falcão de.

18-0582   CDD 669

Índice para catálogo sistemático:
1. Metalurgia

Prefácio

Os processos de fabricação de produtos metálicos com enfoque metalúrgico pertencem ao conteúdo programático de diversas disciplinas dos cursos de graduação em Engenharia Mecânica, Engenharia de Produção, Engenharia de Materiais, Desenho Industrial, Pós-Graduação em Ciência e Engenharia de Materiais, Pós-Graduação em Engenharia Mecânica, Especialização em Engenharia Mecânica, Especialização em Engenharia de Materiais, entre outros. Nós, os autores, ministrando essas disciplinas por mais de vinte anos nesses cursos na Universidade Federal de São Carlos, na Universidade Federal da Paraíba, na Universidade Federal de Campina Grande e na Universidade de São Paulo, pudemos aperfeiçoar um ordenamento dos conceitos e das informações envolvidos na temática que acreditamos ser uma forma muito boa para transmitir esses conhecimentos aos alunos. Na forma de apostilas, a didática utilizada no presente livro foi testada e validada por sete anos.

Para a fabricação de produtos metálicos, são usados metais e ligas metálicas em processos que visam não só a dar forma com a precisão que o produto requer, mas também a conferir a este o conjunto de propriedades que o seu uso exige. As propriedades dependem do tipo de metal ou liga (de sua composição química) e, também, de sua microestrutura. A microestrutura, por sua vez, depende do histórico térmico/mecânico sofrido pelo metal durante o processamento. E as propriedades determinarão o desempenho do produto quando em uso.

Assim, no primeiro capítulo é tratado o conceito fundamental sobre a relação existente entre a composição química e microestrutura – processamento – propriedades – aplicação/desempenho do material. Nos capítulos seguintes são tratados os principais grupos de processos existentes: Fundição, Conformação Plástica, Usinagem, Soldagem e Corte, Metalurgia do Pó. Embora a disciplina Ciência dos Materiais seja um prerrequisito ao estudo dos Processos de Fabricação, a experiência nos mostra a importância de uma breve revisão sobre os fundamentos metalúrgicos envolvidos em cada grupo de processos, o que foi feito em cada capítulo. Também ao final de cada capítulo do grupo de processo específico, um estudo de caso de fabricação de um produto, cujo processamento principal é o tratado no capítulo, é apresentado. Um capítulo final com diversos estudos de caso de fabricação de produtos metálicos selecionados foi também incluído. Nesses estudos de caso, as etapas e rotas de fabricação de um determinado produto são apresentadas, assim como também uma discussão, sob o ponto de vista ampliado da correlação Processo – Composição – Microestrutura – Propriedade – Desempenho.

Acreditamos que também para as disciplinas em que os Processos são tratados específica e profundamente (como disciplinas de Fundição, Metalurgia do Pó, Soldagem, Conformação e Usinagem), o presente livro poderá ser usado para que o aluno tenha uma visão geral do processo específico que está estudando, assim como poderá contextualizar, nas diversas rotas possíveis de fabricação, o que está sendo estudado. Também acreditamos que esse livro possa atender a demanda de informação geral dos processos de fabricação dos profissionais que iniciam a sua atuação nos departamentos de compras de empresas, tendo, portanto, de tratar geralmente com uma série de fornecedores que envolvem diferentes processos de fabricação.

Os processos de acabamento e montagem, assim como os de tratamentos térmicos e fixação mecânica, embora façam parte da rota de fabricação de um produto metálico, não foram tratados na presente edição.

Os autores

Nota sobre os autores

CLAUDIO SHYINTI KIMINAMI

Claudio Shyinti Kiminami é Engenheiro de Materiais pela Universidade Federal de São Carlos, UFSCar (1977), Mestre em Engenharia Mecânica pela Universidade Estadual de Campinas, UNICAMP (1979) e Doktor-ingenieur pela Rheinish-Westfaelische Technische Hochschule, RWTH – Aachen, Alemanha (1986), com estágio de pós-doutoramento na Universidade da Flórida, Gainesville, Estados Unidos (1999). Foi professor da Universidade Federal da Paraíba, UFPB, em Campina Grande, de 1979 a 1989, e atualmente é Professor Titular do Departamento de Engenharia de Materiais, DEMa, da UFSCar, onde trabalha desde 1990. Assumiu vários cargos administrativos na UFSCar, como chefe do DEMa (1996-1998), coordenador do Programa de Pós-Graduação em Ciência e Engenharia de Materiais, PPG-CEM (2002-2004) e membro do Conselho Universitário (1996-1998), Coordenador dos cursos de pós-graduação da UFSCar (2005-2008), Pró-Reitor de Pesquisa da UFSCar (2008-2012). Pesquisador 1A do CNPq, é autor de mais de uma centena de trabalhos publicados em periódicos indexados no tema Solidificação e Fundição tendo enfoque no tema Ligas Amorfas, Metaestáveis e Nanoestruturadas. É orientador credenciado no PPG-CEM (CAPES 7) com orientações de mestres e doutores. Desde 1979 ministra disciplinas nas áreas de Materiais e Processos de Fabricação nos cursos de graduação em Engenharia de Materiais, Engenharia Mecânica, Engenharia de Produção e Desenho Industrial, e também no curso de pós-graduação em Ciência e Engenharia de Materiais.

WALMAN BENÍCIO DE CASTRO

Walman Benício de Castro é Engenheiro Mecânico pela Universidade Federal da Paraíba, UFPB (1988), Mestre em Engenharia Mecânica pela UFPB (1992) e Doutor em Ciência e Engenharia de Materiais pela Universidade Federal de São Carlos, UFSCar (1997). Foi professor da UFPB em Campina Grande, de 1989 a 2001, e atualmente é Professor Associado do Departamento de Engenharia Mecânica, DEM, da Universidade Federal de Campina Grande, UFCG, desde 2002. Foi membro do Colegiado Pleno da UFCG de 2004 a 2006. Pesquisador 2 do CNPq, é autor de dezenas de trabalhos publicados em periódicos indexados no tema Solidificação e Ligas com Memória de Forma. É orientador credenciado no Programa de pós-graduação em Ciência e Engenharia de Materiais da UFCG – Campus I, com orientações de mestres e doutores. Desde 1989 ministra disciplinas nas áreas de Materiais e Processos de Fabricação nos cursos de graduação em Engenharia de Materiais, Engenharia Mecânica, Desenho Industrial, e também no curso de pós-graduação em Ciência e Engenharia de Materiais.

MARCELO FALCÃO DE OLIVEIRA

Marcelo Falcão de Oliveira é Engenheiro de Materiais pela Universidade Federal de São Carlos, UFSCar (1994), Mestre em Ciência e Engenharia de Materiais (1997) e Doutor em Ciência e Engenharia de Materiais, com pós-doutoramento na mesma área, também pela UFSCar (2001). Foi professor da Universidade São Francisco em Itatiba, de 2002 a 2004. Em 2005 assumiu o cargo de docente do Departamento de Materiais da Universidade de São Paulo, USP, em São Carlos e em 2011 tornou-se Professor Livre-docente pela mesma universidade. Atualmente é Coordenador do Curso de Engenharia de Materiais e Manufatura da Escola de Engenharia de São Carlos (EESC) e também da USP. Pesquisador nível 2 do CNPq, é autor de dezenas de trabalhos publicados em periódicos indexados nos temas Vidros Metálicos, Cristalização, Ligas Amorfas e Nanocristalinas. É orientador credenciado do Programa de pós-graduação em Ciência e Engenharia de Materiais da EESC/USP, com orientações de mestres e doutores. Desde 2005 ministra disciplinas nas áreas de Materiais e Processos de Fabricação nos cursos de graduação em Engenharia Mecânica, Engenharia de Produção Mecânica, Engenharia de Materiais e Manufatura e também no curso de pós-graduação em Ciência e Engenharia de Materiais.

A nossas esposas e filhos, pelo carinho, suporte e paciência nos períodos de ausência na realização deste trabalho.

Os autores

Agradecimentos

Aos técnicos, Edson Roberto D´Almeida e Diego Coimbrão do DEMa/UFSCar, José Silvano Cerqueira Lima e Eliezer Dias Francisco do SMM-EESC-USP, pelo auxílio na preparação de amostras e micrografias.

À Roberta Marcondes Moraes do curso de Engenharia de Materiais e Manufatura da EESC-USP, pela realização de diversas fotografias que ilustram este livro.

Às empresas Eaton, Faber-Castell, Mahle, Metalpó e Nigro Alumínio, pelas informações que nos ajudaram a desenvolver os estudos de caso.

A todos os alunos de graduação, que passaram pelas nossas disciplinas, por servirem de incentivo para a elaboração deste livro.

À Editora Blucher, por abraçar este projeto e nos ajudar a torná-lo realidade.

Os autores

Conteúdo

1 ESPECIFICAÇÕES DO PRODUTO E OS PROCESSOS DE FABRICAÇÃO. 17

    1.1 INTRODUÇÃO 17

    1.2 ROTAS DE PROCESSAMENTO 18

    1.3 RELAÇÃO: COMPOSIÇÃO QUÍMICA – MICROESTRUTURA – PROCESSAMENTO – PROPRIEDADES – DESEMPENHO 23

    1.4 BIBLIOGRAFIA 27

2 FUNDIÇÃO 29

    2.1 INTRODUÇÃO 29

    2.2 FUNDAMENTOS 31
        2.2.1 Fusão 31
        2.2.2 Vazamento 34
        2.2.3 Solidificação 35

    2.3 FUNDIÇÃO EM AREIA 39

    2.4 FUNDIÇÃO EM CASCA OU *SHELL* 44

    2.5 FUNDIÇÃO EM MATRIZ POR GRAVIDADE 46

    2.6 FUNDIÇÃO SOB PRESSÃO 48

    2.7 FUNDIÇÃO POR CENTRIFUGAÇÃO 49

    2.8 FUNDIÇÃO DE PRECISÃO 50

    2.9 OUTROS PROCESSOS 53
        2.9.1 Conformação por *spray* 53
        2.9.2 Tixofundição 54
        2.9.3 Fundição em Molde Cheio 56

    2.10 ESTUDO DE CASO: EIXO DO COMANDO DE VÁLVULAS 57
        2.10.1 Apresentação do produto 57
        2.10.2 Características e propriedades exigidas 57
        2.10.3 Material 59
        2.10.4 Processo de fabricação 61

    2.11 BIBLIOGRAFIA 66

12 Introdução aos processos de fabricação de produtos metálicos

3 CONFORMAÇÃO PLÁSTICA 67

    3.1   INTRODUÇÃO 67

    3.2   FUNDAMENTOS... 69
        3.2.1   Deformação plástica 69
        3.2.2   Temperatura de conformação... 70
        3.2.3   Atrito e lubrificação 74

    3.3   LAMINAÇÃO.. 74
        3.3.1   Laminação convencional.. 74
        3.3.2   Processo Manesmann.. 77
        3.3.3   Laminação de roscas... 78
        3.3.4   Laminação transversal... 79

    3.4   FORJAMENTO 80
        3.4.1   Forjamento em matriz aberta ou livre............................ 80
        3.4.2   Forjamento em matriz fechada....................................... 81
        3.4.3   Operações correlatas 83

    3.5   EXTRUSÃO... 84

    3.6   TREFILAÇÃO 89

    3.7   CONFORMAÇÃO DE CHAPAS FINAS 92
        3.7.1   Corte de chapas 94
        3.7.2   Dobramento 95
        3.7.3   Estampagem profunda ou embutimento......................... 95
        3.7.4   Processos correlatos 97

    3.8   ESTUDO DE CASO: CORPO DE PANELA DE PRESSÃO 98
        3.8.1   Apresentação do produto 98
        3.8.2   Características e propriedades exigidas.......................... 100
        3.8.3   Material 101
        3.8.4   Processo de fabricação 102

    3.9   BIBLIOGRAFIA.. 104

4 USINAGEM 105

    4.1   INTRODUÇÃO 105

    4.2   FUNDAMENTOS... 108
        4.2.1   Formação do cavaco e o material a ser usinado 108
        4.2.2   Materiais para ferramentas de corte 109
        4.2.3   Fluidos de corte 112
        4.2.4   Usinabilidade... 112

    4.3   TORNEAMENTO 113

    4.4   FRESAMENTO.. 117

    4.5   APLAINAMENTO... 119

4.6	FURAÇÃO	120
4.7	RETIFICAÇÃO	122
4.8	SERRAMENTO	124
4.9	PROCESSOS NÃO CONVENCIONAIS DE USINAGEM	125
4.10	ESTUDO DE CASO: ENGRENAGEM DA CAIXA DE TRANSMISSÃO	127
	4.10.1 Apresentação do produto	127
	4.10.2 Características e propriedades exigidas	128
	4.10.3 Material	129
	4.10.4 Processo de fabricação	130
4.11	BIBLIOGRAFIA	134

5 SOLDAGEM E CORTE 135

5.1	INTRODUÇÃO	135
5.2	FUNDAMENTOS	136
	5.2.1 Fontes de energia	136
	5.2.2 Gases de proteção	139
	5.2.3 Revestimentos e fluxos	142
	5.2.4 Metalurgia da soldagem	142
5.3	PROCESSOS DE SOLDAGEM POR FUSÃO	144
	5.3.1 Soldagem a Arco Elétrico com Eletrodo Revestido (SAER)	144
	5.3.2 Soldagem a Arco Submerso (SAS)	146
	5.3.3 Soldagem a Arco com Arame Tubular (SAT)	147
	5.3.4 Soldagem a Arco Tungstênio com Atmosfera Gasosa (SATG)	148
	5.3.5 Soldagem a Arco Metálico com Atmosfera Gasosa (SAMG)	149
	5.3.6 Soldagem a Arco Plasma (SAP)	150
	5.3.7 Soldagem por Eletroescória (SEE)	150
	5.3.8 Soldagem por Resistência por Ponto (SRP), por Costura (SRC) e por Projeção (SRPR)	152
	5.3.9 Soldagem a Arco por Centelhamento (SAC)	153
	5.3.10 Soldagem por Feixe de Elétrons (SFE)	154
	5.3.11 Soldagem por Laser (SL)	155
	5.3.12 Soldagem por Indução (SIN)	156
	5.3.13 Soldagem por Oxi-Gás (SOG)	156
	5.3.14 Soldagem por Aluminotermia (SAL)	158
5.4	PROCESSOS DE SOLDAGEM NO ESTADO SÓLIDO	159
	5.4.1 Soldagem por Fricção (SFRI)	159
	5.4.2 Soldagem por Explosão (SEXP)	160
	5.4.3 Soldagem por Fricção-Mistura (FSW)	161

5.5	BRASAGEM E SOLDA BRANDA	162
	5.5.1 Brasagem	162
	5.5.2 Solda Branda	163
5.6	PROCESSOS DE CORTE	165
	5.6.1 Oxi-corte	165
	5.6.2 Corte com Eletrodo de carvão	165
	5.6.3 Corte a Plasma	166
5.7	ESTUDO DE CASO: QUADRO DE BICICLETA	167
	5.7.1 Apresentação do produto	167
	5.7.2 Características e propriedades exigidas	167
	5.7.3 Material	168
	5.7.4 Processo de fabricação	171
5.8	BIBLIOGRAFIA	175

6 METALURGIA DO PÓ ... 177

6.1	INTRODUÇÃO	177
6.2	FUNDAMENTOS	177
	6.2.1 Densidade de compactação	177
	6.2.2 Mecanismos de sinterização	180
6.3	PÓS METÁLICOS	183
6.4	MISTURA	187
6.5	COMPACTAÇÃO	187
6.6	SINTERIZAÇÃO	188
6.7	OPERAÇÕES SECUNDÁRIAS	191
6.8	OUTROS PROCESSOS	192
	6.8.1 Laminação de pós	192
	6.8.2 Prensagem isostática	192
	6.8.3 Moldagem de pós por injeção	193
6.9	APLICAÇÕES	194
6.10	ESTUDO DE CASO: BUCHA AUTOLUBRIFICANTE	195
	6.10.1 Apresentação do produto	195
	6.10.2 Características e propriedades exigidas	197
	6.10.3 Material	197
	6.10.4 Processo de fabricação	198
6.11	BIBLIOGRAFIA	200

7	**ESTUDOS DE CASO**	203

7.1 PISTÃO DE MOTOR ... 203
    7.1.1 Apresentação do produto ... 203
    7.1.2 Características e propriedades exigidas ... 203
    7.1.3 Material ... 206
    7.1.4 Processo de fabricação ... 207

7.2 PONTA DE CANETA ESFEROGRÁFICA ... 212
    7.2.1 Apresentação do produto ... 212
    7.2.2 Características e propriedades exigidas ... 212
    7.2.3 Material ... 213
    7.2.4 Processo de fabricação ... 215

7.3 ROLAMENTO ... 219
    7.3.1 Apresentação do produto ... 219
    7.3.2 Características e propriedades exigidas ... 221
    7.3.3 Material ... 223
    7.3.4 Processo de fabricação ... 224

7.4 FILAMENTO DE LÂMPADA INCANDESCENTE ... 230
    7.4.1 Apresentação do produto ... 230
    7.4.2 Características e propriedades exigidas ... 231
    7.4.3 Material ... 231
    7.4.4 Processo de fabricação ... 231

7.5 BIBLIOGRAFIA ... 235

1 Especificações do produto e os processos de fabricação

1.1 INTRODUÇÃO

Para a fabricação de produtos metálicos são usados processos que visam dar forma (geometria, dimensões, acabamento superficial) ao metal puro ou liga metálica com as especificações estabelecidas para o produto, e também conferir a este o conjunto de propriedades (resistência mecânica, dureza, resistência ao desgaste, resistência à corrosão, condutividade elétrica, densidade etc.) exigido para o seu bom desempenho.

A forma de um produto metálico pode ser diversa, alguns com geometrias simples, como de fios condutores elétricos, e outros com geometrias complexas, como do bloco de um motor de automóvel; alguns com dimensões pequenas, como de filamento de lâmpada incandescente, com dimensões de algumas dezenas de micrometros de espessura, e alguns com grandes dimensões, como um rotor de turbina de hidroelétrica com vários metros de diâmetro; alguns com precisão dimensional bastante rigorosa, como da ponta de uma caneta esferográfica ou dos dentes de uma engrenagem, e outros com precisão dimensional pouco rigorosa, como de uma tampa de bueiro fundida ou uma enxada forjada; alguns com acabamento superficial bastante fino, como de uma joia ou talheres, e outros sem nenhuma exigência de acabamento superficial controlado, como martelos ou marretas forjadas.

As propriedades especificadas para um determinado produto metálico podem envolver propriedades mecânicas (resistência mecânica, dureza, tenacidade, resistência à fadiga, resistência à fluência, módulo de elasticidade e capacidade de amortecimento), propriedades não mecânicas (térmicas, óticas, magnéticas, elétricas), propriedades de superfície (resistência à corrosão, oxidação, fricção, abrasão, desgaste), propriedades estéticas (aparência, textura), propriedades de produção (facilidade de fabricação, de união, de acabamento, de montagem) e propriedades ou atributos econômicos (preço e disponibilidade do material e de processos).

Os produtos podem envolver um só tipo de material e poucos processos diferentes para a sua fabricação, como são os casos de um clip de papel, parafuso e agulha; como também envolver vários materiais, várias peças e vários processos diferentes, como são os casos de uma bicicleta, um carro, uma lavadora de roupas e um avião. Na fabricação desses últimos produtos são envolvidos dois grupos de operações: operações de processamento, que visam dar forma e controlar a microestrutura das peças, portanto, controlar as propriedades; e operações de montagem, que unem as diversas partes.

Assim sendo, existe uma relação complexa e importante a ser considerada para a seleção do material e da rota de processamento, que é a relação entre as especificações do produto (forma, propriedades), metal ou composição da liga e os processos de fabricação.

1.2 ROTAS DE PROCESSAMENTO

A Figura 1.1 apresenta esquematicamente um fluxograma de rotas de fabricação dos produtos metálicos, no qual os fenômenos metalúrgicos, os processos e alguns exemplos de produtos das diversas etapas de fabricação são apresentados. Nessa figura foi incluída também a etapa de obtenção dos metais e ligas pela redução do minério. De maneira geral a fabricação de um determinado produto envolve uma sequência de processos metalurgicamente distintos, mas interdependentes, pois o histórico térmico e mecânico do material em processos anteriores influencia os posteriores.

O fluxograma mostra primeiramente a etapa em que os metais e ligas são obtidos. Os metais puros (elementos metálicos), com raras exceções, como, por exemplo, níquel e ferro dos meteoritos, não ocorrem na natureza em sua forma pura, mas geralmente na forma de óxidos (Hematita, Fe_2O_3; Bauxita, Al_2O_3; Cassiterita, SnO_2), sulfetos (Calcopirita, $CuFeS_2$; Galena, PbS), entre outros. Processos de redução são empregados para a separação dos elementos metálicos puros (Al, Cu, Ni, Sn) ou combinados com um segundo elemento (por exemplo, Fe-C).

As combinações de elementos metálicos com outros elementos (metálicos e também com pequenas quantidades de não metais) são chamadas de "ligas". As ligas, pela combinação de elementos, possibilitam a ampliação de propriedades possíveis de serem alcançadas pelos metais puros para atender às especificações dos produtos metálicos, como, por exemplo, aumento de dureza por mecanismos de endurecimento, ou aumento de resistência à corrosão pela adição de elementos formadores de filmes passivos. As Figuras 1.2 e 1.3 apresentam as duas grandes famílias de ligas metálicas, a de ligas ferrosas e a de ligas não ferrosas, usadas para a fabricação de produtos.

Os fenômenos metalúrgicos envolvidos em cada processo de fabricação estão indicados no fluxograma da Figura 1.1 em tom de cinza, sendo eles: fusão, solidificação, deformação plástica, ruptura, difusão e transformação de fases no estado sólido. Os processos indicados no fluxograma são: lingotamento, atomização, moagem, conformação, fundição, prensagem, sinterização, usinagem e corte, soldagem e tratamentos térmicos e superficiais, através dos quais é dada forma especificada (geometria, dimensões e acabamento superficial) e microestrutura adequada ao metal ou liga metálica.

Figura 1.1
Fluxograma de rotas para fabricação de produtos metálicos. Os fenômenos metalúrgicos estão indicados pelos quadros em tom cinza.

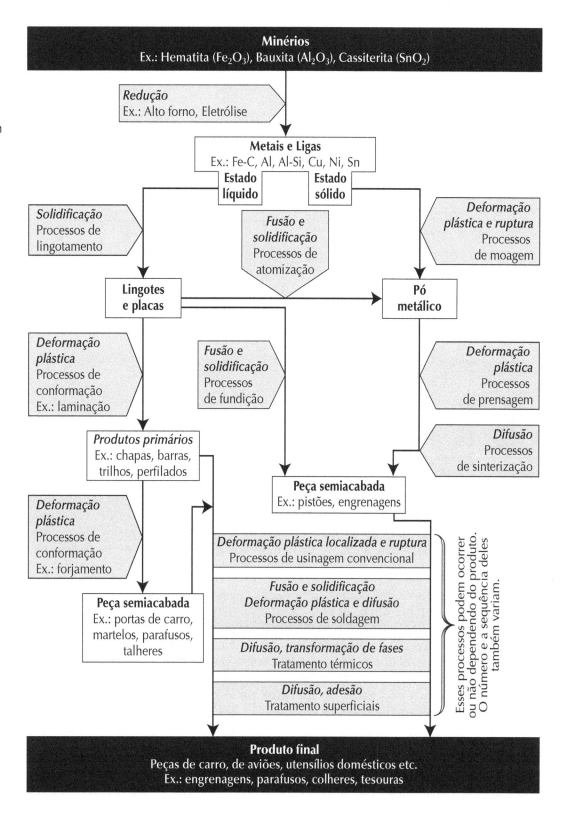

Os metais e ligas, a partir do estado líquido são, por **processos de lingotamento**, solidificados na forma de placas (0,05 a 0,30 m de espessura, 0,30 a 4 m de largura e comprimento de alguns metros) ou ainda na forma de lingotes (blocos com 0,10 a 0,30 m de largura, 0,10 a 0,30 m de altura e comprimento de 0,60 a 2 m). Os lingotes podem ser transformados por **processos de conformação**, produzindo barras, trilhos e perfilados. Aplicando sequencialmente outros **processos de conformação**, chapas e barras podem ser transformadas em muitos

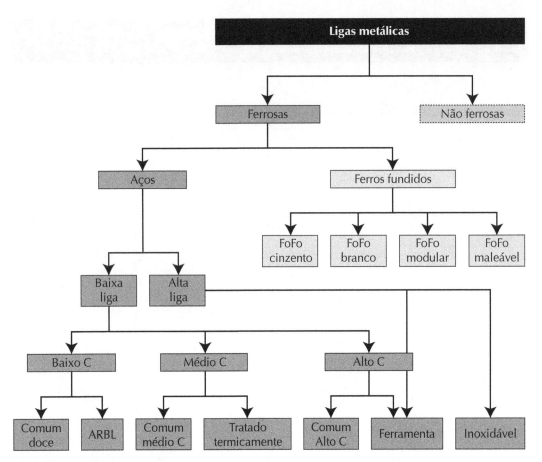

Figura 1.2
Família de ligas ferrosas existentes para fabricação de produtos metálicos.
(FoFo = ferro fundido; ARBL = liga de alta resistência e baixa liga).

outros produtos como, portas de carros, bielas, parafusos e talheres. Outra possibilidade é a produção de ligas pela refusão e mistura de lingotes de diferentes metais ou ainda pela adição de outros elementos que, por sua vez, são transformados em produtos semiacabados por **processos de fundição**; esses **fundidos**, após operação de acabamento, dão origem a diversos produtos como pistões e blocos de motor.

Outra rota de fabricação, depois do lingotamento, é a produção de pós metálicos através de processos denominados de atomização, nos quais o metal (ou liga) fundido é pulverizado em pequenas gotículas que se solidificam. Em alguns casos, esses pós metálicos também podem ser obtidos a partir da moagem, diretamente depois de processos de redução. As ligas ou metais na forma de pó são a matéria prima dos processos de **metalurgia do pó** que, por compactação e sinterização, produzem peças como buchas autolubrificantes e filtros metálicos.

Os **processos de usinagem** são utilizados para fabricação de determinados produtos que exigem, em alguns casos, precisão dimensional (por exemplo, certos tipos de engrenagens e parafusos) e também para dar acabamento (ajuste das geometrias, dimensões e acabamento superficial) às peças semiacabadas. Os **processos de soldagem** são usados para a união de peças na fabricação de produtos mais complexos e, em alguns casos, de grandes dimensões.

A adequação da microestrutura, para conferir ao produto as propriedades especificadas, pode requerer ainda **tratamentos térmicos e tratamentos superficiais**.

As principais rotas de fabricação de produtos metálicos são os processos de fundição, soldagem, conformação plástica, usinagem e metalurgia do pó.

Figura 1.3
Família de ligas não ferrosas existentes para fabricação de produtos metálicos.

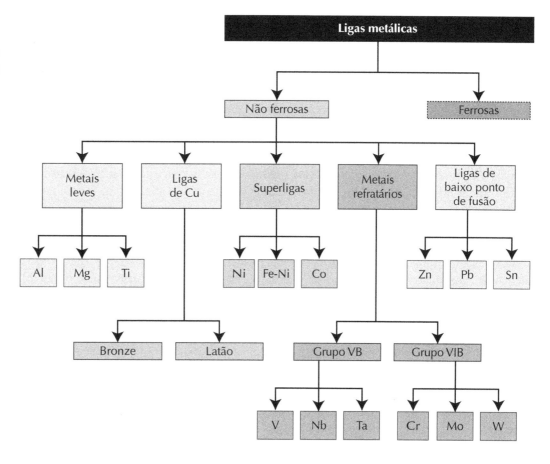

Fundição é um processo no qual a liga fundida é vazada, isto é, vertida por gravidade ou injetada sob pressão, para dentro de um molde onde se solidifica na forma da cavidade desse molde. A fundição é usada para fabricação de peças de ligas de alumínio (pistões de motores), de aços (turbinas de hidroelétricas), de ferro fundido (blocos de motor, discos de freio), de ligas de cobre (conectores elétricos), de ligas de níquel (palhetas de turbina de aviões), de ligas de titânio (próteses) e outras.

Processos de conformação são processos de fabricação nos quais uma intensa força é aplicada na liga metálica no estado sólido provocando sua deformação plástica (deformação permanente) e, assim, mudando a sua forma até aquela da peça desejada. Esses processos usam uma ferramenta, geralmente chamada de matriz, com que se aplicam as forças necessárias. O metal, então, se deforma e toma a forma determinada parcialmente ou quase totalmente pela geometria da matriz. Os processos de conformação podem ser divididos em dois grandes grupos: os processos de conformação de volumes, que são caracterizados por significantes deformações e grandes mudanças de forma, e os processos de conformação de chapas que são as operações aplicadas a chapas, tiras e bobinas. Os processos de conformação são usados para fabricação de diversas peças e produtos importantes tais como carrocerias dos automóveis (estampagem de chapas), trilhos de trem (laminação), ferramentas como alicates e chaves de boca (forjamento), trilhos para cortinas (extrusão), fios elétricos (trefilação), talheres (estampagem) e latas para refrigerantes (corte, dobramento e estampagem).

A **metalurgia do pó** é um processo de fabricação pelo qual uma mistura de pós metálicos (ou metálicos e cerâmicos) é compactada em matrizes formando aglomerados com a forma desejada que é, em seguida, aquecida a altas temperaturas (estando ainda o material no estado sólido ou parcialmente líquido geralmente) em atmosfera controlada para a consolidação das partículas. Esse processo é chamado de sinterização. A metalurgia do pó é aplicada para fabricação de pequenas peças e produtos, tais como, ferramentas, pequenas engrenagens, pequenos componentes de armas, filtros (porosos) e componentes de motores.

A **soldagem** é um processo de fabricação pelo qual duas ou mais partes metálicas, de ligas similares ou não (dissimilares), são unidas permanentemente assegurando que na região da junta soldada as propriedades sejam adequadas ao uso do produto final. Ela pode ser feita por fusão localizada das partes a serem unidas, no estado sólido ou ainda por fusão somente de um metal de adição (brasagem e solda branda). A soldagem, além de ser utilizada na produção de produtos, é muito importante como processo de manutenção e reparo, objetivando o prolongamento da vida útil dos componentes metálicos. Tem um vasto campo de aplicações, sendo usada desde a manufatura de uma simples cadeira até naves espaciais; ela é muito utilizada nas indústrias naval, automobilística, nuclear, energética, aeroespacial, eletrônica, petroquímica e da construção civil em plataformas marítimas etc.

A **usinagem** é um processo de manufatura no qual uma ferramenta de corte é usada para remover material de um sólido de tal maneira que o remanescente tenha a forma da peça desejada. Os processos principais de usinagem são torneamento, furação, fresamento e aplainamento. A usinagem é aplicada a uma grande variedade de materiais, gerando qualquer geometria regular, tais como superfície plana, cilindros e orifícios redondos. É frequentemente usada como processo secundário ou de acabamento quando a peça for produzida por fundição, conformação plástica ou metalurgia do pó.

Uma das etapas finais na fabricação de diversos componentes geralmente é a dos **tratamentos térmicos**, que consistem no aquecimento e resfriamento controlado para alterar a microestrutura final e, consequentemente, as propriedades finais da peça, como dureza e resistência mecânica. Um tratamento térmico bastante empregado é a tempera seguida de revenimento. A têmpera aumenta muito a dureza e resistência de certos aços, porém, tornando-os frágeis ("quebradiços"); o revenimento corrige esse problema, mas com alguma perda de dureza. Outro tipo de tratamento térmico bastante empregado é o **termoquímico**, no qual à temperatura é controlada e utilizam-se compostos que promovem a adição de um elemento químico na camada superficial das peças. Essa adição altera a composição química da superfície e, consequentemente, a microestrutura. Os tratamentos termoquímicos geralmente são utilizados para aumentar a dureza e resistência ao desgaste da superfície das peças.

Outros **tratamentos superficiais** bastante utilizados são aqueles destinados à proteção da superfície contra a corrosão e oxidação. Um exemplo bastante comum é a galvanização, na qual uma fina camada de um metal mais propenso à corrosão é depositada na superfície das peças. Essa camada sofre corrosão no lugar da peça, protegendo-a por algum tempo. As chapas de aço galvanizadas, usadas na confecção de calhas e rufos nos telhados das casas, é um exemplo comum. Pode-se também depositar metais mais nobres e muito resistentes à corrosão. A deposição de material cerâmico para aumentar muito a dureza na superfície também é possível. Filmes poliméricos também são utilizados, principalmente para isolar o metal do ambiente corrosivo, como é o caso das tintas.

1.3 RELAÇÃO: COMPOSIÇÃO QUÍMICA – MICROESTRUTURA – PROCESSAMENTO – PROPRIEDADES – DESEMPENHO

Para a fabricação de produtos metálicos são usados metais e ligas metálicas e processos que visam não só dar forma, com a precisão que o produto requer, mas também conferir a este o conjunto de propriedades que o seu uso exige. As propriedades dependem do tipo de metal ou liga (de sua composição química) e, também, de sua microestrutura. A microestrutura, por sua vez, depende do histórico térmico/mecânico sofrido pelo metal durante o processamento. E as propriedades irão determinar o desempenho do produto quando em uso.

A Figura 1.4 ilustra esquematicamente a relação existente entre a composição química e microestrutura – processamento – propriedades – aplicação/desempenho do material.

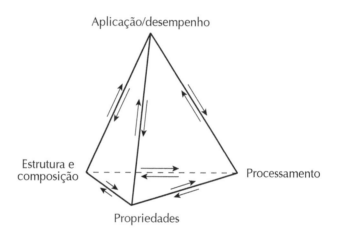

Figura 1.4
Ilustração da inter-relação existente entre a composição química e microestrutura – processamento – propriedades – aplicação/desempenho de um produto metálico.

Um exemplo da relação entre a composição química e microestrutura – processamento – propriedade é o caso de um aço ao carbono com 0,8% de carbono (composição eutetoide) conforme ilustrado na Figura 1.5. Esse aço poderá apresentar, dependendo do processo ao qual for submetido, microestruturas totalmente distintas e, portanto, um conjunto de propriedades também totalmente distintas. Por exemplo, se processado de maneira que, a partir de uma temperatura acima da eutetoide, que é 723 °C (996 K), seja resfriado lentamente (por exemplo, aquecimento dentro de um forno e o desligamento deste mantendo a peça em seu interior resultando numa taxa de resfriamento da ordem de 3 °C/s (276 K/s); tratamento térmico denominado de recozimento), apresentará uma microestrutura constituída pelo microconstituinte denominado de perlita (lamelas de ferrita e cementita) que apresentará uma baixa dureza e alta ductilidade. Entretanto, esse mesmo aço, se processado de maneira que, a partir da mesma temperatura acima da eutetoide, que é 723 °C (996 K), seja resfriado rapidamente (por exemplo, colocando a peça dentro d'água resultando em taxa de resfriamento da ordem de 300 °C/s; tratamento denominado de têmpera), apresentará uma microestrutura constituída da fase martensita que terá uma alta dureza e baixa ductilidade.

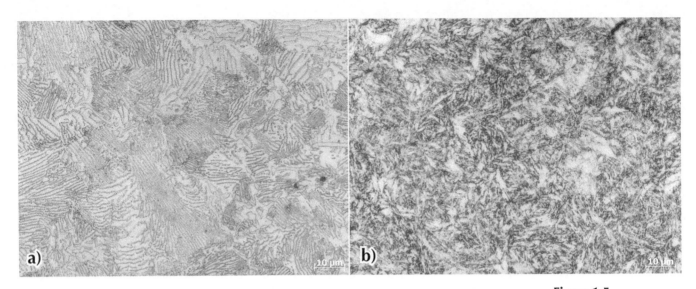

Figura 1.5
Microestruturas do aço ao carbono com 0,8% C resfriados de uma temperatura acima da eutetóide, 723 °C, a taxas diferentes, resultando em microestruturas e, portanto, propriedades diferentes.
a) Resfriado a 3 °C/s, microestrura perlítica.
b) Resfriado a 300 °C/s, microestrutura martensítica.

Na seleção do processo de fabricação de um produto é estratégica a identificação da rota que, com o menor número de etapas (que geralmente significa um menor custo) seja possível dar forma ao material e fazer com que a microestrutura formada seja aquela que dê as propriedades necessárias. Por exemplo, no caso de um martelo fabricado com um aço ao carbono com 0,8% de carbono (composição eutetoide), a forma é dada por forjamento a altas temperaturas e, sequencialmente, a peça é resfriada rapidamente, temperando-a. Assim, a energia gasta para aquecimento para a etapa de forjamento é aproveitada para o tratamento térmico, economiza-se, dessa forma, energia e tempo.

Outro aspecto importante é a seleção do material, isto é, a seleção da composição química a ser usada na fabricação de um determinado produto. A composição química é importante, pois, dependendo dela, certas propriedades podem ou não ser alcançadas, ou ainda, certos processos podem ou não ser aplicados. Por exemplo, se a estratégia é conferir alta dureza a um produto de aço ao carbono pelo tratamento térmico de têmpera, como é o caso do martelo citado anteriormente, o aço deve ter um teor de carbono mínimo em torno de 0,4%, pois somente com esse teor mínimo o aço ao carbono estará susceptível a ser endurecido por esse tratamento. Se a peça exigir, para o seu bom desempenho, uma altíssima dureza, o teor de carbono deve ser ainda mais elevado considerando que a dureza do aço, após o tratamento térmico de têmpera, é mais elevada quanto maior o teor de carbono, até uma concentração em torno de 0,8%. Uma característica do processo a ser usado para dar o formato ao produto, por outro lado, pode tornar inviável toda essa estratégia de conferir as melhores propriedades pela seleção da melhor composição química. Um exemplo são as chapas finas da liga Fe-Si, usadas em núcleos de transformadores. Para esse produto, as propriedades elétricas e magnéticas mais adequadas ao melhor desempenho seriam alcançadas com o uso de liga com alto teor de Si, pois, com isso, a resistividade aumenta e, portanto, diminuem a perda de energia do núcleo de transformador. Estudos mostram que o teor ótimo de Si para otimizar as propriedades elétricas e magnéticas é de 6,5% de Si. Contudo, para a fabricação das chapas finas o processo de laminação deve ser usado e, para isso, o material deve apresentar ductilidade; mesmo quando aquecida, a liga Fe-6,5%Si se apresenta frágil, o que inviabiliza a sua laminação. Por isso as chapas finas usadas para núcleos de transformadores são produzidas com a liga Fe-3,5%Si, composição que, embora não apresente as melhores propriedades, tem teor máximo de Si que

1. Especificações do produto e os processos de fabricação

Tabela 1.1 – Influência da alteração da composição química e processamento nas propriedades e aplicações do cobre

Composição química	Processamento	Limite de escoamento aproximado (MPa) (*)	Aplicação típica
Cu com 99,99% pureza	Tratado termicamente por recozimento, tamanho de grão em torno de 10 μm	50	Condutores elétricos em geral
Cu com 99,99% pureza	Deformado a frio, encruado	300	Contatos elétricos
75%Cu-25%Ni	Tratado termicamente por recozimento	150	Tubos para trocador de calor
75%Cu-25%Ni	Deformado a frio, encruado	400	Fabricação de moedas

(*) Expressa a resistência mecânica da liga, a qual a resistência ao desgaste está diretamente relacionada.

permite a sua boa laminação, permitindo a produção em larga escala e barateando o produto final. Nesse caso uma característica de processo foi determinante para a seleção da composição em detrimento à otimização da microestrutura – propriedades – desempenho.

Também, algumas rotas, embora mais trabalhosas e, portanto, geralmente mais custosas, podem ser a única alternativa em certos casos para conciliar as características necessárias ao processamento com as características necessárias ao bom desempenho. A Tabela 1.1 ilustra, para o caso do cobre, como a alteração da composição química (adição de Ni no Cu) e/ou da alteração da microestrutura pela deformação a frio (encruamento) e do tratamento térmico por recozimento alteraram drasticamente a resistência mecânica, a resistividade elétrica, a condutividade térmica e, consequentemente, sua aplicabilidade. A **adição de 25%Ni** na composição do Cu eleva a resistência mecânica, mas também aumenta bastante a resistividade; com isso fica inviabilizado o seu uso como condutor elétrico, mas é bastante adequado para o seu uso em trocadores de calor. Já a **deformação a frio**, que provoca na microestrutura deformações nos grãos, também eleva a resistência mecânica, tanto do Cu puro como da liga Cu-Ni, mas também com perda de condutividade, tanto térmica quanto elétrica. No caso do Cu puro, a perda de condutividade, sendo pequena, ainda permite o seu uso como contato elétrico em que a elevada resistência mecânica e resistência ao desgaste é importante. Contudo, no caso de Cu-Ni, a alta resistência mecânica alcançada acarreta perda muito grande de condutividade inviabilizando seu uso em trocadores de calor; para uso em moedas, que são cunhadas a frio, a alta resistência mecânica (resistência ao desgaste) é bastante benéfica e as condutividades, tanto elétrica quanto a térmica, são propriedades que não afetam o seu desempenho. Assim, por essas características de alteração da composição química e/ou microestrutura, é possível atender especificações distintas tanto para o caso de condutores elétricos, com maior ou menor resistência mecânica, quanto para trocadores de calor ou moedas.

Outro exemplo, que bem ilustra a relação entre microestrutura - processamento - propriedades é o caso da fabricação de uma peça de geometria cilíndrica por duas rotas diferentes: fundição ou extrusão, conforme mostrado na Figura 1.6. Considerando que uma determinada liga possa ser usada por esses dois processos para se obter a forma desejada, cada um deles irá resultar em microestruturas dis-

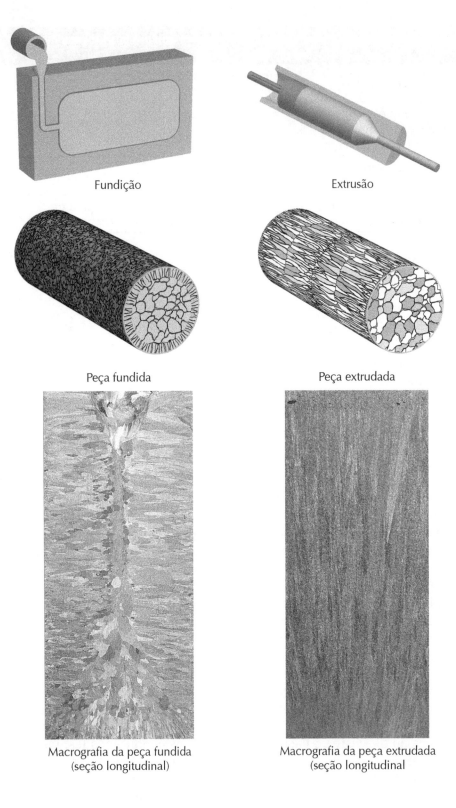

Figura 1.6
Ilustração de peça cilíndrica fundida e extrudada e as diferenças microestruturais resultantes.

tintas. Na peça fundida, os grãos se apresentarão com diversos tamanhos, sendo menores nas partes superficiais (camada coquilhada – onde o metal foi resfriado mais rapidamente) e alongados da região superficial para o centro da peça. Na peça extrudada, os grãos se apresentarão alongados e na direção da deformação plástica induzida pelo processo de extrusão. Considerando que muitas das propriedades dependem do tamanho e formato dos grãos, por exemplo, os metais com tamanhos de grão menores tendem a ser, pela alta área de contornos de grãos, mais resistentes mecanicamente; na peça fundida, as propriedades mecânicas na superfície serão diferentes da região central enquanto que na peça extrudada os grãos alongados e direcionados levam a uma anisotropia na resistência mecânica na peça (valores diferentes entre a direção longitudinal e a transversal). As peças processadas por essas duas diferentes rotas, embora similares no formato e dimensões, apresentarão propriedades distintas e, portanto, desempenho diferente dependendo de sua aplicação. Sendo os fenômenos metalúrgicos distintos nessas duas rotas (solidificação na fundição e deformação plástica na extrusão), têm-se outras diferenças como a presença de defeitos (vazios ou óxidos), qualidade do acabamento superficial e precisão dimensional. Esse exemplo mostra claramente que, para conferir ao material a forma exigida pela peça pode ter diferentes rotas, mas que invariavelmente levam a produtos com diferenças de precisão dimensional e/ou acabamento superficial, além de diferenças microestruturais e, portanto, com propriedades diferentes. Existem casos em que um produto pode ser fabricado, atendendo todas as especificações estabelecidas, por mais de uma rota; nesse caso, o fator custo se torna o determinante para a escolha.

Ainda na interrelação esquematizada na Figura 1.4, é importante observar que cada processo de fabricação tem limitações quanto às características metalúrgicas do metal ou liga a ser trabalhada e das formas a serem conferidas, isto é, nem todas as ligas e composições podem ser processadas por determinadas rotas e nem todos os processos podem produzir determinadas formas. Por exemplo, com tungstênio, cuja temperatura de fusão é superior a 3.000 °C (3.273 K), não é possível processar uma peça por fundição pelo problema em se conseguir um material para a confecção do molde que suporte receber o metal fundido. Nesse caso, a rota geralmente usada é a da metalurgia do pó, que não envolve a fusão do metal. Por outro lado, certas peças, como é o caso de filtros metálicos, são necessariamente processadas pela metalurgia do pó; nesse caso, outros processos são incapazes de conferir à peça os orifícios com dimensões controladas, de tamanho micrométrico e interconectados, necessários ao bom desempenho do produto.

Assim, a seleção da rota de processamento de um produto metálico deve ser feita já na etapa de projeto do produto, pois há uma relação complexa entre as especificações de forma e de propriedades, escolha do metal ou liga e a rota de processamento. O bom desenvolvimento de um produto requer a reunião de conhecimento de diversas áreas, sendo, portanto, um trabalho de equipe de profissionais de diversas especialidades.

1.4 BIBLIOGRAFIA

American Welding Society – "Welding Handbook", 7th Ed., AWS-USA, v. 1, 2, 3, 4 e 5, 1984.

Ashby, M. F., "Materials Selection in Mechanical Design", Butterworth-Heinemann Led, Oxford, 1995.

ASM, Metals Handbook, 10th Ed., Materials Park, Ohio.

Vol. 1, Properties and Selection: Irons, Steels and High-Performance Alloys (1990)

Vol. 2, Properties and Selection: Nonferrous Alloys and Special Purpose Materials (1990)

Vol. 3, Alloy Phase Diagrams (1992)

Vol. 4, Heat Treating (1991)

Vol. 5, Surface Engineering (1994)

Vol. 6, Welding, Brazing and Soldering (1993)

Vol. 18, Friction, Lubrification and Wear Technology (1992)

ASM, Metals Handbook, 9th Ed., ASM, Materials Park, Ohio.

Vol. 1, Properties and Selection: Irons and Steels (1978)

Vol. 2, Properties and Selection: Non-ferrous Alloys and Pure Metals (1979)

Vol. 3, Properties and Selection: Tool Materials and Special-Purpose Metals (1980)

Vol. 4, Heat Treating (1981)

Vol. 5, Surface Cleaning, Finishing, and Coating (1982)

Vol. 6, Welding, Brazing and Soldering (1983)

Vol. 7, Powder Metallurgy (1984)

Vol. 8, Mechanical Testing (1985)

Vol. 9, Metallography and Microstructures (1985)

Vol. 10, Materials Characterization (1986)

Vol. 11, Failure Analysis and Prevention (1986)

Vol. 12, Fractography (1987)

Vol. 13, Corrosion (1987)

Vol. 14, Forming and Forging (1988)

Vol. 15, Casting (1988)

Vol. 16, Machining (1983)

Vol. 17, Nondestructive Evaluation & Quality Control (1989)

Black, B. J., "Workshop, Process, Practices & Materials", 2nd Ed., Arnold-Hodder Headline Group, 1997.

2 Fundição

2.1 INTRODUÇÃO

Fundição é um processo de fabricação no qual o metal fundido, ou seja, metal no estado líquido é levado a fluir por gravidade ou por outra força dentro de um molde onde solidifica-se na forma da cavidade desse molde. O molde tem a forma total ou parcial da peça a ser produzida. Entre as vantagens e capacidades do processo de fundição, podem ser destacadas as seguintes: a fundição pode ser usada para fabricar peças de geometrias complexas, tanto nos seus formatos externos quanto nos internos. Alguns dos processos são capazes de produzir peças com a forma final diretamente (*net shape*), não necessitando de etapas adicionais para alcançar a geometria e as dimensões exigidas. A fundição pode ser usada para produzir tanto peças de grandes dimensões (mais do que 100 toneladas), como peças de pequenas dimensões (poucos gramas), podendo ser utilizada para a produção de peças de vastíssimas composições de liga e alguns processos são muito adequados para a produção em larga escala. A fundição faz uso de grande quantidade de sucata metálica, sendo este um aspecto bastante positivo desta rota de fabricação sob o ponto de vista de otimização do uso de recursos naturais por meio da reciclagem.

Existem também desvantagens e limitações associadas à fundição, que incluem as relativas às propriedades mecânicas, porosidade, limitada precisão dimensional e acabamento superficial para alguns processos, periculosidade por trabalhar com metal fundido e problemas ambientais quanto ao descarte de certos produtos.

A Figura 2.1 apresenta um fluxograma simplificado das operações básicas para a produção de uma peça fundida que se aplica à maioria dos processos de fundição.

Na **moldagem**, o **molde** com a cavidade na forma da peça a ser produzida é fabricado. Para moldes de areia e de produção em baixa escala, são usados **modelos** feitos geralmente de madeira, em torno dos quais a areia é conformada; nos casos de moldes metálicos, a cavidade é usinada. Para as partes ocas das peças, o

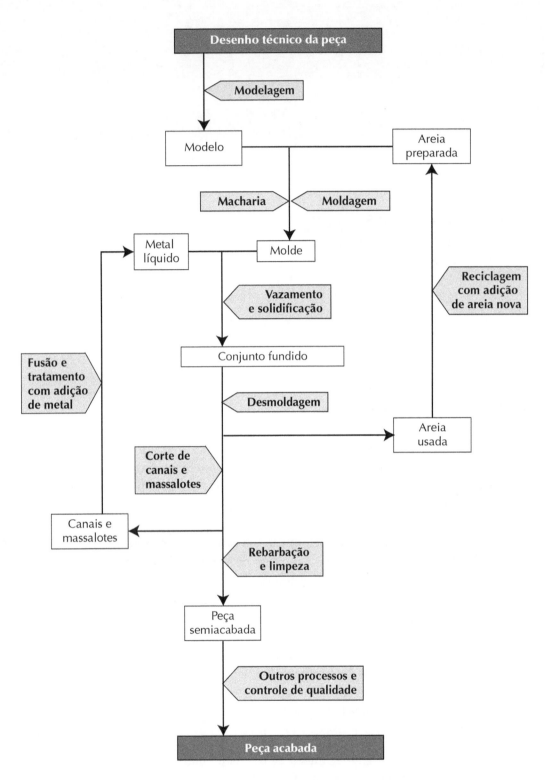

Figura 2.1
Fluxograma simplificado das operações básicas para a produção de uma peça fundida que se aplica à maioria dos processos de fundição.

volume correspondente deve ser preenchido dentro da cavidade do molde, sendo para isso utilizadas peças de areia aglomeradas, denominadas **machos**, fabricadas na etapa da **macharia**. A contração, que ocorre com a maioria das ligas quando se solidificam e resfriam, juntamente com a temperatura de fusão da liga, determina a dimensão exata da cavidade do molde e o seu material. Diversas cavidades que não constituem a peça em si são feitas no molde com o objetivo de garantir a sanidade da peça; elas correspondem a canais ou volumes que visam, por exemplo, evitar a turbulência do metal fundido durante o vazamento, permitir a saída de gases, filtrar ou aprisionar a entrada de escória ou, ainda, para evitar a formação de vazios na peça devido à contração do metal na solidificação.

Tendo sido fabricado o **molde**, na próxima etapa, a liga metálica, fundida a uma temperatura adequada e tendo recebido os tratamentos necessários, por exemplo, eliminação dos gases dissolvidos, é vazada para dentro da cavidade do molde. Após a solidificação da liga e resfriamento a uma temperatura adequada, a parte solidificada, denominada "fundido", é retirada do molde, ou pela quebra deste no caso de moldes de areia, ou pela abertura destes, nos casos dos moldes metálicos. Finalmente, diversas operações são realizadas, como a retirada das partes adicionais e não pertencentes à peça (por exemplo, canais, que foram necessários para garantir a sanidade do fundido), limpeza, tratamentos térmicos e superficiais, usinagem e operações de controle de qualidade (inspeção dimensional, ensaios mecânicos, metalográficos ou reparos de defeitos). A sucata metálica gerada retorna para o forno e é reaproveitada enquanto a areia é tratada para ser reciclada.

2.2 FUNDAMENTOS

2.2.1 Fusão

A fusão da liga é uma importante etapa do processo de fundição porque está diretamente relacionada à qualidade da peça fundida.

Nesta etapa, a **composição química** é um dos itens que devem ser rigorosamente controlados, pois a microestrutura e consequentemente as propriedades da peça dependem não só do processamento como também da composição química. As ligas mais comuns utilizadas na fundição, por exemplo, a liga eutética Al-Si (Al-12% em peso de Si) e ligas-mãe (com altas concentrações de elementos de liga para serem diluídas), são adquiridas já prontas pelas indústrias de fundição. A partir de adições de elementos puros às ligas-mãe, ou pela simples mistura de elementos puros, as mais diversas ligas são elaboradas e utilizadas. Para a garantia de que a composição do metal fundido a ser vazado para dentro do molde seja a especificada, o conhecimento das exatas composições e purezas desses materiais utilizados é necessário. Os procedimentos para a distribuição homogênea, dissolução completa e a minimização de perda por reações químicas secundárias (oxidação por exemplo) dos materiais constituintes da liga também devem ser assegurados. O uso intenso de sucata torna essa questão de controle da composição química crítica e, muitas vezes, custosa, tornando rotineiros os procedimentos que envolvem a análise química de amostras do metal fundido antes do vazamento, utilizando técnicas como a espectroscopia de emissão ótica ou de raios-X.

Gases dissolvidos estão geralmente presentes, em grande quantidade, no metal fundido. Quando o metal se solidifica, a estrutura sólida não é capaz de acomodar o gás em grande quantidade, isto é, a solubilidade do gás decresce drasticamente com a mudança do estado líquido para o sólido. Como exemplo, a Figura 2.2 apresenta a grande variação na solubilidade do hidrogênio em alumínio quando o metal passa do estado líquido para o sólido. Assim, caso a quantidade de gases dissolvidos no metal líquido seja grande, durante a sua solidificação átomos dos gases rejeitados pelo metal em solidificação formam bolhas ou **porosidade** dentro da peça fundida, constituindo, assim, uma forma de defeito. A porosidade numa peça fundida compromete, por exemplo, as suas propriedades mecânicas.

Diversas técnicas são usadas para prevenir a formação de porosidade na peça fundida. Uma técnica é prevenir a dissolução de gases no metal fundido, pela fusão em vácuo ou utilizando um fluxo protetor sobre o metal fundido que minimiza o contato com o ar. Temperaturas de superaquecimento (acima da temperatura de fusão da liga) podem ser mantidas baixas para minimizar a solubilidade de gases no metal líquido, uma vez que esta é diretamente proporcional à temperatura (ver Figura 2.2). Miminização de turbulência do fluxo de metal fundido, para minimização do contato do metal fundido com o ar, através da manipulação e vazamento cuidadoso do metal fundido durante o procedimento de vazamento, também é fator decisivo na prevenção da formação de porosidade. O projeto adequado do molde também é essencial. Os canais de vazamento devem possuir uma geometria que garanta a natureza de fluxo sem turbulência do metal fundido durante o preenchimento do molde. No caso de moldes de areia, a adequada permeabilidade a gases, que pode ser controlada na etapa de sua confecção, também está relacionada à porosidade na fundição.

Existem ainda as técnicas que removem os gases dissolvidos do metal fundido antes do vazamento. Uma delas é a desgaseificação a vácuo, em que o metal fundido é colocado em um ambiente de baixa pressão. O gás dissolvido no metal fundido tende a sair para estabelecer o equilíbrio com o ambiente. Uma outra técnica é a passagem de bolhas de gases inertes ou de gases reativos através do metal fundido, ocorrendo, assim, a diminuição do volume de gases dissolvidos pelo arraste deles por essas bolhas de gás intencionalmente introduzidas. Por exemplo, bolhas de nitrogênio ou de cloro são muito efetivas para a remoção de hidrogênio de alumínio fundido. Uma terceira técnica é fazer os gases dissolvidos reagirem com algo que resulte num composto de baixa densidade e que flote no metal fundido, podendo, então, ser removido da superfície juntamente com a escória. Por exemplo, oxigê-

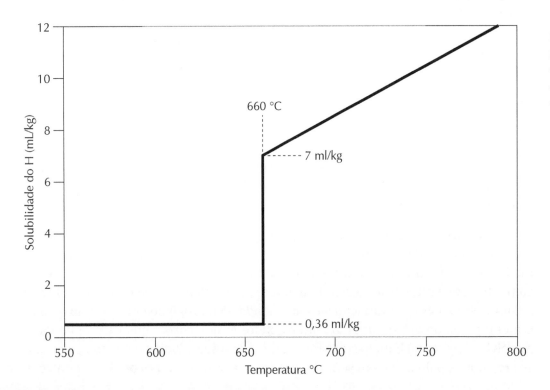

Figura 2.2
Solubilidade máxima de hidrogênio em alumínio em função da temperatura.

nio pode ser removido do cobre fundido pela adição de fósforo e do aço fundido pela adição de alumínio ou silício.

A **escória** é resultante da reação entre o metal fundido e o seu ambiente e pode levar a defeitos na peça fundida. Oxigênio e metal fundido frequentemente reagem produzindo óxidos que tendem a sobrenadar no metal líquido, mas podem ser levados pelo metal fundido para dentro da cavidade do molde. A presença desses óxidos na peça solidificada pode comprometer o acabamento superficial, a usinabilidade e as propriedades mecânicas. A escória pode ser controlada pela minimização da reação do metal fundido com o ambiente – por exemplo, com o uso de um fluxo fundido que cobre e protege a superfície do metal líquido do contato com a atmosfera ou, ainda, pela realização da fusão e vazamento em vácuo ou atmosfera inerte. Além disso, existem procedimentos que minimizam o problema evitando que a escória formada esteja presente na peça solidificada. Uma delas é tomar medidas para a aglomeração dos óxidos e flotação dos aglomerados para a superfície do metal fundido, formando, assim, uma camada de escória que é retirada antes do vazamento do metal no molde. Cadinhos especiais também são usados para que a escória não seja vazada para dentro do molde, por exemplo, retirando o metal pelo fundo do cadinho. Filtros cerâmicos colocados nos canais de vazamento também são usados para reter a escória. No projeto da cavidade do molde também existem vários recursos que fazem com que a escória fique retida em certas cavidades que não pertencem à parte útil da peça a ser fabricada.

Os **fornos** elétricos, a óleo, a gás e a carvão são utilizados para a fusão da liga a ser fundida. Os fornos elétricos são os que possibilitam fundir aços e ferros-fundidos, sendo os mais usados os fornos a arco elétrico e a indução eletromagnética. Os fornos a arco elétrico, com câmaras em dimensões de 3 a 7 m de diâmetro, utilizam o calor gerado pela abertura de um arco elétrico entre eletrodos de grafita, que tem diâmetros de 15 a 50 cm. Esses fornos têm alta taxa de fusão, com capacidade tipicamente na faixa de 0,5 a 180 toneladas, são pouco poluentes e permitem a manutenção da alta temperatura por longo tempo. Eles também favorecem a fusão de ligas que necessitam de procedimentos para a adição de elementos de liga e possibilitam, a baixo custo, utilizar sucata de aço sem limpeza. Os fornos elétricos por indução utilizam o calor gerado no próprio metal pela corrente elétrica que é induzida por um campo eletromagnético de alta frequência; são bastante versáteis, com as seguintes características típicas: capacidade de 50 kg a 100 toneladas, potência típica de 1.500 kW para um forno de capacidade de 35 tonelada, velocidade de fusão de 2,5 t/h e temperatura de trabalho de 600 a 1.750 °C. O forno de indução, por provocar um intenso agitamento no metal fundido, favorece a homogeneização nos procedimentos de adição de elementos de liga e de adição de nova carga. Um tipo especial de forno de indução é o que faz a fusão em vácuo, indicada particularmente para as superligas e outras ligas de composição complexa, como aquelas usadas em peças para a indústria aeronáutica. Os fornos a gás ou a óleo, muito utilizados para fusão de metais não ferrosos, utilizam o calor gerado pela queima desses combustíveis. A combustão pode ocorrer diretamente sobre o metal a ser fundido, como é o caso dos fornos de reverberação a gás, cuja temperatura de trabalho varia de 600 a 1.650°C e a capacidade de fusão chega a até 5 t/h. A combustão também pode ocorrer externamente aquecendo o cadinho que contém o metal, como é o caso dos fornos de cadinho, onde a temperatura de trabalho varia de 200 a 1.400 °C, com capacidade de cadinho de 10 a 1.000 kg, sendo a taxa de fusão em torno de 100 kg/h. Os fornos cubilô são usados para a fusão dos ferros-fundidos, o calor é gerado pela queima do carvão e o calcáreo é usado para controle da escória. A estrutura de um forno cubilô é cilíndrica de cuba vertical, com altura de cerca de 6 vezes o diâmetro, variando de 55 a 230 cm internamente. A capacidade é tipicamente na faixa de 6 a 12 t/h e pode alcançar, nos grandes cubilôs, até 100 t/h.

2.2.2 Vazamento

Quando o metal fundido é vazado na cavidade do molde, ele deve preencher todas as partes da cavidade antes de se solidificar. Se isso não acontecer, a peça fundida será incompleta. A propriedade do metal em fluir e preencher o molde é conhecida como **fluidez**. A fluidez depende da composição química da liga, temperatura de fusão, intervalo de solidificação (diferença entre a temperatura em que tem início a solidificação, temperatura *liquidus*, e a temperatura em que a solidificação termina, temperatura *solidus*) e principalmente do superaquecimento. O superaquecimento é quanto o metal fundido está acima de sua temperatura final de fusão, ou seja da sua temperatura *liquidus*.

A **temperatura de vazamento** é determinada pelo superaquecimento a ser utilizado no processo. Por exemplo, se for uma liga eutética Al-Si, cuja composição é Al-12% em peso de Si, cuja temperatura de fusão é de 577 °C, um superaquecimento de 50 graus significa que a liga fundida está a uma temperatura de 627 °C. Um superaquecimento adequado deve ser especificado, pois uma temperatura excessivamente baixa pode fazer com que o metal se solidifique antes do preenchimento total da cavidade do molde. Um superaquecimento excessivo, embora aumente a fluidez do metal fundido, pode trazer uma série de desvantagens e problemas, tais como: aumento do consumo de energia no processo; aumento da intensidade da reação entre o metal e o molde; aumento da possibilidade de fluxo turbulento do metal fundido durante o preenchimento do molde que pode ocasionar erosão do molde e/ou aprisionamento de ar no metal líquido e para dentro do molde, e ainda aumento da oxidação do metal; aumento da solubilidade de gases podendo gerar mais bolhas e porosidades.

A microestrutura também é influenciada pela temperatura de vazamento uma vez que ela determina a quantidade de calor a ser retirada do metal líquido após o preenchimento do molde, influenciando, portanto, na taxa de resfriamento durante a solidificação.

A cavidade do molde não é constituída somente da forma da peça a ser produzida, mas de várias outras partes importantes para a garantia da sanidade da peça a ser fundida, podendo, em processos normais de fundição, ser, em volume, equivalente ao da própria peça. O **sistema de alimentação** é uma dessas partes e tem como objetivo garantir que o metal preencha o molde sem turbulência, para que com isso, as possibilidades de aprisionamento de gases na cavidade do molde, a oxidação do metal e erosão da parede do molde, nos casos de moldes de areia, sejam minimizadas. A Figura 2.3 mostra, esquematicamente, um molde para a fundição de uma peça semelhante à moldura de um quadro, contendo as várias partes do sistema de alimentação.

Figura 2.3
Sistema de alimentação para uma fundição em molde de areia de uma peça.

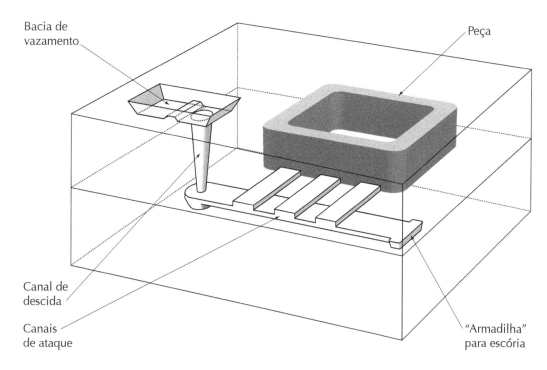

No projeto de engenharia de molde todas as partes que constituem o sistema de alimentação são especificadas quanto as suas geometrias, dimensões e posições em relação à cavidade do molde.

O metal é vazado pelo **bocal (ou bacia) de vazamento**, passando, então, pelo **canal de descida**, cuja geometria cônica garante um fluxo constante. Depois disso, o metal entra primeiramente no **canal de distribuição**, ainda fora da parte que virá a constituir a peça. Nessa parte, o sistema possui vários detalhes que visam o aprisionamento da escória que tenha sido vazada junto com o metal. A entrada do metal fundido na parte da cavidade que virá a constituir a peça é feita pelos **canais de ataque**, cujo número e área são projetados para garantir um fluxo sem turbulência, uma velocidade equalizada de entrada e pressão suficiente para o preenchimento de toda a cavidade.

2.2.3 Solidificação

A solidificação é a transformação fundamental num processo de fundição, determinante na microestrututura e nos possíveis defeitos que a peça fundida irá apresentar. Essa transformação líquido-sólido depende da composição da liga e das particularidades (material do molde, superaquecimento etc.) de cada processo de fundição.

Os metais utilizados na engenharia são, em sua maioria, ligas metálicas e raramente metais puros. Tendo como exceções as composições eutéticas, que se solidificam de maneira similar a um metal puro, todas as ligas se solidificam num intervalo de temperaturas, como ilustra a Figura 2.4 para as ligas Al-Si; essa característica é determinante para a seleção de ligas usadas na fundição.

Na solidificação da liga hipoeutética, Al-6% em peso de Si, exemplificada na Figura 2.4, dentro do intervalo de temperaturas entre as temperaturas *liquidus* e *solidus,* denominado **intervalo de solidificação da liga**, a liga é uma mistura de

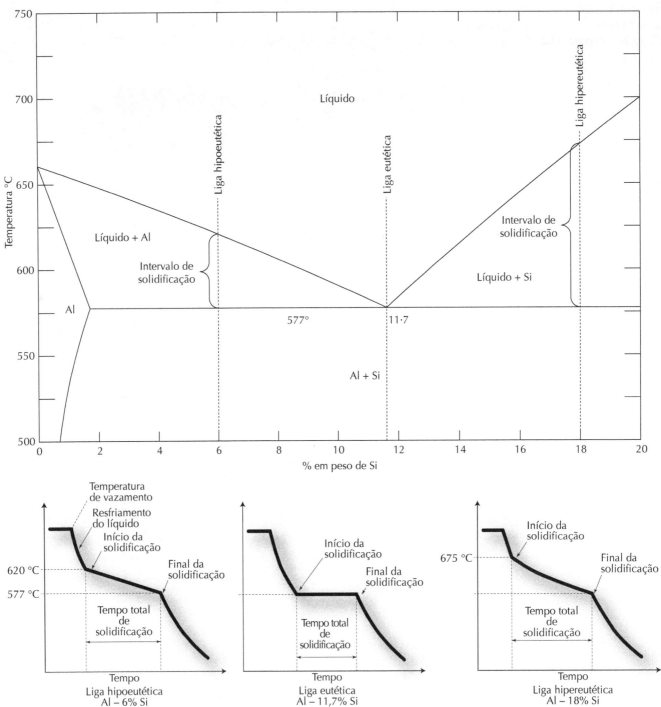

Figura 2.4
Ilustração do diagrama de equilíbrio de uma liga Al-Si indicando as composições eutética (Al-11,7% em peso de Si), hipoeutética (Al-6% em peso de Si) e hipereutética (Al-18% em peso de Si) e as respectivas curvas de resfriamento.

sólido e líquido, formando uma "pasta" com o volume sólido constituído por cristais na forma de "árvores" denominadas dendritas. A Figura 2.5 ilustra esquematicamente a solidificação entre duas paredes do molde (que poderia ser considerado correspondente a um dos canais de ataque ilustrado na Figura 2.3) para os seguintes casos: ligas com **intervalo de solidificação nulo** (caso de metal puro, Al ou Si na Figura 2.4, ou composição eutética, liga Al-11,7%Si na Figura 2.4), ligas com **grande intervalo de solidificação** (>110 °C, por exemplo, uma liga Al-18%Si na Figura 2.4), ligas com **pequeno intervalo de solidificação** (<20 °C) e ligas com **intervalo intermediário de solidificação** (entre 20 e 110 °C, por exemplo, uma liga Al-6%Si na Figura 2.4).

Como ilustrado na Figura 2.5c, composições com intervalos grandes de solidificação não se solidificam progressivamente, direcionalmente, mas simultaneamente em diversas regiões da peça e de modo aleatório. Esse modo de solidificação resulta em uma "zona pastosa" em todo o volume da peça, formada por partes sólidas circundadas por numerosos e pequenos canais de líquido. Com a progressiva solidificação desse líquido tem-se uma restrição no fluxo de metal líquido por entre esses canais, podendo provocar falta de metal líquido em diversas regiões dentro do molde que se solidificam e contraem-se, o que se traduz, ao final da solidificação, pela formação de vazios e porosidades devido à falta de alimentação.

Como ilustrado na Figura 2.5d, ligas com intervalos de solidificação intermediários tendem a formar uma grande seção de "zona pastosa", que é uma região de mistura de cristais na forma dendrítica e metal líquido. A ocorrência dessa zona em canais de alimentação dificulta, ou mesmo impede, o fluxo de metal líquido, podendo resultar, como no caso das ligas com intervalo grande de solidificação, vazios por falta de alimentação. Observe-se que essa obstrução do fluxo de metal líquido é menos crítica no caso das ligas com intervalo de solidificação pequeno, como ilustrado na Figura 2.6, uma vez que, nesse caso, um canal que permite o fluxo de metal persiste até o momento em que as duas frentes da mistura de dendritas (sólido) e líquido se encontram.

Ligas com composição eutéticas ou metais puros, como ilustrado na Figura 2.5a, não têm a formação de zona pastosa, persistindo, assim, o canal para o fluxo do metal líquido através dessa região do molde até o momento em que as duas frentes da fase sólida se encontram. Dos quatro casos discutidos, esse é o que apresenta menos problemas de alimentação devidos à solidificação.

Figura 2.5
Ilustração esquemática do modo de solidificação entre duas paredes do molde, de metal puro ou liga com composição eutética (a), liga com intervalo de solidificação pequeno (b), grande (c) e intermediário (d).

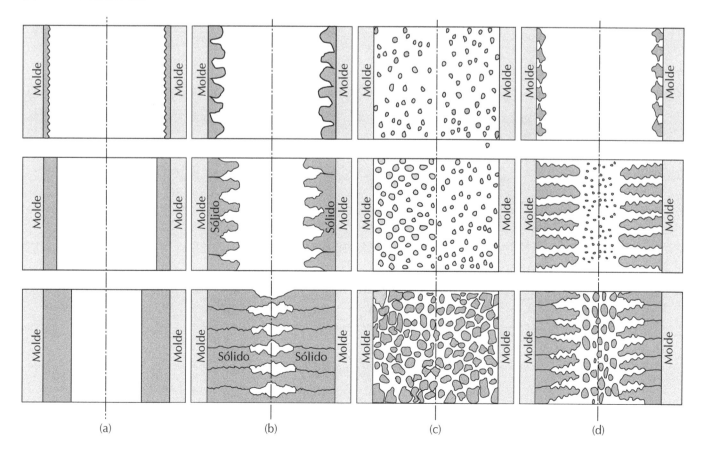

Assim, considerando essa questão de alimentação e também as baixas temperaturas *liquidus*, as ligas eutéticas ou aquelas perto das composições eutéticas são as mais usadas na fundição.

Com raras exceções, como os ferros fundidos com grafita livre, que expande com a formação dos veios ou módulos de grafita, a maioria das ligas utilizadas na fundição se contrai com a solidificação. Além da contração de solidificação, a liga também se contrai com a redução da temperatura, tanto no estado líquido quanto no sólido. Porém, a contração mais significante, da ordem de até 6,3% em ligas de alumínio e de 2,2% em aços, ocorre na transformação do estado líquido para o sólido. As dimensões da cavidade do molde devem prever essas contrações e, portanto, ter dimensões maiores do que a da peça a ser produzida. Principalmente como consequência da contração de solidificação, partes volumosas das peças, as últimas a serem solidificadas, tendem a apresentar vazios. Esses vazios são originados nessas partes porque o metal líquido tende a fluir para as regiões que já se solidificaram e sofreram contração, que correspondem às regiões menos volumosas. No final do processo de solidificação, quando essas partes volumosas se solidificam, estando já todas as outras partes solidificadas, não há nenhuma fonte de suprimento de metal líquido para a compensação da contração, originando, assim, os vazios. Para resolver esse problema são usados **massalotes**, cavidades adicionais incorporadas ao molde e que funcionam como reservatórios de metal líquido para suprir de metal as regiões da peça que se contraem durante a solidificação, especialmente as mais volumosas. A Figura 2.6 ilustra esquematicamente um vazio de contração na parte volumosa da peça e a eliminação desse defeito pelo uso de dois massalotes. Veja que, no exemplo ilustrado, o uso de um só massalote localizado na parte mais volumosa do lado esquerdo da peça não eliminou o vazio gerado por contração na parte mais volumosa

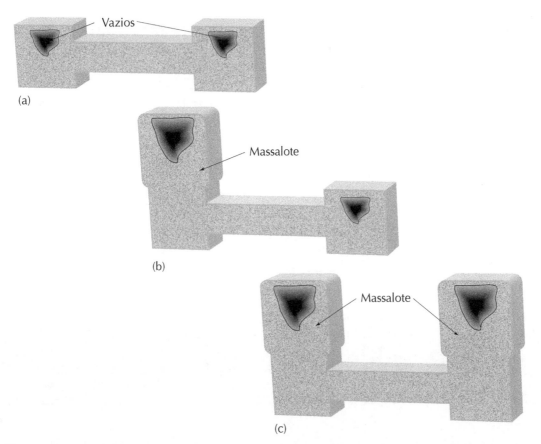

Figura 2.6
Representação esquemática de vazios nas partes volumosas da peça que puderam ser eliminados pelo uso de dois massalotes.

do lado direito da peça porque o metal líquido do único massalote não teve acesso a essa parte por causa da solidificação na parte menos volumosa que impediu o fluxo de metal para o lado direito (Figura 2.6b). A solução foi o uso de dois massalotes localizados sobre ambas as partes volumosas da peça.

No projeto de engenharia do molde o volume, quantidade e localização de cada massalote são estudados e especificados.

2.3 FUNDIÇÃO EM AREIA

A fundição em areia é o processo mais usado na fundição, responsável pela maioria significativa das toneladas de fundidos produzidos pelas indústrias do mundo todo. Basicamente, o processo consiste no vazamento do metal fundido em um molde de areia, dentro do qual o metal se solidifica e a peça fundida é retirada com a quebra do molde. A peça assim obtida deve ser usinada para a retirada de partes, como o sistema de alimentação e o massalote, e muitas vezes usinada para acerto dimensional de furos ou faces. Além da usinagem, frequentemente, ela é submetida a tratamentos térmicos para melhoria de propriedades mecânicas.

A Figura 2.7 ilustra em corte um molde de areia de fundição, produzido por compactação em caixa, com todas as partes do sistema, incluindo o macho, massalote e todo o sistema de alimentação.

As etapas da fundição em areia por compactação em caixa são ilustradas na Figura 2.8 e têm a seguinte sequência:

Figura 2.7
Ilustração em corte de um molde de areia produzido por compactação em caixa.

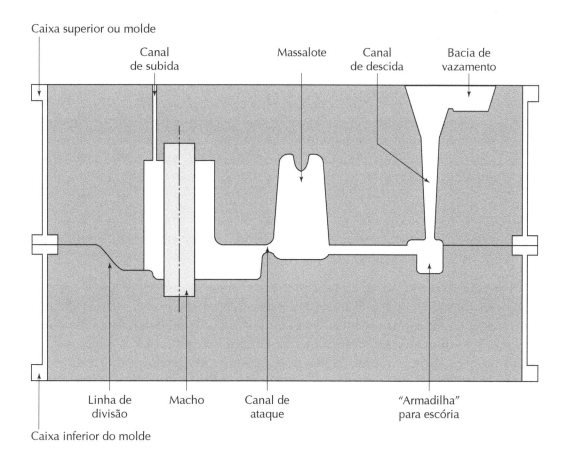

1. A partir do desenho técnico da peça a ser fabricada (Figura 2.8a) é confeccionado o modelo (Figura 2.8b);

2. A primeira parte do modelo bipartido, confeccionado a partir do desenho técnico da peça a ser produzida, é colocada no fundo da caixa de moldagem inferior (Figura 2.8c);

3. A areia preparada é compactada sobre o modelo (Figuras 2.8d e 2.8e);

4. A segunda parte do modelo é colocada no fundo da caixa de moldagem superior. Os modelos do massalote e canal de alimentação são posicionados (Figura 2.8f);

5. A areia preparada é compactada sobre os modelos (Figuras 2.8g e 2.8h);

6. O fundo da caixa é retirado juntamente com os modelos e, caso haja partes vazias na peça, são posicionados os machos, confeccionados separadamente (Figura 2.8i);

7. As partes superior e inferior do molde são montadas e o metal fundido é vazado (Figura 2.8j);

8. A peça junto com os canais de alimentação e massalote é desmoldada (Figura 2.8k);

9. Os canais de alimentação e massalote são cortados e a peça está pronta para usinagem e outras operações como tratamento térmico e acabamento superficial, quando necessário (Figura 2.8l).

A confecção do modelo tem que levar em conta os seguintes fatores :

- O material depende do número de moldes a serem confeccionados (madeira, metal, gesso, polímeros).

- As dimensões devem considerar a contração do metal quando resfriar.

- O desenho deve considerar aspectos que facilitam a moldagem (por exemplo, conicidade) e que minimizem os defeitos de solidificação (por exemplo, cantos vivos, variações bruscas de seções, espessura mínima da parede etc.)

- Se há uso de macho, é preciso prever as cavidades para o respectivo encaixe.

- Projetar o sistema de canais de vazamento e massalotes.

Os requisitos básicos exigidos da areia para fundição são: estabilidade térmica e dimensional a altas temperaturas; partículas com forma e granulometria adequadas, quimicamente inertes com o metal fundido; baixa molhabilidade com o metal fundido; livre de materiais voláteis que produzem gases durante o aquecimento; viabilidade econômica, adequada pureza e pH, compatibilidade com os sistemas aglomerantes. Geralmente é usada areia silicosa (SiO_2 na forma de quartzo) por ser abundante e barata. As areias usadas na fundição são as denominadas areias sintéticas, lavadas para a remoção da argila e material orgânico, peneiradas, classificadas segundo o tamanho granulométrico e misturadas para formar a distribuição

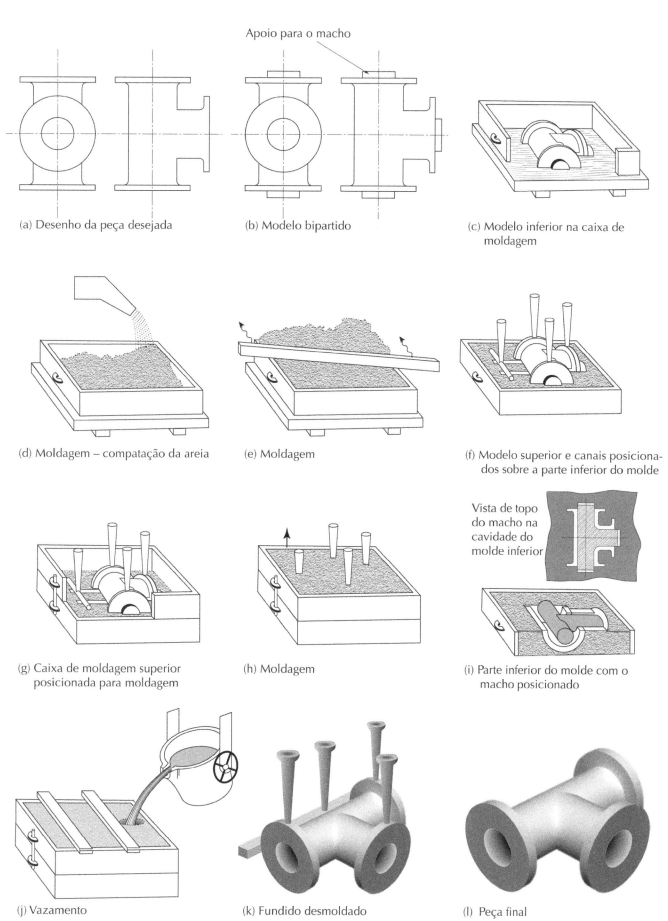

Figura 2.8 Representação da sequência de operações na fundição em areia compactada em caixa.

granulométrica desejada. O material orgânico é retirado, pois poderia induzir o aparecimento de porosidade na peça pelos gases oriundos de sua combustão quando em contato com o metal fundido. A distribuição granulométrica é importante, pois afeta o grau de compactação e, portanto, a resistência mecânica do molde que deve suportar a pressão metalostática do metal fundido, afetando também a permeabilidade que o molde terá para permitir o fluxo de gases para fora da sua cavidade; ela também determina a quantidade de argila e outros aditivos a serem usados pela sua influência na área específica total da areia. Existe uma norma da American Foundrymen's Society, AFS, que expressa em número a distribuição granulométrica de areia utilizada para fundição, sendo diferente o número e, portanto, a distribuição granulométrica dependendo do processo de areia a ser utilizado.

Para a aglomeração da areia, podem ser usados diversos materiais como a argila com água ou resinas poliméricas.

A moldagem em **areia verde** é o processo mais simples e de uso mais generalizado em fundição. Possui baixa resistência mecânica com a presença de umidade. Consiste em compactar, manualmente ou empregando máquinas de moldar, uma mistura plástica, composta essencialmente de areia silicosa, argila para a aglomeração (geralmente é usada a bentonita), e água (numa proporção de aproximadamente 100 partes de areia, 20 de bentonita e 4 de água) sobre o modelo colocado ou montado na caixa de moldar. O termo "verde" significa que o molde não é seco ou sinterizado ("queimado") antes de ser usado; uma vez confeccionado o molde, o metal é imediatamente vazado no seu interior. Geralmente são feitas certas adições como de carvão, cereais e celulose para melhorar a aglomeração, a estabilidade dimensional, o acabamento superficial da peça, o destacamento do modelo e a colapsibilidade do molde.

Uma variante do processo de areia verde é o de moldagem em **areia seca ou em molde estufado**, em que o molde é seco em estufa apropriada em temperaturas que variam de 150 a 300 °C. As vantagens dos moldes estufados são a maior resistência à pressão do metal líquido, maior estabilidade dimensional, maior dureza, maior permeabilidade e melhor acabamento das peças fundidas. Esse tipo de moldagem é empregado em peças de variadas dimensões ou peso, sempre que se exige um melhor acabamento. Contudo, tem-se um maior custo devido à estufagem e limitação a moldes pequenos pela dificuldade de secagem.

A compactação manual mais comum é aquela realizada em caixas, já descrita e ilustrada na Figura 2.8. Esse tipo de compactação permite a produção de peças de poucos gramas até vários quilos, mas é pouco produtiva.

A compactação mecânica é muito produtiva e geralmente é realizada por prensas hidráulicas. Esse método permite a produção em larga escala de peças fundidas em areia verde e é ilustrado na Figura 2.9.

Outro tipo de moldagem é em **areia soprada** (ou *cold-box*) em que um gás ou vapor é utilizado para curar uma substância aglomerante adicionada à areia. Os tipos mais usados são:

- Adição de 3-4% de silicato de sódio, curado com CO_2 (gás).
- Adição de resina fenoluretânica curada com vapor de amina (dimetilamina ou trietilamina).
- Adição de resina epoxiacrílica curada com dióxido de enxofre (gás).

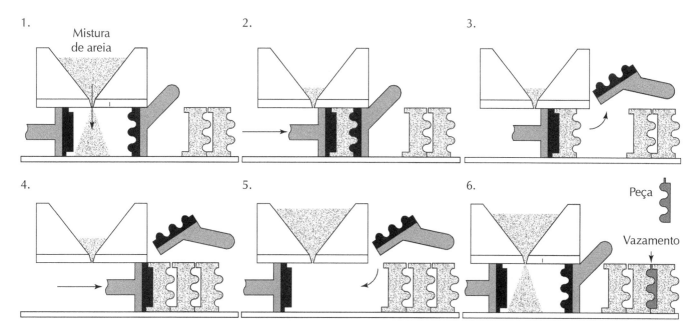

Figura 2.9
Método de compactação mecânica para produção contínua de moldes em areia verde.

A moldagem em areia soprada é usada para a confecção de moldes, mas principalmente de machos em que se exigem dureza superficial e controle dimensional.

Na moldagem em **areia-cimento**, o cimento é usado como aglomerante, tendo a composição típica 90%, em peso de areia silicosa, 10%, em peso, de cimento portland com adição de água correspondente a cerca de 8%, em peso da mistura. É indicado para moldagem de peças médias e grandes.

Existem processos que usam resinas de cura a quente, tais como um ligante termorrígido e um catalisador ácido, que são misturados à areia seca e, então, compactados dentro de uma caixa aquecida. A cura é induzida pelo calor, sendo uma reação exotérmica. Quando um aquecimento posterior em estufa (220 a 245 °C) é necessário, o processo é denominado de **caixa-quente** (do inglês *hot-box*) e quando não, é denominado de **caixa morna** (do inglês *warm-box*). Para a caixa-quente, são utilizadas resinas furânicas ou fenólicas e cloretos e nitratos como catalisadores. Para a caixa-morna, são usadas resinas furânicas ou álcool-furfuril e sais de cobre como catalisadores.

Os moldes de areia, independentemente do tipo de aglomerante usado, devem possuir algumas características que são importantes para o seu bom desempenho:

- Resistência mecânica para suportar o peso do metal líquido.

- Suportar a ação erosiva do metal líquido durante o vazamento.

- Geração, quando em contato com o metal fundido, de uma menor quantidade de gás possível.

- Permeabilidade adequada para permitir a saída dos gases.

- Refratariedade para não fundir ao ser preenchido pelo metal fundido.

- Estabilidade térmica para não ocorrer transformações estruturais que levem a uma alteração das propriedades mecânicas do molde ou a uma alteração dimensional que, além de distorções, gere trincas.

- Apresentação de colapsibilidade adequada após a solidificação da peça, que permita a sua quebra mantendo a integridade da peça fundida.

O processo de fundição em areia tem inúmeras vantagens como: praticamente não tem limites no tamanho, forma, peso ou complexidade; é de baixo custo; a maioria das ligas pode ser fundida e é econômico para lotes de tamanho reduzido.

Como todo processo, a fundição em areia tem suas limitações, por exemplo: tolerâncias dimensionais estreitas são difíceis e há limitação no acabamento superficial; alguma usinagem geralmente é necessária após o processo; cerca de 20 a 50% do material é perdido em canais de alimentação e massalotes, a taxa de produção é determinada principalmente pela etapa de confecção do molde que é perdido após cada vazamento realizado. Valores típicos estão na faixa de 1-60 peças/h.

As ligas mais comuns utilizadas na fundição em areia são: ferro fundido, aços, ligas de alumínio, ligas de cobre e ligas de magnésio, sendo processadas peças de 200 g a 400 t, com limite mínimo de espessura tipicamente de 3 mm para ligas leves e 6 mm para ligas ferrosas.

As aplicações mais comuns desse processo são: em blocos de motores, cabeçotes de motores, bases de equipamentos pesados, cilindros para laminadores, carcaças de motores e bombas, entre outros.

2.4 FUNDIÇÃO EM CASCA OU *SHELL*

O processo de fundição em casca ou fundição *shell* é também denominado de processo Croning, em homenagem ao seu inventor, o alemão Johannes Croning. Nesse processo, o molde é confeccionado a partir de uma mistura de areia e uma resina, endurecível pelo calor, a qual atua como aglomerante. Uma resina largamente utilizada é a termoplástica fenólica na qual se adiciona o hexametileno tetra-amida, agente que provoca a formação de ligações cruzadas entre as cadeias do polímero com o aquecimento. Nessa mistura areia-resina, com resina em teores de 2,5 a 4%, também são colocados certos aditivos, tais como o estearato de cálcio para melhorar a fluidez da areia e o óxido de ferro para prevenir trincas térmicas, produzir coquilhamento e minimizar defeitos pela geração de gases. A mistura é colocada sobre a superfície de um modelo metálico. Esse modelo metálico geralmente é bipartido e contém já os canais de vazamento e massalotes necessários.

Sequencialmente, o processo de fundição em casca está ilustrado na Figura 2.10 e compreende as seguintes etapas:

1. A placa contendo o modelo metálico (geralmente aço), aquecido à temperatura de aproximadamente 200 °C, é colocado sobre uma caixa basculante contendo a mistura areia-resina-aditivos (Figura 2.10a).

2. A caixa é basculada em 180°, promovendo a cobertura de toda a superfície do modelo pela mistura de areia. A mistura em contato com a superfície do modelo aquecido começa a endurecer pela cura da resina (Figura 2.10b).

3. Após um tempo suficiente para que uma camada (casca) de aproximadamente 5 mm seja formada, a caixa é novamente basculada; a areia não endurecida cai

de volta no fundo da caixa, enquanto a casca fica aderida ao modelo (Figura 2.10c).

4. O modelo, juntamente com a casca semicurada (semiendurecida), é colocado num forno a 350 C°-400 °C por um tempo suficiente para que a cura da resina aglomerante se complete (Figura 2.10d).

5. A casca é retirada da placa com o modelo por pinos extratores que fazem parte do conjunto, podendo ser estocada ou montada em uma caixa para vazamento do metal (Figura 2.10e).

6. Normalmente, o molde é obtido pela junção de duas partes, unidas por grampos ou cola. Devido à limitada resistência mecânica da casca, no caso de peças grandes, com grande superfície, um suporte adicional para sustentação do molde é necessário, o que é conseguido, por exemplo, colocando o molde em uma caixa e preenchendo o espaço entre a parede externa do molde e a caixa com areia ou granalha de aço (Figura 2.10f).

7. O metal fundido é vazado no molde, que, após a solidificação, é quebrado para a retirada da peça fundida (Figura 2.10g).

O processo é usado para a produção de peças de geometria simples ou complexa e apresenta as seguintes vantagens: taxa de produção superior à fundição em molde de areia (tipicamente na faixa de 5-200 peças/h), alta precisão dimensional (tolerâncias típicas de ±0,25 mm), acabamento superficial muito bom (rugosidade mínima de até 2,5 µm), possibilidade de estocagem dos moldes e grande potencial de automação.

Figura 2.10
Etapas do processo de fundição em casca ou *shell*.

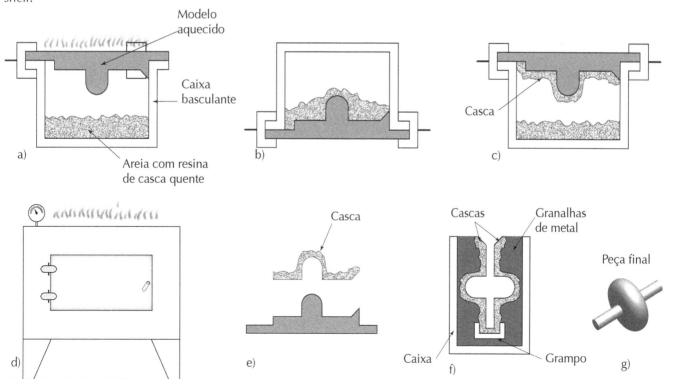

As limitações são: alto custo do modelo metálico, que dificulta justificar o seu uso para pequenos lotes; custo da resina; custo do processo de cura a quente pela necessidade de fornos de aquecimento do modelo e cura do molde; e limitação no tamanho da peça pela restrição de manuseio de cascas de grandes dimensões por sua baixa resistência mecânica (peças de no mínimo 10 g e geralmente abaixo de 20 kg, sendo a área do molde geralmente inferior a 3.000 cm^2).

As ligas mais comuns utilizadas nesse processo são: ferro fundido, ligas de alumínio e ligas de cobre.

As principais aplicações desse processo são: peças mecânicas pequenas com alta precisão, caixa de engrenagem, cabeçotes de cilindros, componentes de transmissão, conexões de cabos e barras, além da produção de machos para fundição.

2.5 FUNDIÇÃO EM MATRIZ POR GRAVIDADE

O processo de fundição em matriz por gravidade, como o próprio nome indica, usa molde permanente que é preenchido pelo metal fundido usando somente a força da gravidade (diferente de outros processos que usam a força de injeção ou centrífuga para auxiliar no preenchimento do molde). Nesse processo, o molde permanente é confeccionado geralmente de ferro fundido, aço, bronze ou grafite dependendo da liga a ser fundida, quantidade de peças a serem produzidas e principalmente da sua geometria. O molde permanente é formado por duas ou mais partes necessárias para conter os canais de vazamento e massalote, caso necessário, e principalmente para garantir a extração da peça após a solidificação; o molde deve garantir que o procedimento de retirada da peça seja realizado o mais rapidamente possível e de modo simples para otimizar o tempo de produção em série. No caso de uso de machos, estes podem ser de metal ou de areia endurecida por aglomerantes.

A Figura 2.11 mostra de modo simplicado, o processo de fundição em matriz por gravidade:

1. O molde é uma matriz formada por partes que permitem fechamento e abertura rápida e precisa. A cavidade do molde é usinada (Figuras 2.11a e 2.11b);

2. O metal fundido é vazado por gravidade dentro do molde pré-aquecido (Figura 2.11c);

3. Após a solidificação, o molde é aberto, e o fundido retirado (Figuras 2.11d e 2.11e);

4. Um jato de ar com aditivos é usado para a limpeza da superfície interna do molde para a retirada de possíveis e pequenas partes metálicas da peça recém-fabricada e para recobrimento que auxilia na dissipação do calor e lubrifica a superfície, permitindo uma fácil separação da peça fundida. O molde é, então, fechado e um novo ciclo pode ser iniciado.

A temperatura do molde é mantida relativamente alta durante o processo de produção, sendo o calor da fundição anterior suficiente para manter o molde à temperatura adequada para a realização do vazamento seguinte. A temperatura do molde é mantida elevada para minimizar a sua fadiga térmica, facilitar o fluxo do metal líquido e controlar a taxa de resfriamento do metal.

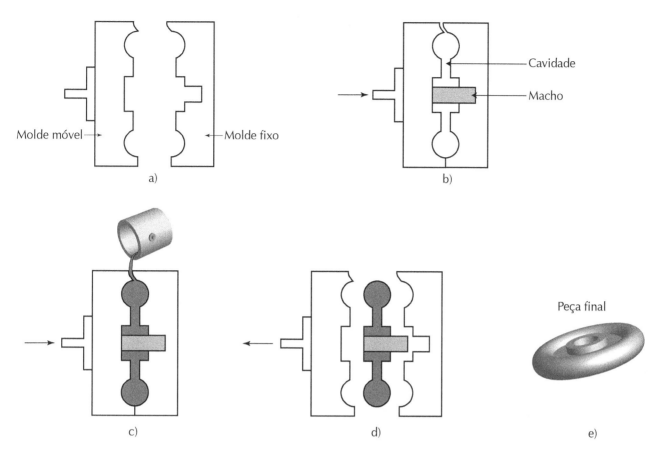

Figura 2.11
Ilustração do processo de fundição por gravidade em molde permanente.

Respiradouros no molde são importantes para evitar porosidade na peça considerando a inexistência de permeabilidade para a saída dos gases. Considerando que somente a força da gravidade atua no metal durante o vazamento, um projeto adequado do sistema de alimentação, assim como a especificação e bom controle da temperatura do molde, são necessários. Massalotes são usados para compensar a contração, que tipicamente equivalem a cerca de 40% da massa do fundido, levando, assim, a um rendimento típico em torno de 60% da liga fundida que é convertida em peça.

As vantagens do processo são: molde possível de ser usado até 250.000 vezes, boa precisão dimensional, bom acabamento superficial; resfriamento rápido do metal, resultando em estrutura refinada; taxa de produção de 5 a 100 conjuntos/hora (o molde pode conter cavidade para mais de uma peça); e custo de ferramenta, equipamento, mão de obra e acabamento moderados.

Como desvantagens têm-se: o alto custo do molde, a limitação da forma, do tamanho e da complexidade da peça e a limitação da vida útil do molde para fundição de metais de alta temperatura de fusão, como aços.

As principais ligas usadas nesse processo são de alumínio, de magnésio, de cobre, ferro fundido e aços (em moldes de grafite ou material refratário) e ligas de chumbo, estanho e zinco; as peças em geral são menores que 5 kg, mas podem variar de 100 g a 300 kg.

Esse processo tem sua aplicação, por exemplo, em pistões, engrenagens e cabeçotes de cilindros.

2.6 FUNDIÇÃO SOB PRESSÃO

O processo de fundição sob pressão se diferencia do processo em matriz por gravidade basicamente pelo fato do metal fundido ser, neste caso, vazado sob pressão garantindo, assim, o pleno preenchimento do molde.

Nesse processo, o molde é fabricado de aço-ferramenta, sendo refrigerado a água e formado por partes que permitem fechamento e abertura de modo automatizado. Pode ser usado macho de areia ou de metal (com mecanismo retrátil) para a confecção de partes ocas nas peças. O metal fundido é vazado sob pressão, que tipicamente fica na faixa de 7 a 140 MPa. A pressão é mantida durante a solidificação e, após a solidificação, o molde é aberto, e o fundido ejetado.

Existem basicamente dois tipos de fundição sob pressão: a de **câmara fria** e a de **câmara quente**; ambas ilustradas na Figura 2.12. Na fundição sob pressão em câmara fria, o metal é fundido em forno independente da máquina de injeção para onde é, então, transportado em quantidade certa para o cilindro de injeção. As pressões típicas estão na faixa de 14 a 140 MPa. Na fundição sob pressão em câmara quente, a câmara do pistão é parcialmente submersa no metal líquido; o ciclo é, portanto, rápido (cerca de 15 ciclos por minuto) uma vez que o metal líquido é injetado da mesma câmara em que é fundido, não havendo necessidade de sua manipulação ou transferência, como no caso do da câmara fria. A pressão típica é inferior ao da câmara fria, na faixa de 7 a 35 MPa. O processo de câmara a quente é limitado a ligas de baixa temperatura de fusão (ligas de zinco, estanho, chumbo e algumas vezes de magnésio), as ligas de alumínio, por atacar o ferro, não podem ser processadas. Já no processo de câmara fria, são fundidas peças em ligas de alumínio, de magnésio e latão.

Figura 2.12
Fundição sob pressão de câmara quente e de câmara fria.

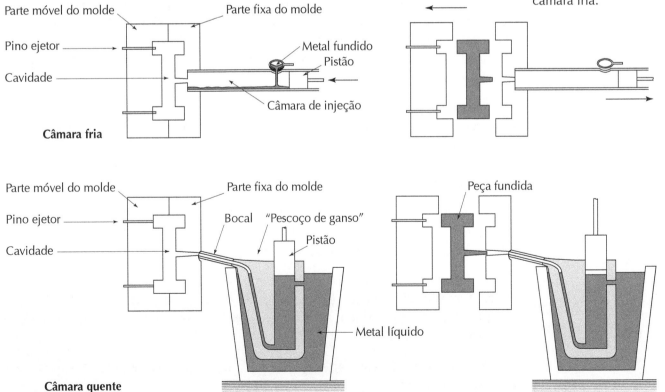

As vantagens do processo de fundição sob pressão são: bom acabamento superficial, precisão dimensional excelente (da ordem de ±0,076 mm em peças pequenas), taxa de produção alta (até 200 peças/hora), economia para grandes lotes de produção, peças com geometrias complexas e com seções finas (na ordem de 0,5 mm) podem ser processadas devido à pressão, que garante o preenchimento pelo metal fundido de todos os pequenos detalhes da cavidade do molde. A alta taxa de resfriamento resulta em microestruturas refinadas, com pequeno tamanho de grão.

As desvantagens desse processo são: alto custo do equipamento e do molde, limitação às ligas não ferrosas de alta fluidez, tamanho de peças limitado pelas máquinas de injeção, geralmente menores do que 5 kg e nunca acima de 25 kg. Dependendo dos contornos das cavidades e dos canais do molde, pode haver dificuldades de saída do ar retido no interior da matriz, gerando porosidade na peça fundida. O volume de produção mínimo e economicamente viável é bastante elevado (normalmente > 10.000 peças). Também há alguma restrição na forma da peça de maneira a permitir a sua fácil retirada da cavidade do molde metálico permanente.

Em geral, as ligas mais comuns utilizadas nesse processo são: ligas de alumínio, de zinco, de magnésio, de chumbo; ligas de cobre e estanho também são possíveis. Devido ao sistema de injeção e do molde permanente, as ligas que podem ser utilizadas são geralmente aquelas com temperatura de fusão inferior à do cobre (1.083 °C)

Esse processo é usado para fabricar componentes de bombas, partes de motores, caixas de transmissão, artefatos domésticos, de artes e brinquedos.

2.7 FUNDIÇÃO POR CENTRIFUGAÇÃO

O processo de fundição por centrifugação tem a característica do metal fundido ser vazado enquanto o molde está em movimento rotacional. O molde, que pode ser de areia verde, areia seca, grafite, aço ou cobre, é colocado em movimento de rotação de modo que a força centrífuga origina uma pressão além da gravidade, que força o metal líquido de encontro às paredes do molde onde se solidifica. A Figura 2.13 apresenta ilustrações da fundição por centrifugação horizontal e vertical, em que os moldes são rotacionados em torno do eixo horizontal e vertical respectivamente.

As principais vantagens desse processo consistem em produzir uma grande variedade de peças cilíndricas, incluindo as de grandes dimensões, ter boa precisão dimensional, com produção de até 50 peças/h, e com ótimo rendimento da liga, de 90 a 100%, por não ter canais de vazamento ou massalotes.

As restrições do processo são a geometria da peça, que é limitada, e o alto custo do equipamento. Uma particularidade desse processo é a heterogeneidade microestrutural que, muitas vezes, é observada ao longo da espessura da parede da peça. Essa heterogeneidade é causada pela centrifugação das primeiras fases sólidas formadas em direção à parede do molde quando o metal está no estado semissólido. Se por um lado essa característica de heterogeneidade microestrutural é negativa pela diferença de propriedades ao longo da espessura da peça, por outro, desde que controladas a natureza da fase segregada e a intensidade dessa segregação, a peça pode ter características de uma peça com gradiente funcional de propriedades.

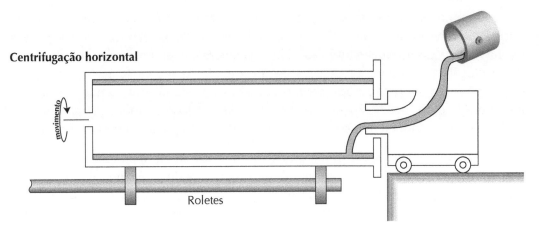

Figura 2.13
Processo de fundição centrífuga horizontal e vertical.

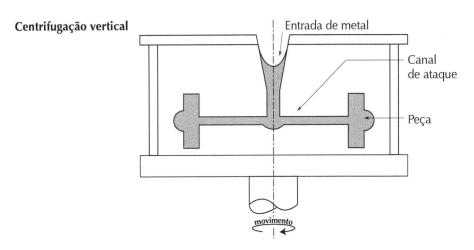

As aplicações típicas desse processo: tubos, vasos de pressão e carretel de bobinadeiras (sarrilho), camisa de cilindro de motores, e cilindros de laminação, feitos com ligas de aço de alta resistência e baixa liga, aços inoxidáveis e aços cromo-molibdênio. Uma aplicação interessante desse processo é o de fabricação de tubos bimetálicos, por exemplo, combinando um aço de baixo teor de carbono na camada externa e de aço inoxidável ou superliga na camada interna, sendo aplicados em tubulações para materiais corrosivos.

2.8 FUNDIÇÃO DE PRECISÃO

O processo de **fundição de precisão**, também denominado de **microfusão** ou **fundição por cera perdida**, utiliza um molde cerâmico obtido pelo revestimento de um modelo consumível de cera com uma argamassa cerâmica refratária que endurece com o aquecimento. O modelo de cera é fundido e a cera escorre deixando, assim, uma cavidade no molde cerâmico.

A Figura 2.14 apresenta ilustrações das principais etapas envolvidas no processo de fundição de precisão:

1. Modelos de cera são obtidos pelo vazamento ou injeção de cera fundida em moldes metálicos. A cera é uma mistura de cera de abelha e de carnaúba, parafina, breu, antioxidantes, termoplásticos, plastificantes e tinturas, dentre outros;

2. Fundição

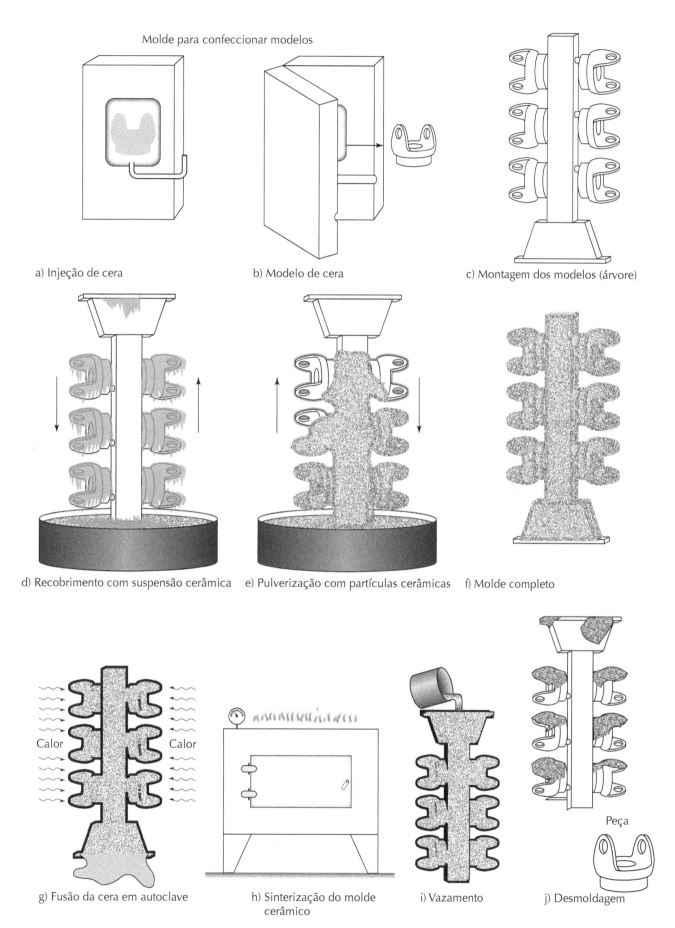

Figura 2.14 Ilustrações das principais etapas do processo de fundição de precisão.

O vazamento ou injeção é feito em temperatura na faixa de 43 a 77 °C em moldes confeccionados por usinagem de metais macios (Pb-Bi-Sn), ligas de Zn, latão, bronze, aço, borracha (Figuras 2.14a e 2.14b);

2. Um ou mais modelos de cera da peça são montados no canal de vazamento também feito de cera; essa montagem é feita simplesmente pela soldagem de uma peça a outra pela fusão das superfícies, pelo contato de uma espátula de aço aquecida. Esse conjunto recebe a denominação de "árvore" (Figura 2.14c);

3. A árvore é mergulhada numa suspensão cerâmica (pós cerâmicos, sílica coloidal, silicato de etila etc.) e, em seguida, recebe uma pulverização de partículas finas de material cerâmico refratário (por exemplo zirconita, alumino-silicatos, alumina) que aderem à superfície da árvore (Figuras 2.14d e 2.14e);

4. Após aplicação de várias camadas de suspensão cerâmica seguida de pulverização com material refratário (6 a 9 camadas), uma casca de cerca de 5-8 mm de espessura é formada sobre a árvore. Cada camada é aplicada entre intervalos de até 24 horas para que a camada anterior seque e adquira resistência mecânica suficiente para ser manipulada (Figura 2.14f);

5. A árvore, feita de cera, é derretida em autoclave, deixando, assim, o molde cerâmico com uma cavidade contendo todos os detalhes da árvore de cera. O molde cerâmico é sinterizado à temperatura de até 1.100 °C para adquirir resistência mecânica e estabilidade térmica (Figuras 2.14g e 2.14h);

6. Metal fundido é vazado no molde (Figura 2.14i);

7. Após a solidificação do metal, as peças fundidas são desmoldadas pela quebra do molde (Figura 2.14j).

As principais vantagens da fundição de precisão são as seguintes:

- Possibilidade de produção em massa de peças de formas complexas, que são difíceis ou impossíveis de obtenção pelos processos convencionais de fundição ou usinagem.

- Possibilidade de reprodução de detalhes precisos, cantos vivos, paredes finas com maior precisão dimensional e superfícies mais lisas.

- Utilização de praticamente qualquer metal ou liga, uma vez que o molde cerâmico tem altíssima temperatura de fusão.

- As peças podem ser produzidas praticamente acabadas, necessitando de pouca ou nenhuma usinagem posterior.

- O processo permite um rigoroso controle do tamanho de grão, solidificação direcional, o que resulta em controle mais preciso das propriedades mecânicas.

- O processo pode adotar fusão sob atmosfera protetora ou sob vácuo, o que permite a utilização de ligas que exijam tais condições.

As principais limitações do processo são:

- Devido à baixa taxa de solidificação, ocorre crescimento de grão em peças que possuem grandes seções, limitando a tenacidade e resistência à fadiga.

- As dimensões e o peso são limitados, devido à resistência mecânica do modelo de cera que limita a sua manipulação, necessária para a formação da casca cerâmica; as peças fabricadas por esse processo geralmente não excedem 5 kg.

Alguns exemplos de peças que são fabricadas por esse processo são: peças estruturais para a indústria aeronáutica, peças para motores de avião, sistema de combustão de aviões, instrumentos de controle de aviões. Também são fabricadas peças usadas em equipamento aeroespacial, em equipamento de processamento de dados, em motores elétricos, em equipamento eletrônico de comunicação, em armamentos de pequeno porte, em máquinas operatrizes, em equipamentos médicos e odontológicos, em equipamento ótico, em equipamento para a indústria têxtil, em máquinas e equipamentos de escritório e em joias.

Os metais geralmente usados nesse tipo de fundição são ligas de alumínio, de cobre, de níquel, de cobalto, de titânio, aços-carbono, aços inoxidáveis e aços-ferramentas.

2.9 OUTROS PROCESSOS

2.9.1 Conformação por *spray*

O processo de conformação por spray (CS), também denominado de fundição por spray ou deposição por spray, está apresentado esquematicamente na Figura 2.15. O processo acontece com a atomização de um fluxo de metal líquido por meio da injeção de um gás inerte à alta pressão, que passa pelo bocal atomizador e as gotas de metal atomizado são depositadas sobre um substrato.

O bocal de atomização é composto por vários furos concêntricos cujo direcionamento dos jatos do gás atomizador coincide com o centro do tubo pelo qual o metal líquido flui. Quando o fluxo de metal líquido entra em contato com o gás inerte que está em alta velocidade, ocorre a formação de um cone de "spray" formado por uma variada gama de tamanhos de gotas (na faixa de alguns micrometros até 150 micrometros de diâmetro), as quais são impulsionadas para baixo da região de atomização em alta velocidade. As gotas de metal líquido em pleno vôo podem, ainda, ser dissociadas em gotas de tamanhos menores até alcançar um tamanho mínimo de equilíbrio. As gotas líquidas são submetidas, durante essa etapa, a uma alta taxa de resfriamento. Dessa forma, passam a coexistir no spray gotas líquidas, parcialmente solidificadas e completamente sólidas, o que gera um spray de gotas com dimensões micrométricas, as quais são impelidas velozmente, em forma de cone, para baixo da região de atomização. Um substrato metálico ou cerâmico é posicionado abaixo da trajetória do spray interrompendo-a, coletando as gotas metálicas sólidas, parcialmente solidificadas e líquidas, gerando um depósito, denominado também de "pré-forma" coerente e quase totalmente densa, de acordo com uma distribuição gaussiana das partículas.

Pelo movimento contínuo do substrato em relação ao cone de "spray" enquanto a atomização prossegue, o depósito pode tomar diversas formas, como ilustrado es-

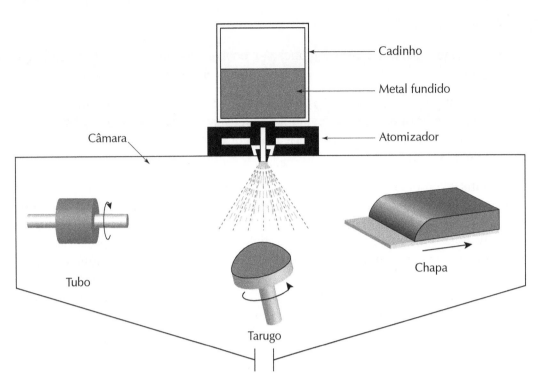

Figura 2.15
Representação esquemática do processo de conformação por *spray* mostrando as diversas geometrias de depósito que podem ser processadas.

quematicamente na Figura 2.15, como tarugos (para serem reprocessados), tubos ou chapas dependendo da movimentação imposta ao substrato.

Ligas depositadas através de spray usualmente exibem fases com solubilidade sólida estendida ou fases metaestáveis, incluindo a amorfa, e microestrutura refinada devido à alta taxa de resfriamento imposta (10^3-10^5 K/s), taxas essas atingidas pelas partículas em vôo. Possibilitando processar peças de até 1 tonelada e com uma alta velocidade de produção (0,1 a 2,5 kg/s), é um processo único na fundição que alia os benefícios de uma solidificação rápida (microestrutura refinada, minimização de macro e microssegregações) em peças de grande volume. O processo permite, ainda, o uso de um largo espectro de materiais, alguns de difícil processamento por outros métodos convencionais, incluindo ligas de Al, Pb, Cu, Mg, Ni, Ti, Co e aços.

O processo é aplicado, por exemplo, para fabricação de camisa do pistão em ligas Al-Si e tubos de aços inoxidáveis, além de fabricação de matéria-prima para outros processos, por exemplo, com ligas de cobre, que têm grandes problemas de segregações, e ligas de alta resistência, como Cu-Mn-Ni.

2.9.2 Tixofundição

O processo de Tixofundição é uma variante da fundição sob pressão onde o metal é conformado no estado semissólido. Matéria-prima com microestrutura bastante particular é obtida pelo aquecimento da liga, de composição hipoeutética, até sua temperatura de fusão, depois resfriá-la até uma temperatura dentro da "zona pastosa" contendo duas fases, líquida e sólida, e impingir a essa massa uma agitação para quebrar os braços dendríticos da fase sólida tornando-a globular (Figura 2.16a). Após a solidificação, obtém-se a matéria prima que é a liga com estrutura de fase primária em forma equiaxial homogeneamente distribuída dentro de uma estrutura eutética (Figura 2.16b). Essa microestrutura confere à liga um comportamento, quando parcialmente refundida, de um fluido tixotrópico (a viscosidade decresce com a imposição de tensões de cisalhamento). Assim, o processo de tixofundição usa essa matéria-prima para, depois de reaquecida até sua fusão parcial, injetá-la em matriz num processo de fundição por pressão (Figura 2.16d).

Nesse processo a liga, embora no estado semissólido, tem, com a tensão cisalhante do processo de injeção, uma baixa viscosidade que permite um ótimo preenchimento da cavidade do molde sem turbulência. Considerando ainda que se alcança maior grau de homogeneidade devido à inexistência de macrossegregação e a contração é menor, por partir do estado semissólido, tem-se uma peça tixofundida com melhor sanidade do que uma peça fundida convencionalmente. De maneira geral, as propriedades mecânicas dos materiais reofundidos são melhores do que os materiais fundidos convencionalmente.

A Figura 2.16 ilustra a sequência do processo de reofundição contínua.

O processo é aplicado em ligas de alumínio para a indústria automobilística, produzindo peças de poucos gramas até 9 kg, como, cilindro mestre de freio e carcaça de ar condicionado além de peças estruturais como, componentes do sistema de suspensão e do motor.

Figura 2.16
Esquema do processo de reofundição contínua.

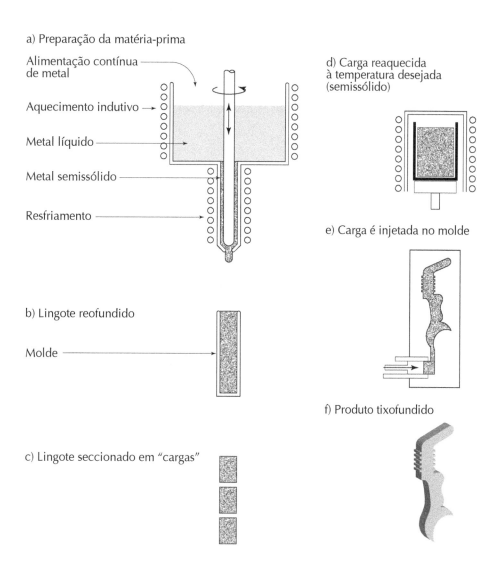

2.9.3 Fundição em molde cheio

A fundição em molde cheio, também denominada de fundição de espuma perdida ou fundição de modelo evaporativo, é um processo que usa molde de areia sem ligante (sem aglomeramento). A Figura 2.17 ilustra as etapas do processo.

Nesse processo, para cada peça, necessita-se de um modelo, sendo o molde de areia não aglomerada. O modelo é feito de material evaporável, por exemplo, poliestireno expandido e geralmente feito por partes que são coladas para formar a peça completa, ou ainda, de maneira similar ao caso de fundição de precisão, modelos de várias peças podem ser montados, formando um conjunto que produz várias peças numa só operação. Ao modelo são colados os canais de alimentação e massalotes (Figura 2.17a) e, em seguida, o conjunto recebe um banho de uma suspensão aquosa que, depois de seca, cria uma camada superficial em todo o modelo. Essa camada evita que nos primeiros instantes após o vazamento, a areia do molde, que não é aglomerada, se misture ao metal fundido, além de proporcionar melhor acabamento superficial na peça. Em seguida, o modelo é colocado dentro de um recipiente (Figura 2.17b) que é completado com areia seca e livre de qualquer tipo de aglomerante. O conjunto é vibrado para compactar a areia (Figura 2.17c) e, então, o metal fundido é vazado. Com o contato do metal fundido (Figura 2.17d), o modelo vaporiza, enquanto o metal ocupa o seu lugar, substituindo o poliestireno em todo o volume do modelo. A velocidade de enchimento (velocidade do fluxo do metal) depende da velocidade da degradação do modelo. Com a solidificação do metal (Figura 2.17e), o recipiente é simplesmente tombado e a areia, que não é aglomerada, cai, (Figura 2.17f) deixando então o fundido pronto para as operações de retirada dos canais de vazamento e massalotes, e de acabamento (Figura 2.17g).

Figura 2.17
Ilustração das etapas para a fundição em molde cheio.

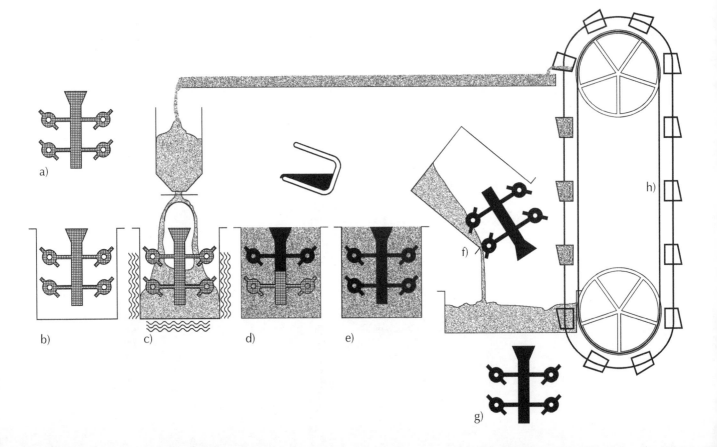

O processo é relativamente simples, pois não existem linhas de partição do modelo e machos, a operação pode ser automatizada e a areia é diretamente reutilizada (Figura 2.17h).

São produzidos blocos de motores de ligas de alumínio e peças de ferro fundido como, cabeçotes de motores, virabrequins, componentes de freio e bases de máquinas.

2.10 ESTUDO DE CASO: EIXO DO COMANDO DE VÁLVULAS

Como caso de aplicação de processo de fundição é apresentado o da fabricação do **eixo do comando de válvulas**.

2.10.1 Apresentação do produto

O eixo do comando de válvulas é o principal componente de um conjunto mecânico responsável pela abertura e pelo fechamento das válvulas que controlam a entrada e saída de gases nas câmaras de combustão interna de um motor. O eixo do comando de válvulas é posicionado na parte superior do motor. A posição desse componente pode ser identificada facilmente, basta abrir o capô e procurar pela tampa de reposição de óleo. Ela fica posicionada exatamente na cobertura do comando de válvulas. A Figura 2.18 apresenta esquematicamente um motor sem o bloco mostrando a localização do eixo do comando de válvulas.

A abertura e fechamento das válvulas ocorrem pela rotação de "ressaltos" existentes no eixo; esses "ressaltos" são chamados de *cames*. A Figura 2.19 ilustra o funcionamento do eixo do comando de válvulas e a Figura 2.20 mostra a fotografia de um eixo comum encontrado em carros de passeio. As dimensões são variáveis, mas, nos automóveis de passeio, essa peça se aproxima de uma haste de 30 a 40 cm de comprimento e 2 a 3 cm de diâmetro.

2.10.2 Características e propriedades exigidas

Resistência Mecânica e Resistência à Fadiga

O eixo do comando de válvulas gira em altas rotações, tipicamente de 500 a 3.000 rpm em carros comuns, e sofre carregamentos cíclicos de tração e compressão devido às forças perpendiculares ao eixo, exercidas pelas válvulas sobre os *cames*. Por isso um dos requisitos básicos do componente é a resistência à fadiga. O diâmetro do eixo é projetado de tal maneira a garantir que o limite de resistência à fadiga não seja atingido durante a sua vida útil. O material deve, portanto, possuir resistência e tenacidade suficientes para atender esse requisito sem, contudo, tornar o componente volumoso e, consequentemente, pesado.

Quanto maior a resistência mecânica do material, maior é a carga que ele suporta por unidade de área. Assim, considerando-se uma carga média constante, quanto maior a resistência mecânica, menos espesso pode ser o componente que a suporta. A tenacidade está diretamente relacionada à resistência mecânica e cor-

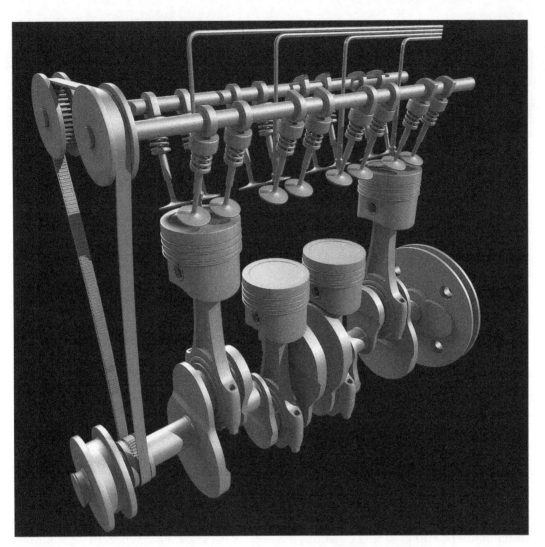

Figura 2.18
Motor de combustão sem o bloco, mostrando as peças internas e os eixos dos comandos de válvulas na parte superior.

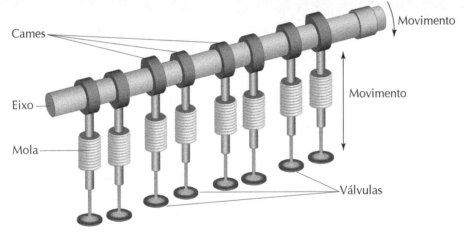

Figura 2.19
Funcionamento da parte principal do comando de válvulas.

Figura 2.20
Eixo do comando de válvulas de um carro de passeio comum, com 8 cames. O motor possui 4 cilindros e 8 válvulas. Dimensões da peça: ≈ 400 x 20 mm.

responde à energia que o material absorve por unidade de volume antes de se romper. Da mesma maneira, quanto maior a tenacidade do material, menos volumoso pode ser o componente para que ele suporte a mesma energia antes de se romper.

Resistência ao Desgaste (dureza)

Para que as válvulas se abram, os *cames* devem exercer força suficiente para vencer as molas que as mantêm fechadas. Por causa disso, as pressões de contato na superfície dos *cames* chegam a ultrapassar 1 GPa, exigindo alta dureza e resistência ao desgaste, principalmente no início de funcionamento do motor quando a lubrificação é mais deficiente.

Por outro lado, algumas regiões do eixo não sofrem desgaste acentuado, mas exigem grande precisão dimensional e, portanto, não podem ser muito duras, facilitando, assim, o trabalho de usinagem e acabamento durante o processo de fabricação.

Amortecimento de vibrações

O conjunto do comando de válvulas, incluindo o eixo, como as extremidades deve amortecer adequadamente as fortes vibrações decorrentes do funcionamento do motor; caso contrário, ele pode gerar ruído excessivo durante o funcionamento. O material do eixo deve ser capaz de dissipar a energia mecânica absorvida na forma de calor.

Conclui-se, portanto, que o material desse componente deve apresentar propriedades distintas conforme sua localização na peça:

- Resistência mecânica, tenacidade e amortecimento de vibrações no corpo do eixo.
- Alta dureza na superfície dos cames.
- Baixa dureza nas regiões que exigem, no processo de fabricação, fácil usinagem.

2.10.3 Material

A escolha do material e do processo de fabricação devem ser realizados simultaneamente, pois, além de atender os requisitos mecânicos do componente, deseja-se que o processo de fabricação seja produtivo e a um custo baixo. Lembrando-se sempre da inter-relação entre composição química – microestrutura – processamento – propriedades – desempenho.

Materiais relativamente baratos e de produção em escala, nesse caso, são os ferros fundidos. Há várias classes desses materiais que podem atender bem as exigências de resistência, dureza e tenacidade.

Além disso, os ferros fundidos que apresentam grafita em sua microestrutura absorvem muito bem vibrações mecânicas e são de fácil usinagem. As peças de ferro fundido são produzidas por processos de fundição que, sendo adequadamente projetados, podem utilizar moldagem barata e altamente produtiva.

No caso específico do eixo do comando de válvulas, a exigência de distintas especificações de dureza (baixa dureza no corpo do eixo e alta dureza nos cames), é contemplada de modo bastante interessante através da alteração/controle da microestrutura do material, conforme seu posicionamento na peça, mas sem a necessidade de tratamentos térmicos ou superficiais posteriores que aumentariam o custo do processo de fabricação. Isso é feito pela alteração controlada da taxa de resfriamento dos diferentes locais, produzindo, assim, microestruturas adequadas e diferentes.

> Para uma visão geral sobre a formação da microestrutura em ferros fundidos, veja o quadro explicativo no final do capítulo.

Para o corpo do eixo deseja-se uma microestrutura tenaz, que amorteça vibrações e de fácil usinagem; nesse caso, um ferro fundido cinzento pode atender os requisitos. A microestrutura da matriz pode ser controlada a fim de produzir mais ferrita livre (eixo com baixa dureza e menos resistente) ou mais perlita (eixo mais resistente), como mostra a Figura 2.21a.

Para os casos em que se exige maior tenacidade, como em motores para caminhões, pode-se utilizar o ferro fundido nodular, Figura 2.21b. A grafita na forma globular concentra menos tensões mecânicas do que as extremidades dos veios de grafita do ferro fundido cinzento (Figura 2.21a).

Para ambos os casos, ferro fundido cinzento ou nodular, a microestrutura muda drasticamente se o material for resfriado rapidamente (por exemplo quando fundido em molde metálico, denominado de "coquilha" e o produto de "coquilhado"), dando origem ao ferro fundido branco, Figura 2.21c. O ferro fundido branco possui grande quantidade de cementita, entre outros tipos de carbeto em menor quantidade, que são fases muito duras, porém frágeis. Controlando-se o resfriamento do ferro fundido, pode-se produzir tanto uma microestrutura tenaz e capaz de absorver vibrações quanto uma microestrutura dura e resistente ao desgaste.

Para produzir uma microestrutura tenaz utiliza-se um molde com baixo coeficiente de transferência de calor, como os moldes em areia, que são baratos e cumprem muito bem essa necessidade. A produção dos moldes fica bastante atraente do ponto de vista econômico quando se utiliza a moldagem de maneira automatizada.

Para que a superfície dos *cames* apresente uma microestrutura dura e resistente ao desgaste, utilizam-se coquilhas (blocos de aço) encaixadas dentro do molde de areia exatamente nessas regiões para que haja formação, mediante o resfriamento rápido, do ferro fundido branco.

A Tabela 2.1 apresenta a composição e as propriedades típicas de um ferro fundido utilizado em eixos de comando de válvulas.

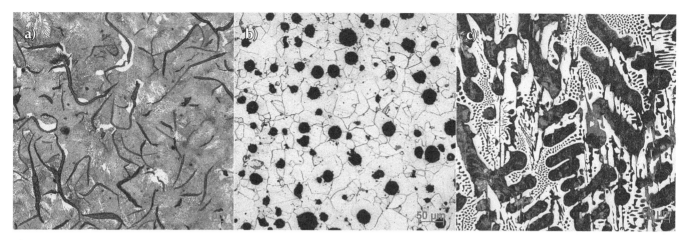

Figura 2.21
Microestruturas de ferros fundidos.
(a) ferro fundido cinzento,
(b) ferro fundido nodular e
(c) ferro fundido branco.

Tabela 2.1 Composição e propriedades do ferro fundido SAE G4000d segundo a norma ASTM 159-83(2006).	
Composição química (% em peso)	C: 3,1 – 3,6%; Si: 1,95 – 2,4%; Mn: 0,6 – 0,9%; P: 0,1 max.; S: 0,15 max.; Cr: 0,85 – 1,25; Mo: 0,4 – 0,8; Ni: 0,2 – 0,45 (opcional); Cu: residual; Fe: balanço
Microestrutura	Perlita e veios de grafita (resfriamento lento – molde de areia) Ledeburita e carbetos (resfriamento rápido – coquilha)
Resistência à tração	280 MPa mínimo (resfriamento lento – molde de areia)
Dureza	24 – 32 HRC (resfriamento lento – molde de areia) > 50 HRC (resfriamento rápido – coquilha)

2.10.4 Processo de fabricação

O fluxograma das etapas do processo de fabricação do eixo de comando de válvulas está apresentado na Figura 2.22.

A primeira etapa para a fabricação do componente é o projeto do molde, que deve levar em conta:

a) facilidade de moldagem.

b) linhas de partição.

c) cálculo e posicionamento de canais de alimentação, massalotes e também, nesse caso, coquilhas.

A Figura 2.23 ilustra um modelo tridimensional da cavidade de um molde de fundição para eixos do comando de válvulas. Nesse caso, um único molde produz 2 eixos. Note como a geometria dos canais de vazamento é especialmente projetada para evitar turbulência excessiva na entrada e variação de velocidade ao longo do trajeto do metal líquido.

O molde pode ser confeccionado em areia verde, nesse caso, através de modelos bipartidos em placas de moldagem que permitem a prensagem e produção automatizada. Cada placa contém metade do corpo dos modelos, incluindo canais, massalotes e cavidades para posicionamento das coquilhas. As placas são confec-

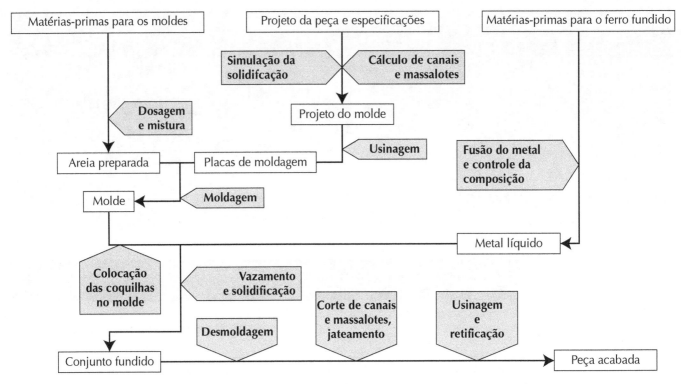

Figura 2.22
Fluxograma do processo de fundição de um eixo de comando de válvulas.

cionadas em aço por processos de usinagem, geralmente por comando numérico (CNC), seguindo instruções geradas por softwares CAM (*Computer-Aided manufacturing*) a partir de modelos tridimensionais produzidos pelos projetistas em *softwares* CAD (*Computer-Aided Design*). Normalmente, os moldes em aço sofrem tratamentos superficiais após a usinagem a fim de aumentar sua resistência ao desgaste devido ao atrito com as partículas de areia.

O material do molde consiste em areia verde contendo, como principais componentes, areia de fundição, bentonita, carvão moído e água, além de outros aditivos. Tanto a granulometria da areia quanto as proporções de bentonita, carvão e água são rigidamente controlados. Os moldes que foram usados são reciclados no processo permitindo uma grande economia de matérias-primas.

Com os moldes de areia prontos encaixa-se as coquilhas em seu interior e realiza-se o vazamento do metal líquido, previamente preparado.

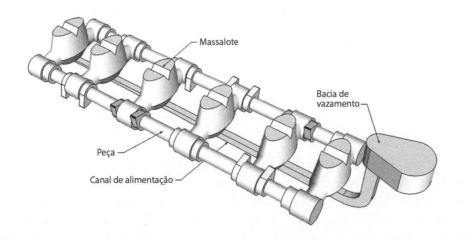

Figura 2.23
Cavidade do molde de areia para produção simultânea de 2 eixos de comando de válvulas.

A preparação do metal líquido dá-se pela fusão, em grandes fornos de indução, utilizando-se sucata de aço, coque, canais de alimentação e massalotes reciclados do processo, ferro-silício, entre outros elementos de liga, de acordo com o tipo de ferro fundido desejado. No caso de ferros fundidos nodulares, a etapa de nodulização (adição de magnésio) é feita em panelas de transferência previamente ao vazamento. Normalmente, utilizam-se inoculantes durante o vazamento, com injeção direta destes sobre o filete de metal líquido, para controlar a formação da grafita e das outras fases da microestrutura.

Depois do vazamento e fim da solidificação das peças ocorre a desmoldagem pela quebra dos moldes de areia, o que usualmente ocorre em grandes tambores giratórios que separam a areia das peças fundidas. Sequencialmente as peças são separadas dos massalotes e canais de alimentação recebendo um acabamento com jatos de granalha de aço. As regiões do eixo que são apoiadas no bloco do motor (mancais) e exigem precisão dimensional são usinadas. Devido à sua dureza os *cames* são retificados.

A Figura 2.24 mostra a variação microestrutural de um eixo do comando de válvulas que ocorre da superfície dos *cames* para o interior devido à variação da taxa de resfriamento durante a solidificação.

Figura 2.24
Variação microestrutural da superfície do *came* para o interior do eixo do comando de válvulas.

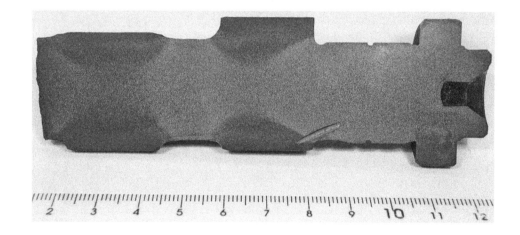

OS FERROS FUNDIDOS

Os ferros fundidos são ligas baseadas em ferro e carbono, contendo de 3 a 4,5% em peso de carbono. Outro elemento bastante importante na composição dos ferros fundidos é o silício, dividido em duas faixas de composição, abaixo de 1% e entre 1 e 3% em peso.

A importância do silício reside no fato desse elemento favorecer a formação da grafita (C) no lugar da cementita (Fe_3C).

A cementita, comumente encontrada em aços resfriados lentamente ou de maneira moderada, na verdade é uma fase metaestável, isto é, não se encontra totalmente em equilíbrio. Nas ligas ferrosas, porém, sua energia de formação é próxima da energia de formação do carbono livre na forma de grafita e, por isso, a cementita se forma com facilidade quando o teor de carbono é baixo, como é o caso dos aços.

No caso de ferros fundidos, por possuírem alto teor de carbono, há uma grande tendência de formação da fase mais estável que é a grafita. Dois fatores são muito importantes nesse caso, o teor de silício e a taxa de resfriamento.

O silício em teores acima de 1% favorece a formação da grafita em detrimento da cementita.

O aumento da taxa de resfriamento, por sua vez, dificulta a difusão do carbono e, assim, a fase metaestável, cementita, é favorecida.

Portanto, dependendo da combinação *teor de silício × taxa de resfriamento* diferentes microestruturas são produzidas.

Em geral, quanto maior a concentração de silício, menores taxas de resfriamento são necessárias para se produzir grafita no lugar de cementita.

Os tipos mais comuns de ferros fundidos são:

- ferro fundido cinzento, normalmente com 1 a 3% de Si.

- ferro fundido branco, normalmente com menos de 1% de Si.

- ferro fundido nodular, com adição controlada de Mg ou Ce para produzir grafita na forma de glóbulos.

Importante lembrar que não é só o teor de silício que determina a microestrutura final de um ferro fundido. A taxa de resfriamento é sempre importante.

A Figura 2.25 resume as variações microestruturais que podem ser conseguidas nos ferros fundidos de acordo com a taxa de resfriamento imposta.

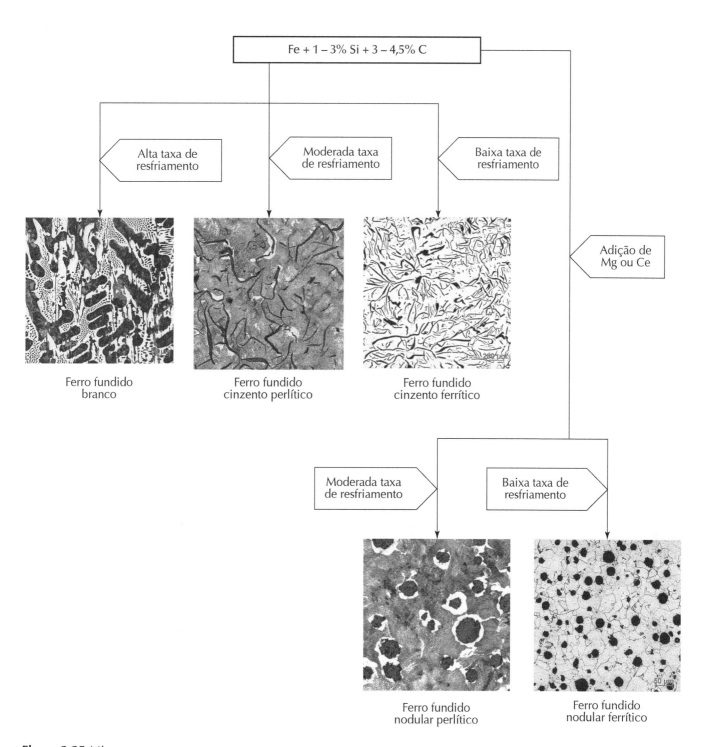

Figura 2.25 Microestruturas de ferros fundidos de acordo com a taxa de resfriamento.

2.11 BIBLIOGRAFIA

ASM, Metals Handbook, 9th Ed., Materials Park, Ohio, v. 15, 1988

Biloni, H., "Solidification", em Physical Metallurgy, Part I, Ed. R. W. C ahn e P. Haasen, North-Holland Physics Publ, 1983.

Campos Filho, M. P. e Davies, G. J., "Solidificação e Fundição de Metais e suas Ligas", Livros Técnicos e Científicos Editora S.A. e Editora da USP, 1978.

Chalmers, B., "Principles of Solidification", John Willey Co., New York, 1964.

Chiaverini, V., "Tecnologia Mecânica – Processos de Fabricação e tratamento", Editora McGraw-Hill do Brasil Ltda, v. II, 2. ed., 1986

DeGarmo, E. P., Black, J T. e Kphser, R. A., "Materials and Process in Manufacturing", v. 1, Ed. Prentice Hall, 1997.

Doyle L. E., Morris J. L., Leachs J. L. e Shrader G. F., "Processos de Fabricação de Materiais para Engenheiros", Editora Blucher, 1962.

Flemings, M. C., "Solidification Processsing", McGraw Hill, New York, 1974.

Garcia, A, "Fundamentos de Solidificação", Editora da UNICAMP, 2001.

Groover, M. P., "Fundamentals of Modern Manufacturing", M. P. Groover, Prentice-Hall, New Jersey, 1996.

Jones, H. e Kurz, W., (Editores), "Solidification Microstructures – 30 Years after Constitutional Supercooling", Materials Science and Engineering, Special Issue, 65, 1984.

Kalpakjian, S. e Schmid, S. R., "Manufacturing Engineering and Technology", v. 1, Ed. Prentice Hall, 2000.

Kondic, V., "Princípios Metalúrgicos de Fundição", Ed. Polígono, S.P., 1973.

Kurz, W. e Fisher, D. J., "Fundamentals of Solidification", Trans Tech Publication LTD, Swirtzerland, 1986.

Lindberg, R. A., "Process and Materials of Manufacture" – v. 1, Ed. Prentice Hall, 1990.

Ohno, "Solidificação de Metais", Livraria Ciência e Tecnologia Editora Ltda.Técnicos e Científicos Editora S.A. e Editora da USP, 1978.

Spur, G. e Stoferle, Th., "Handbuch der Fertigungstechnik bn 1: Urformen", Carl Hanser Verlag, Munchen, 1981.

Webster, P. D. "Fundamentals of Foundry Technology", Porteullis Press Ltd, England, 1980.

3 Conformação plástica

3.1 INTRODUÇÃO

A **conformação plástica** é um conjunto de processos de manufatura que usa a deformação plástica para mudar a forma do metal. A deformação é resultado do uso de uma ferramenta, geralmente uma matriz, que aplica tensões que excedem o limite de escoamento do metal. O metal, então, deforma e toma a forma determinada em parte ou quase totalmente pela geometria da matriz.

As tensões aplicadas para deformar o metal podem ser compressivas, trativas, de dobramento ou de cisalhamento. Para ser conformado, o metal deve apresentar certas propriedades como baixa tensão de escoamento e alta ductilidade.

Os processos de conformação plástica podem ser classificados em duas categorias:

- **Processos de conformação de volumes** (Figura 3.1): são caracterizados por significante quantidade de deformações e grandes mudanças de forma. A razão área superficial/volume da peça é relativamente pequena. Nessa categoria, estão os processos de laminação, forjamento, extrusão e trefilação.

- **Processos de conformação em chapas** (Figura 3.2): conformação e operações correlatas em chapas, tiras e bobinas. A razão área superficial/volume da peça é alta. São operações sempre realizadas "a frio" em que se utiliza um conjunto de ferramentas denominadas de matriz e punção. Nessa categoria estão os processos de dobramento, estampagem profunda e corte por estampagem.

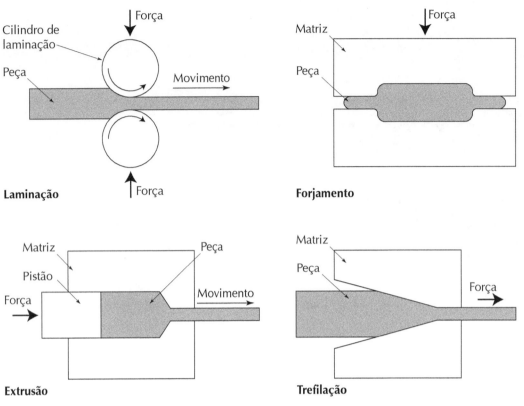

Figura 3.1
Processos de conformação de volumes: laminação, forjamento, extrusão e trefilação.

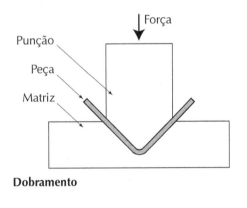
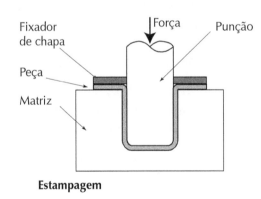

Figura 3.2
Processos de conformação em chapas: dobramento, estampagem profunda e corte por estampagem.

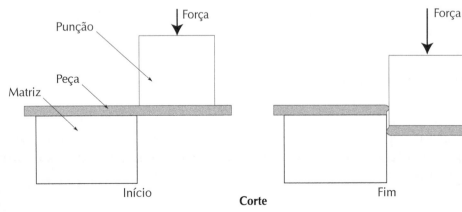

Figura 3.3
Estágios de um ensaio de tração de uma liga metálica dúctil.

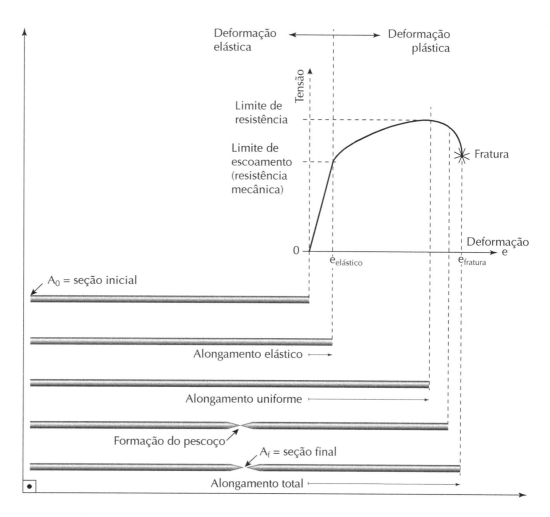

3.2 FUNDAMENTOS

3.2.1 Deformação plástica

Uma peça metálica, quando submetida a uma tensão de tração, após um primeiro estágio de deformação elástica atinge um nivel de tensão a partir do qual o metal passa a deformar-se plasticamente. Distinto da deformação elástica, que desaparece quando a tensão que a causa é retirada, a deformação plástica é permanente. A tensão limite entre esses dois tipos de deformações é denominada de **limite de escoamento** (resistência mecânica). A **ductilidade** de um material expressa o grau de deformação permanente possível de ser alcançado no material antes da ruptura; quanto maior for a ductilidade do material mais deformação permanente ele pode sofrer antes de se romper. As características de deformação de um material são medidas através de um ensaio mecânico de tração onde um corpo de prova do material é deformado. A Figura 3.3 mostra esquematicamente os estágios de deformação que ocorrem durante um ensaio de tração de uma liga metálica dútil com uma típica curva tensão-deformação. Uma característica importante durante a deformação plástica, que ocorre sob tração, é o **limite de resistência**, onde se inicia uma instabilidade da deformação plástica, detectada no ensaio mecânico de tração pela ocorrência da zona de estricção ou "pescoço'. A curva tensão-deformação é uma característica muito importante nos processos de conformação, pois indica os esforços que serão necessários para a deformação plástica desejável e a quantidade de deformação possível no processo de manufatura da liga.

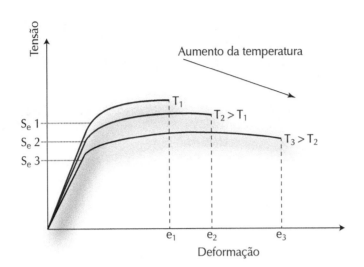

Figura 3.4
Influência do aumento da temperatura no limite de escoamento e ductilidade da liga metálica.
(T = temperatura; e = alongamento; S_e = limite de escoamento.)

A **temperatura** e **taxa de deformação** são variáveis importantes nos processos de conformação porque ambas têm grande influência na resistência mecânica e deformação da liga metálica. O aumento de temperatura reduz o limite de escoamento (resistência mecânica) e aumenta a ductilidade (deformação), como mostra a Figura 3.4, porque a alta temperatura aumenta a difusão atômica e os movimentos de discordâncias (escalagem das discordâncias) que provocam um fenômeno denominado de recuperação dinâmica (a ser tratado na seção 3.3). O aumento da taxa de deformação aumenta o limite de escoamento, sendo mais acentuado para altas temperaturas, como mostra a Figura 3.5. Esse efeito ocorre porque com o aumento da taxa de deformação tem-se um decréscimo do tempo para que a estrutura do metal se recupere dinamicamente, resultando num aumento na densidade de discordâncias. Por isso, à temperatura ambiente, como não ocorre o fenômeno de recuperação dinâmica, a taxa de deformação afeta pouco o limite de escoamento. Observe na Figura 3.5 que um mesmo limite de escoamento pode ser obtido pela combinação de baixa temperatura e baixa taxa de deformação ou alta temperatura e alta taxa de deformação. Nos processos de conformação a altas temperaturas utilizam-se altas taxas de deformação, pois isso diminui o tempo de contato entre o metal e a ferramenta (matriz), aumentando sua vida útil e produtividade, apesar do limite de escoamento.

3.2.2 Temperatura de conformação

Para a maioria dos metais e ligas a deformação plástica à temperatura ambiente causa a deformação permanente dos grãos e contornos de grãos, um aumento geral na resistência mecânica e um decréscimo na ductilidade. Essas mudanças no comportamento e característica mecânica do metal recebe o nome de "encruamento" e é ocasionado pela interação das discordâncias entre si e com outras barreiras, tais como contornos de grão, que diminuem ou mesmo restringem o seu movimento através da rede cristalina. A deformação plástica produz também um aumento no número de discordâncias, as quais, em virtude de sua interação, resultam num elevado estado de tensão interna na rede cristalina. Um metal cristalino sem deformações contém em média de 10^6 a 10^8 cm de discordâncias por cm^3, enquanto que um metal severamente deformado (severamente encruado) apresenta cerca de 10^{12} cm de discordâncias por cm^3. A estrutura característica do estado encruado examinada ao microscópio eletrônico

Figura 3.5
Influência do aumento da taxa de deformação no limite de escoamento de um metal dúctil.

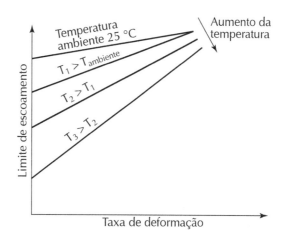

apresenta dentro de cada grão, regiões pobres em discordâncias, cercadas por um emaranhado altamente denso de discordâncias nos planos de deslizamento. Uma característica específica para cada composição da liga metálica é a "taxa de encruamento" que expressa o quanto a variação da resistência mecânica muda com deformação plástica feita no metal. Esses efeitos causados pelo **encruamento** são reversíveis, e as propriedades de um metal podem voltar aos níveis originais, pelo aquecimento a uma faixa de temperatura específica para cada composição da liga metálica, por um determinado período de tempo que também é característico para cada composição da liga metálica. Esse processo é chamado de recozimento.

Três fenômenos ocorrem durante o aquecimento: recuperação, recristalização e crescimento de grão. A Figura 3.6 ilustra esquematicamente o efeito desses três fenômenos nas propriedades mecânicas, na forma e tamanho dos grãos.

Durante a **recuperação**, que ocorre em temperaturas abaixo da temperatura de recristalização do metal, as tensões nas regiões altamente deformadas são aliviadas. Nessa etapa, as propriedades mecânicas como dureza e resistência decrescem, mas não substancialmente.

Na **recristalização**, são formados grãos equiaxiais livres de tensões, substituindo os grãos originais deformados. Esse fenômeno ocorre em temperaturas acima de 0,3 T_m ou 0,5 T_m (onde T_m é a temperatura de fusão em escala absoluta – Kelvin). Geralmente é definido que a **temperatura de recristalização** é a temperatura na qual a recristalização completa ocorre em aproximadamente uma hora. Nessa etapa a densidade das discordâncias é reduzida, ocorrem queda da resistência mecânica e aumento da ductilidade. A recristalização depende do grau de deformação a frio realizada no metal, sendo que a temperatura de recristalização é menor quanto maior for o grau de deformação. Isso porque quanto maior o grau de deformação, maior é o número de discordâncias, que implica numa maior quantidade de energia armazenada que fornece o trabalho requerido à recristalização. A recristalização é função do tempo porque é um fenômeno que envolve nucleação e crescimento de novos grãos.

Se a temperatura continua a aumentar, os grãos recristalizados começam a crescer e, eventualmente, os seus tamanhos excedem os dos grãos originais. Esse fenômeno é denominado **crescimento de grão**, e afeta, consequentemente, as propriedades mecânicas como o decréscimo da dureza e aumento da ductilidade. Grãos muito grandes também produzem uma superfície rugosa em chapas de me-

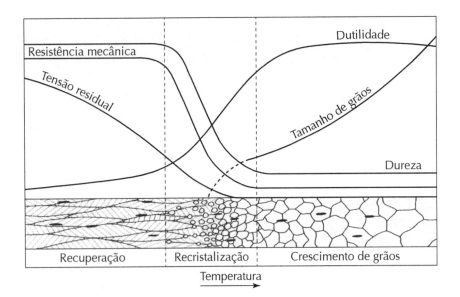

Figura 3.6
Ilustração esquemática do efeito da recuperação, recristalização e crescimento de grão nas proprieades mecânicas e na forma e tamanho dos grãos.

tais quando são repuxadas para fabricar uma peça ou quando o metal é sujeito à deformação por compressão, como acontece nos processos de forjamento.

Os processos de conformação podem ser realizados em diferentes temperaturas, sendo denominados de **conformação** ou **trabalho a frio, a morno** e **a quente.**

A **conformação** ou **trabalho a frio** é realizada à temperatura $< 0,3\ T_m$ (onde T_m é a temperatura de fusão em escala absoluta – Kelvin). A **conformação** ou **trabalho a morno** é realizada à temperatura $0,3 - 0,6\ T_m$ enquanto que a **conformação** ou **trabalho a quente** à temperatura $> 0,6\ T_m$.

Na conformação a frio, que é realizada à temperatura ambiente ou um pouco acima dela para a grande maioria dos metais e ligas de engenharia, a conformabilidade é bastante limitada. Devido ao encruamento, são necessárias alta potência e forças para deformar o material, cujo grau de deformação é limitado. Para maiores graus de deformação além daquele realizado, tratamentos de recozimento são necessários para a recuperação da ductilidade e, assim, possibilitar maiores deformações, o que aumenta o custo. Por outro lado, devido à temperatura ser baixa, tem-se boa precisão dimensional devido à inexistência da contração de resfriamento, bom acabamento superficial devido à inexistência de oxidação superficial, economia de energia de aquecimento e consequente aumento de resistência mecânica e dureza devidas ao encruamento, o que é muitas vezes utilizado como benefício para o uso da peça.

Materiais com alto limite de escoamento e alta taxa de encruamento são difíceis de trabalhar à temperatura ambiente. Na conformação morna, o material é aquecido a temperaturas abaixo da temperatura de recristalização; com isso, embora não ocorra a recristalização, ocorre a recuperação dinâmica, isto é, durante a deformação plástica as tensões geradas nos grãos são aliviadas. O objetivo da conformação morna é combinar as vantagens da conformação a frio, tais como precisão dimensional e bom acabamento superficial, com aqueles da conformação a quente, tais como possibilidade de se conformar formas complexas com baixos níveis de tensões internas, mas sem oxidação excessiva.

Na conformação a quente, a deformação plástica é realizada acima da temperatura de recristalização. Nessa condição, além do limite de escoamento diminuir e a ductilidade aumentar muito, tem-se também a eliminação do aumento da dureza e correspondente diminuição da ductilidade devido à deformação plástica (eliminação do encruamento). Devido a esses fatos os pontos positivos são:

a) menores força e potência necessárias para deformar o material.

b) metais que geralmente fraturam em conformação a frio podem ser trabalhados.

c) a ausência de grãos orientados é um fator a menos para causar anisotropia das propriedades mecânicas.

d) a alta temperatura ativa a difusão e elimina ou reduz as heterogeneidades químicas presentes em partes produzidas por processos de fundição.

e) os poros eventualmente presentes podem ser caldeados ou ter os tamanhos reduzidos.

Por outro lado, os pontos negativos são:

a) a precisão dimensional é pobre devido à contração térmica e falta de uniformidade no resfriamento.

b) pode ocorrer a oxidação ou, no caso dos aços, a descarbonetação.

c) o consumo de energia é alto.

d) a alta temperatura compromete a vida útil das ferramentas e equipamentos, além de exigir maiores cuidados com a segurança e a saúde dos operadores.

e) o "fibramento" a quente é um fator que pode introduzir anisotropia nas propriedades mecânicas. O "fibramento" é causado, por exemplo, pelo alinhamento de inclusões dúcteis, como o MnS nos aços, ou pela quebra de inclusões frágeis, como o Al_2O_3, também nos aços, e alinhamento das partículas resultantes na direção de laminação.

A Figura 3.7 ilustra as mudanças da estrutura de grãos durante um processo de laminação a quente.

Figura 3.7
Ilustração esquemática das mudanças na morfologia e no tamanho dos grãos do metal durante a laminação a quente.

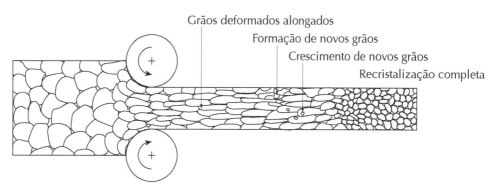

A temperatura de recristalização varia muito com o metal. Enquanto o chumbo, estanho, cádmio e zinco recristalizam abaixo ou um pouco acima da temperatura ambiente, o aço requer temperaturas acima de 900 °C. O termo "a quente" é, portanto, relativo e não significa necessariamente altas temperaturas. O fio de tungstênio, usado em lâmpadas, é conformado a morno, embora isso ocorra entre 1.200 e 1.500 °C.

3.2.3 Atrito e lubrificação

Uma questão bastante importante nos processos de conformação por deformação plástica é o atrito desenvolvido entre as ferramentas e a peça. Para alguns processos, mais de 50% da energia envolvida é para vencer o atrito. O atrito no processo de conformação é muito mais severo do que aquele observado em engrenagens, eixos e mancais que envolvem movimento relativo entre superfícies e que envolvem baixas pressões de contato e baixas temperaturas. No processo de conformação, as condições são bastante severas porque as pressões são bastante altas entre o metal que está sendo deformado plasticamente e a ferramenta ou matriz que não se deforma; a situação é agravada pelas altas temperaturas, nas quais uma grande parte dos processos de conformação é realizada. Se certos níveis de coeficiente de atrito forem alcançados, pode ocorrer até mesmo o caldeamento entre a ferramenta e a peça.

O atrito em vários processos de conformação é indesejável porque o fluxo do metal é retardado, causando tensões residuais e defeitos, a força e potência necessárias ao processo são aumentadas e ainda ocorre desgaste nas ferramentas ou matrizes que leva à perda da precisão dimensional.

A lubrificação é a chave para essa questão. Os lubrificantes são aplicados na interface ferramenta-peça em muitos processos de conformação para reduzir os efeitos negativos do atrito. Secundariamente, eles também servem como barreira térmica entre a peça e a ferramenta ou matriz minimizando o aquecimento indesejável da ferramenta ou matriz e o resfriamento indesejável da peça. Os lubrificantes também servem para remover calor da ferramenta e minimizar a corrosão. Características importantes para a seleção do lubrificante são a facilidade de aplicação e remoção, ausência de toxidade, odor e flamabilidade, ausência de reatividade com a superfície aquecida da peça, molhabilidade com a superfície da peça e ferramentas, fluidez e custo. Como lubrificantes nos processos de conformação são usados óleos minerais, saponáceos, grafite, vidros fundidos, serragem etc.

3.3 LAMINAÇÃO

3.3.1 Laminação convencional

É o processo de conformação mecânica que consiste em modificar a seção transversal de um metal na forma de barra, lingote, placa, fio, ou tira etc., pela passagem entre dois cilindros com geratriz retilínea (laminação de produtos planos) ou contendo canais entalhados de forma mais ou menos complexa (laminação de produtos não planos), sendo que a distância entre os dois cilindros deve ser menor que a espessura inicial da peça metálica. A Figura 3.8 apresenta a ilustração de processos de laminação e alguns dos produtos obtidos.

A laminação é o processo de transformação mecânica de metais mais utilizado porque apresenta alta produtividade e um controle dimensional do produto acabado que pode ser bastante preciso.

Na laminação, o material é submetido a tensões compressivas elevadas, resultantes da ação de prensagem dos rolos e a tensões cisalhantes superficiais, resultantes do atrito entre os rolos e o material. As forças de atrito são também responsáveis pelo ato de "puxar" o metal entre os cilindros.

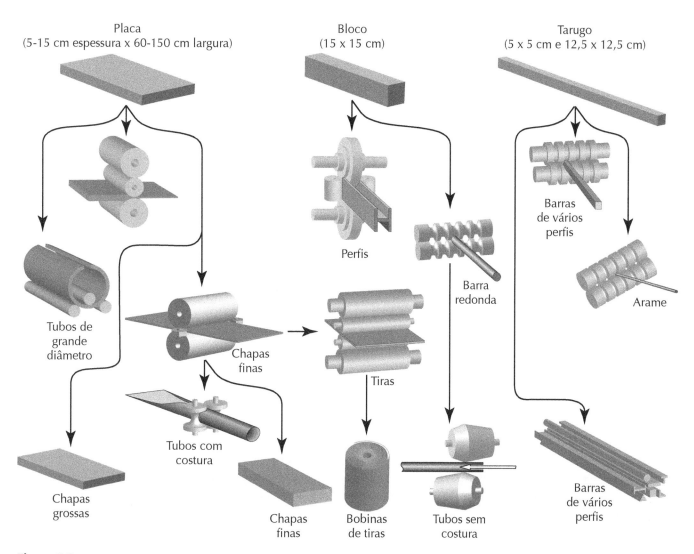

Figura 3.8
Ilustração de processos de laminação e os produtos obtidos.

A redução ou desbaste inicial dos lingotes em blocos, tarugos ou placas é realizada normalmente por laminação a quente. Depois dessa etapa, segue-se uma nova etapa de laminação a quente, para transformar o produto em chapas grossas, tiras a quente, vergalhões, barras, tubos, trilhos ou perfis estruturais. A laminação a frio, que ocorre após a laminação de tiras a quente, produz tiras a frio de excelente acabamento superficial, com boas propriedades mecânicas e controle dimensional do produto final bastante rigoroso.

O trabalho a quente é a etapa inicial na conformação mecânica da maioria dos metais e ligas. Este trabalho não só requer menos energia para deformar o metal e proporcionar maior habilidade para o escoamento plástico, sem o surgimento de trincas, como também ajuda a diminuir as heterogeneidades da estrutura dos lingotes fundidos, isso devido às altas taxas de difusão presentes às temperaturas de trabalho a quente. As bolhas de gás e porosidades são eliminadas pelo caldeamento destas cavidades, enquanto a estrutura colunar dos grãos grosseiros da peça fundida é quebrada e refinada em grãos equiaxiais recristalizados de menor tamanho. Geralmente a estrutura e propriedades dos metais trabalhados a quente não são tão uniformes ao longo da seção reta como nos metais trabalhados a frio e recozidos, já que a deformação é sempre maior nas camadas superficiais; o metal apresentará grãos recristalizados de menor tamanho nesta região. Como o interior do produto estará submetido a temperaturas mais elevadas por um período de tempo maior durante o resfriamento do que as superfícies externas, pode ocorrer crescimento de grão no interior de peças de grandes dimensões, que resfriam vagarosamente a partir da temperatura de trabalho. A maioria das operações de trabalho a quente é executada em múltiplos passes ou estágios; em geral, nos passos intermediários, a temperatura é mantida bem acima do limite inferior do trabalho a quente para se tirar vantagem da redução na tensão de escoamento, embora com o risco de um crescimento de grão exagerado. Como, porém, deseja-se usualmente um produto com tamanho de grão pequeno, a temperatura dos últimos passes (temperatura de acabamento) é bem próxima do limite inferior e a quantidade de deformação é relativamente grande. Pequenos tamanhos de grão darão origem a peças com melhor resistência e tenacidade. As variações estruturais devido ao trabalho a quente proporcionam um aumento na ductilidade e na tenacidade, comparados ao estado do produto quando fundido.

Um laminador consiste basicamente de cilindros (ou rolos), mancais, uma carcaça chamada de gaiola ou quadro, para fixar todas as partes e um motor para fornecer potência aos cilindros e controlar a velocidade de rotação. As forças envolvidas na laminação podem facilmente atingir milhares de toneladas, portanto, é necessária uma construção bastante rígida, além de motores muito potentes para fornecer a potência necessária.

Utilizam-se variadas configurações de cilindros na laminação, como as ilustradas na Figura 3.9. O mais simples é constituído por dois cilindros de eixos horizontais, colocados verticalmente um sobre o outro, denominado de laminador duo e pode ser reversível ou não (Figura 3.9a). Nos duos não reversíveis o sentido do giro dos cilindros não pode ser invertido e o material só pode ser laminado em um sentido, enquanto nos reversíveis a inversão da rotação dos cilindros permite que a laminação ocorra nos dois sentidos de passagem entre os rolos. No laminador trio (Figura 3.9b), os cilindros sempre giram no mesmo sentido, podendo o material ser laminado nos dois sentidos, passando-o alternadamente entre o cilindro superior e o intermediário e entre o intermediário e o inferior.

À medida que se laminam materiais cada vez mais finos, há interesse em utilizar cilindros de trabalho de pequeno diâmetro. Como eles podem fletir, devem ser apoiados por cilindros de encosto, como ilustra a Figura 3.9c. Esse tipo de laminador denomina-se quádruo, podendo ser reversível ou não. Quando os cilindros de trabalho são muito finos, podem fletir tanto na direção vertical quanto na horizontal e devem ser, como ilustrado na Figura 3.9d, apoiados para impedir a flexão em ambas as direções; um laminador que permite esses apoios é o Sendzimir (Figura 3.9d). Outra configuração muito utilizada é a do trem de laminação (Figura 3.9e), que consiste em uma série de laminadores alinhados permitindo alta produtividade.

Os cilindros de laminação são de aço fundido ou forjado, ou de ferro fundido, coquilhados ou não. Os cilindros são aquecidos pelo material laminado a quente e é de grande importância um resfriamento adequado deles, usualmente através de jatos de água.

Os mancais servem de apoio a esses cilindros; eventuais deformações dessas peças provocariam variações dimensionais nos produtos, o que é altamente indesejável. Três tipos de mancais são usados em laminadores:

Configurações de laminadores

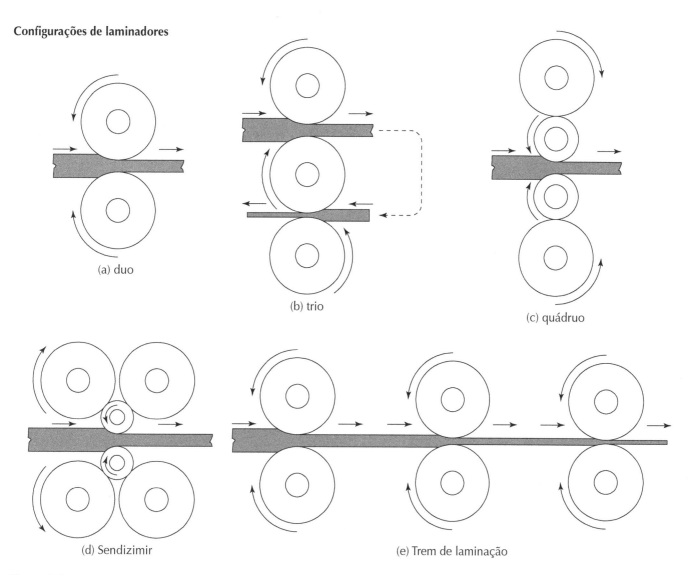

Figura 3.9
Configurações de laminadores:
a) - laminador duo;
b) - laminador trio;
c) - laminador quádruo;
d) - laminador sendzimir,
e) - trem de laminação.

1. mancais de fricção, onde o pescoço gira sobre casquilhos de bronze, madeira etc., devidamente lubrificados,

2. mancais de rolamento e

3. mancais a filme de óleo sob pressão.

3.3.2 Processo Manesmann

Um dos processos especiais de laminação é o de laminação de tubos sem costura que é conhecido pela denominação de processo Manesmann por ter sido desenvolvido em 1885 pelos irmãos Manesmann, na Alemanha. O termo "sem costura" é aplicado para diferenciar dos tubos fabricados a partir de tiras que são deformadas e soldadas longitudinalmente formando, assim, tubos "com costura" (tratado no Capítulo 5).

O processo Manesmann consiste na passagem de uma barra redonda maciça entre dois rolos de dupla conicidade, como ilustrado esquematicamente na Figura 3.10. Os eixos dos rolos se cruzam sob certo ângulo porque estão inclinados em relação ao sentido de passagem da barra. A orientação dos rolos, inclinada em relação ao eixo

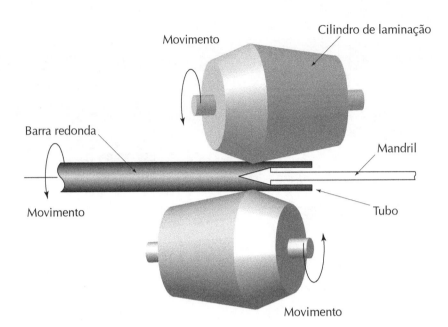

Figura 3.10
Processo de laminação de tubos sem costura.

da barra, dá origem a um momento torsor, em sentido tangencial, e a um avanço em sentido axial, de tal forma que ele passa helicoidalmente por entre os rolos. Assim, os rolos fazem com que a barra gire e submeta-se a uma compressão progressiva e cíclica no mandril, resultando em tensões de ruptura elevadas em seu centro. O estado de tensão dessa área provoca a fratura do material na linha central, fazendo com que a barra se abra e contorne o mandril formando um tubo sem costura.

Após essa operação que é feita a quente, com o tarugo do aço aquecido a temperaturas na faixa de 1.200 a 1.300 °C, diversas operações são realizadas para ajustar os diâmetros externo e interno, acabamento superficial, precisão dimensional e microestrutura especificados para o produto.

Por esse processo é possível a fabricação de tubos com diâmetro externo na faixa de 60 a 660 mm, com espessura de parede compreendida entre 3 e 125 mm e com comprimento de até 28 m. São fabricados tubos nas mais diversas especificações de aços, com aplicações principalmente em altas pressões.

3.3.3 Laminação de roscas

A laminação de roscas é um processo especial de conformação, apresentado esquematicamente na Figura 3.11, que consiste em conformar o arame laminado entre "pentes", sobre os quais estão as ranhuras dos filetes, com a inclinação do ângulo correspondente ao passo helicoidal desejado. O processo é realizado a frio, o que leva os filetes a terem alta resistência mecânica devido à deformação plástica a frio (encruamento) e também tensões residuais compressivas que se mantêm por não receber tratamento térmico posterior à laminação, melhorando, assim, a resistência à fadiga. A rosca, tendo sido processada a frio, apresenta bom acabamento superficial.

Dependendo da especificação do produto, que pode ser um parafuso, a laminação é seguida de tratamentos térmicos de têmpera e revenimento ou tratamentos superficiais como zincagem.

Figura 3.11
Laminação de roscas com pentes tangenciais planos.

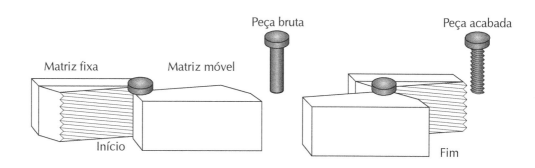

Figura 3.12
Ilustração de laminação transversal.

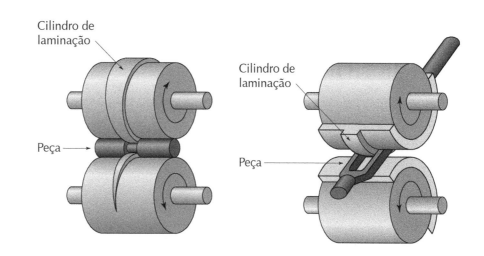

Esse processo é usado na fabricação de parafusos de aços ao carbono, de aços ligas, de aços inoxidáveis, de ligas de alumínio e de ligas de cobre.

Comparativamente com a usinagem, que também pode ser usada para confecção das roscas em parafusos, esse processo é aplicado para fabricação em grandes quantidades (larga escala) visto o alto custo do ferramental e rapidez de conformação, observando, entretanto, que a precisão dimensional dos filetes das roscas é inferior àquela alcançada por usinagem.

3.3.4 Laminação transversal

O processo de laminação transversal (denominada de *cross-rolling* ou *roll forging*) é a operação usada para redução da seção de uma peça retangular ou cilíndrica pela passagem através de um conjunto de rolos que giram em direção oposta e que têm entalhes de acordo com as formas desejadas na peça. Esses entalhes causam fluxo plástico do material na direção paralela aos rolos de laminação. A Figura 3.12 ilustra uma operação típica de forjamento por rolos. Os rolos não giram continuamente, mas rotacionam somente uma vez na parte da peça em que a deformação é desejada. A Figura 3.13 ilustra, em vista planificada da superfície, o cilindro de laminação transversal e as mudanças promovidas na peça.

Esse processo é aplicado como operação preliminar na fabricação do virabrequim e também como operação principal para fabricar produtos importantes como a ponta do eixo da roda de carros.

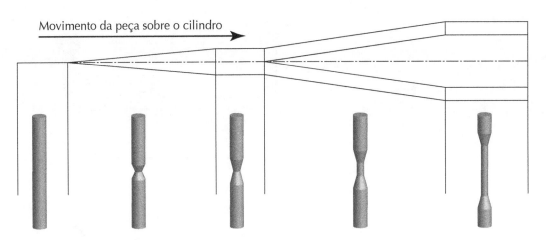

Figura 3.13
Vista planificada da superfície do cilindro de laminação transversal e as mudanças promovidas na peça.

3.4 FORJAMENTO

O forjamento é o mais antigo processo de conformar metais, tendo suas origens no trabalho dos ferreiros de muitos séculos antes de Cristo. A substituição do braço do ferreiro ocorreu nas primeiras etapas da revolução industrial; atualmente existe um variado maquinário de forjamento, capaz de produzir peças das mais variadas formas e tamanhos, desde alfinetes, pregos, parafusos e porcas até rotores de turbinas e asas de avião.

Forjamento é o nome genérico de operações de conformação mecânica efetuadas com esforço de compressão sobre um material de tal modo que ele tende a assumir o contorno ou perfil da ferramenta de trabalho.

Na maioria das operações de forjamento, emprega-se um ferramental formado por um par de ferramentas de superfície plana ou côncava, denominado de matrizes ou estampos.

A maioria das operações de forjamento é executada a quente, contudo uma grande variedade de peças pequenas, tais como parafusos, pinos, porcas, engrenagens, pinhões etc., são produzidas por forjamento a frio.

O forjamento é dividido em duas categorias: forjamento em matriz aberta ou livre e forjamento em matriz fechada.

3.4.1 Forjamento em matriz aberta ou livre

O material é conformado entre matrizes planas ou de formato simples, que normalmente não se tocam. O metal aquecido é submetido ao impacto de um martelo, que é acionado por um sistema pneumático ou simplesmente por queda livre, sendo que o fluxo do metal não é confinado. A Figura 3.14 mostra algumas operações de forjamento livre.

O forjamento em matriz aberta ou livre é usado para fabricar peças de grandes dimensões acabadas que sejam grandes, com geometria simples e em pequena escala, como por exemplo, eixos de navios e de turbinas, ganchos, correntes, âncoras, alavancas, excêntricos, ferramentas agrícolas. Também é usado como primeira de uma série de etapas de forjamento, em que é conferido a um tarugo um formato ainda grosseiro, para facilitar a obtenção de uma peça de geometria complexa através de forjamento em matriz fechada ou usinagem.

Figura 3.14
Ilustrações de algumas operações de forjamento livre.

Figura 3.15
Ilustração do forjamento em matriz fechada.

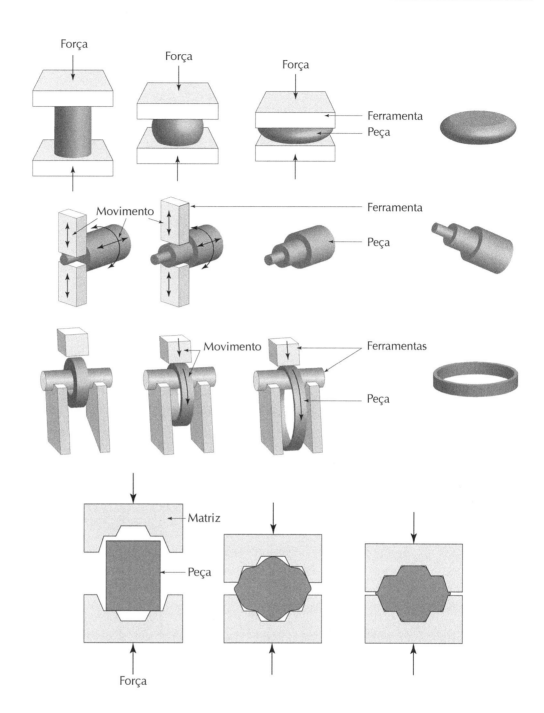

3.4.2 Forjamento em matriz fechada

Nesse processo, o material é conformado entre duas metades de matriz que possuem, gravadas em baixo-relevo, impressões com o formato que se deseja fornecer à peça. A Figura 3.15 ilustra esquematicamente esse tipo de forjamento.

A deformação ocorre sob alta pressão em uma cavidade fechada ou semifechada, permitindo, assim, a produção de peças com tolerâncias dimensionais menores do que no forjamento livre. Nos casos em que a deformação ocorra dentro de uma cavidade totalmente fechada, sem zona de escape, é fundamental a precisão na quantidade fornecida de material: uma quantidade insuficiente implica falta de enchimento da cavidade e falha no volume da peça; um excesso de material causa sobrecarga no ferramental, com probabilidade de danos ao mesmo e ao maquinário.

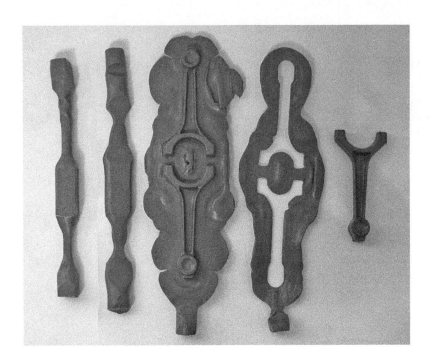

Figura 3.16
Etapas de forjamento em matriz para fabricação de uma biela. Comprimento da biela: ≈ 20 cm.

Dada a dificuldade de dimensionar a quantidade exata fornecida de material, é mais comum empregar um pequeno excesso e para isso as matrizes são providas de uma zona oca na lateral especialmente projetada para recolher o material excedente ao término do preenchimento da cavidade principal. O material excedente forma uma faixa estreita (rebarba) em torno da peça forjada que exige uma operação posterior de corte (rebarbação) para sua remoção. Além disso, a rebarba quando começa a se formar garante que toda a matriz esteja preenchida. Por isso é importante projetar a rebarba nas últimas regiões da peça que serão preenchidas.

Os processos convencionais de forjamento são executados tipicamente em diversas etapas, começando com o corte do material, aquecimento, pré-conformação mediante operações de forjamento livre, forjamento em matriz (em uma ou mais etapas) e rebarbação.

Os materiais mais utilizados para matrizes de forjamento são aços-liga e metal-duro. Para a conformação de metais não ferrosos leves, os aços cromo-níquel e cromo-níquel-molibdênio são preferidos pela sua alta tenacidade. Para a conformação do aço, os aços ligados são mais utilizados devido à sua elevada resistência a quente, também conhecidos como aços para trabalho a quente.

Algumas considerações econômicas devem ser levadas em consideração nesse processo: taxas de produção de 1 a 300 peças/h dependendo do tamanho, os lotes economicamente viáveis são tipicamente > 10.000 peças, o custo do ferramental é alto e custo do equipamento também, com prensas de capacidade de até 33.000 toneladas.

Alguns aspectos de projeto também devem ser considerados: a complexidade da peça que é limitada pelo fluxo do material na matriz, orifícios de diâmetro pequeno e profundo são difíceis de produzir, devem-se evitar variações bruscas de seções porque causam concentrações de tensões no resfriamento, a espessura mínima é aproximadamente 3 mm, tamanhos na faixa de 10 g a 250 kg de peso e ângulo de saída para aço de 5° a 7°, no mínimo.

Figura 3.17
Ilustração esquemática de alguns equipamentos de forjamento.

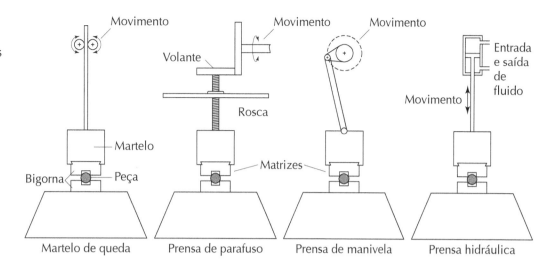

A Figura 3.16 ilustra o forjamento em matriz para fabricação de uma biela.

Os equipamentos comumente empregados incluem duas classes principais:

a) **Martelos de forja**, que deformam o metal através de rápidos golpes de impacto na sua superfície. Nos martelos, a força é provocada por um peso cadente, ou martelo. Essas máquinas são energeticamente limitadas, pois a deformação resulta da dissipação da energia cinética do martelo.

b) **Prensas**, que deformam o metal submetendo-o a uma compressão contínua com velocidade relativamente baixa. A pressão aumenta quando o material está sendo deformado e isso provoca uma penetração maior da zona deformada da peça.

A Figura 3.17 apresenta esquematicamente alguns equipamentos de forjamento.

3.4.3 Operações correlatas

Adicionalmente aos processos convencionais de forjamento, as operações de recalque e forjamento rotatório ou radial são, dentre outros, operações que estão fortemente associadas com o forjamento.

Operação de recalque ou forjamento por compressão axial é a operação de deformação na qual uma parte cilíndrica de uma peça é aumentada em seu diâmetro e reduzida em seu comprimento, podendo ser feita em matriz aberta, como ilustra a Figura 3.18 ou ainda em matriz fechada, como ilustra a Figura 3.19. Essa operação é realizada a frio, morno ou a quente, em produção de larga escala; em máquinas de forjamento especiais denominadas recalcadoras ou máquinas de forjamento por compressão axial.

Essa operação é usada, por exemplo, para a conformação de cabeças de prego e parafusos.

Forjamento rotativo é a operação para redução do diâmetro de um tubo ou um cilindro sólido, sendo geralmente aplicada na extremidade de uma peça para criar uma seção cônica, afunilada como ilustra a Figura 3.20. A Figura 3.21 ilustra algumas das formas e produtos fabricados por esse processo. O uso de um mandril se faz necessário para os casos em que um controle da forma e dimensão da parte interna do tubo é exigido.

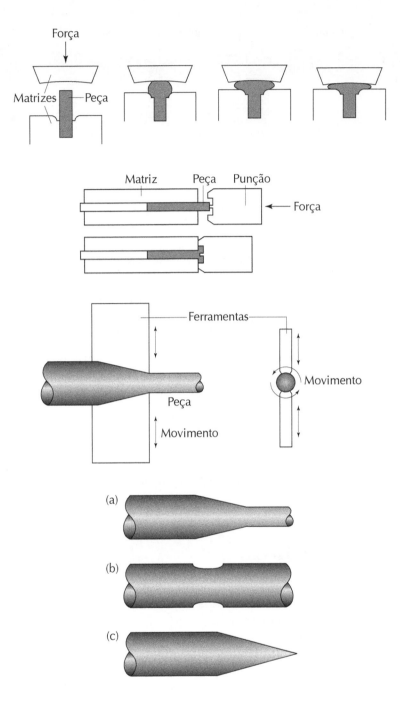

Figura 3.18
Ilustração da operação de recalque em matriz aberta formando a cabeça de um prego.

Figura 3.19
Ilustração de operação de recalque em matriz fechada formando a cabeça de um parafuso.

Figura 3.20
Processo de forjamento rotativo.

Figura 3.21
Ilustração de formas e produtos processados usando forjamento rotativo.

3.5 EXTRUSÃO

É um processo de conformação por compressão no qual o metal frio ou aquecido é forçado a fluir através de uma matriz com forma desejada para produzir um produto com seção reduzida. Na extrusão, o material é forçado através de uma matriz de forma similar ao que acontece com a pasta de dentes quando o tubo é pressionado.

Praticamente qualquer forma de seção transversal cheia ou tubular pode ser produzida por extrusão. Como a geometria da matriz permanece inalterada, os produtos extrudados têm seção transversal constante. Os perfis extrudados podem ser classificados em **perfis sólidos**, cuja seção transversal não tem nenhum vazio totalmente circunscrito por metal, **perfis tubulares**, cuja seção transvesal tem

Figura 3.22
Classificação dos perfis extrudados:
(a) perfil sólido;
(b) perfil tubular;
(c) perfil semitubular.

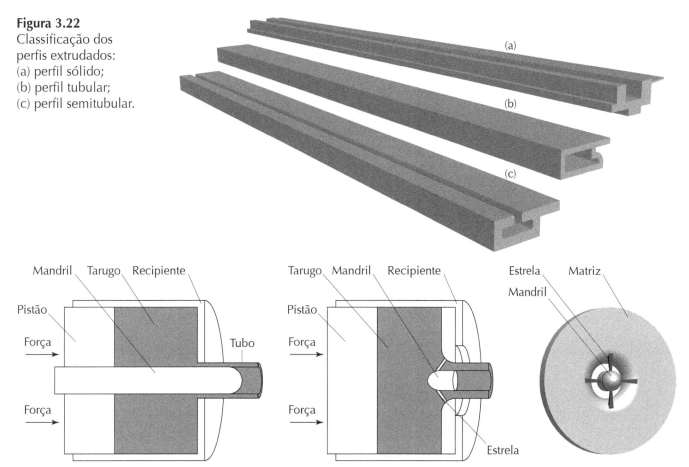

Figura 3.23
Ilustração das duas alternativas para a extrusão de um tubo;
(a) usando um mandril interno;
(b) usando uma matriz tipo "estrela".

pelo menos um vazio totalmente circunscrito por metal e **perfis semitubulares**, cuja seção transversal tem vazios parcialmente circunscritos por metal. A Figura 3.22 ilustra esses tipos de perfis. Para o caso de perfis tubulares, de um tubo, por exemplo, são duas as alternativas para a extrusão, apresentadas na Figura 3.23:

a) Usando um mandril interno que se move independente do pistão ou ainda usando mandril integrado ao pistão (Figura 3.23a).

b) Usando uma matriz tipo "estrela" (Figura 3.23b).

Na matriz tipo "estrela", existe uma câmara de fusão, que é o local onde ocorre o caldeamento das paredes da peça formando a parte oca; nesse caso uma metalografia na seção transversal revelará os locais do caldeamento, que podem se constituir em regiões de menor resistência mecânica. Cada tarugo é extrudado individualmente, caracterizando a extrusão como um processo semicontínuo. Dependo da ductilidade do material e da intensidade da deformação, o processo pode ser feito a frio ou a quente.

O produto é essencialmente uma peça semiacabada, como por exemplo, quadros de janelas e portas, trilhos para portas deslizantes, tubos de várias seções transversais e formas arquitetônicas. Produtos extrudados podem ser cortados nos tamanhos desejados para gerarem peças, como maçanetas, trancas e engrenagens. Em operação combinada com forjamento, podem gerar componentes para automóveis, bicicletas, motocicletas, maquinário pesado e equipamento de transporte.

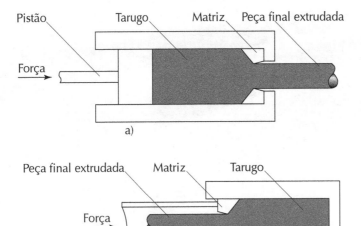

Figura 3.24
Ilustração da extrusão direta (a) e indireta (b).

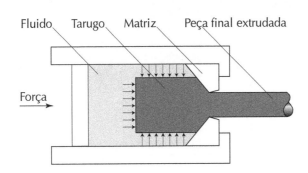

Figura 3.25
Ilustração da extrusão hidrostática.

Tipos de Extrusão

A extrusão pode ser basicamente do tipo direto ou indireto, como está ilustrado esquematicamente na Figura 3.24. Na extrusão **direta** um tarugo cilíndrico é colocado numa câmara e forçado através de uma abertura de matriz por um pistão hidráulico. A abertura da matriz pode ser circular ou de outro formato. Na extrusão **indireta**, um tarugo cilíndrico é colocado numa câmara e a matriz se desloca na direção do tarugo.

Também existe a extrusão denominada **extrusão hidrostática,** em que o diâmetro do tarugo é menor que o diâmetro da câmara, que é preenchida por um fluido. A pressão, da ordem de 1.400 MPa, é transmitida ao tarugo pelo fluído que é, por sua vez, pressionado por um pistão. Desse modo, diferentemente das extrusões diretas, não há fricção do tarugo com as paredes da câmara durante o processo. A Figura 3.25 ilustra esse processo.

A extrusão hidrostática é realizada usualmente à temperatura ambiente, em geral usando óleo vegetal como meio fluido, combinando as qualidades de viscosidade e lubrificação. Dentre as vantagens desse processo, podemos citar: o atrito entre o tarugo e a câmara é praticamente nulo e, devido a esse baixo atrito, as matrizes podem usar baixos ângulos, o que leva a pressão de extrusão ser mais uniforme sobre o tarugo. Quanto às desvantagens, podemos citar que a ponta do tarugo tem que ser cônica e deve ser pressionada contra matriz para produzir uma vedação inicial; além disso, o controle da velocidade de extrusão é difícil.

Figura 3.26
Curvas típicas de pressão de extrusão contra o percurso do êmbolo para a extrusão direta e indireta.

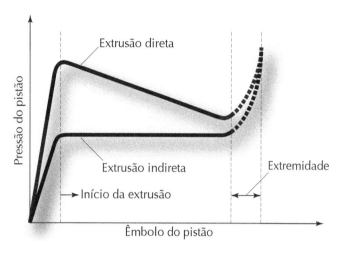

Variáveis da extrusão

As principais variáveis que influenciam a força necessária para fazer a extrusão são:

a) **Tipo de extrusão** – Na Figura 3.26, a pressão de extrusão está apresentada num gráfico em função da posição do êmbolo para os casos de extrusão direta e indireta. A subida rápida na pressão durante o percurso inicial do tarugo é para preencher a câmara de extrusão e iniciar o processo. Na extrusão direta, conforme o tarugo é extrudado através da matriz, a pressão diminui com a redução do comprimento do tarugo na câmara. Para a extrusão indireta, a pressão de extrusão é praticamente constante com o avanço do êmbolo. No final do percurso, para ambas as extrusões, direta e indireta, a pressão cresce porque a porção de material restante está em grande parte presa na matriz.

b) **Razão de extrusão** – É a razão da área inicial da seção transversal do tarugo com a área final da seção transversal depois da extrusão, $R = A_0/A_f$. As razões de extrusão atingem cerca de 40:1 para a extrusão a quente do aço e podem chegar a 400:1 na extrusão do alumínio.

d) **Fator de transformação** – É a razão entre a área da seção transversal do recipiente e a área da seção transversal do perfil multiplicado pelo número de furos. Nas ligas de alumínio de baixa dureza, o valor ideal é da ordem de 70 para perfis sólidos e 60 para tubulares; nas ligas de alumínio com alta dureza o valor ideal diminui muito, para valores inferiores a 30.

e) **Temperatura de trabalho** – A maioria dos metais são extrudados a quente devido à vantagem da diminuição da tensão de escoamento. Entretanto, a temperatura não deve exceder a *temperatura solidus*, onde se inicia a formação de fase líquida, pois pode provocar fissuras superficiais ou mesmo o esboroamento do material extrudado. O material também não pode aquecer até uma temperatura muito próxima da fusão (*temperatura solidus*), pois se existir impurezas com temperaturas de fusão inferiores à do metal ou liga, essas impurezas fundirão nos contornos de grão, fragilizando o material e provocando o defeito denominado de "fragilidade a quente". O atrito provoca aquecimento do tarugo, fato que também deve ser considerado no estabelecimento da temperatura de extrusão. Como o aquecimento provoca a oxidação do tarugo e das ferramentas de extrusão, além da redução da dureza destas, é sempre preferível usar a menor temperatura possível.

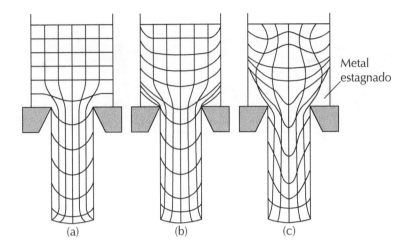

Figura 3.27
Modelos de deformação do metal na extrusão.
a) baixo atrito;
b) atrito moderado;
c) alto atrito.

f) **Velocidade de extrusão** – Quanto maior for a velocidade de extrusão, maiores serão a taxa de deformação do metal e o calor desenvolvido pelo atrito, e, portanto maior será o aumento de temperatura. Esse aumento da temperatura é agravado pela consequente redução do tempo para dissipação do calor gerado. Assim, para a especificação da velocidade de extrusão, a questão da temperatura está sempre diretamente relacionada. Para velocidades de extrusão baixas, há uma grande dissipação de calor, e a razão de extrusão possível para uma dada temperatura de pré-aquecimento aumenta.

g) **Condições de atrito** – A pressão necessária para produzir a extrusão é dependente da maneira como o metal escoa na câmara e na matriz, e isso é fortemente influenciado pelas condições de lubrificação. A Figura 3.27 mostra os tipos característicos de deformação de extrusão. A deformação aproximadamente homogênea, como mostrada na Figura 3.27a, representa a situação de extrusão com baixo atrito entre a câmara e o tarugo, como no caso de um tarugo bem lubrificado, extrusão hidrostática na qual o tarugo é envolvido por um fluido pressurizado, ou ainda na extrusão indireta (Figura 3.24b). A Figura 3.27b representa o caso de aumento de atrito nas paredes da câmara, conforme indicado pela distorção acentuada do modelo reticulado nos cantos da matriz, que vai produzir uma zona neutra de metal, estagnado, que sofre pequena deformação. Para o atrito alto na interface câmara-tarugo, o escoamento é concentrado no centro e se desenvolve um plano de cisalhamento interno (Figura 3.27c). Essa condição também pode ocorrer quando o tarugo aquecido encontra a câmara fria, resfriando rapidamente a superfície do tarugo.

Equipamentos

O equipamento básico de extrusão é uma prensa hidráulica. É possível controlar a velocidade de operação e o curso. A força pode ser mantida constante para um longo curso, tornando possível a extrusão de peças longas, e aumentando a taxa de produção.

Prensas hidráulicas verticais são geralmente usadas para extrusão a frio. Elas têm usualmente menor capacidade daquelas usadas para extrusão a quente, mas ocupam menos espaço horizontal.

Prensas excêntricas são também usadas para extrusão a frio e por impacto, e são indicadas para produção em série de pequenos componentes.

Operações de múltiplos estágios, onde a área da seção transversal é progressivamente reduzida, são efetuadas em **prensas especiais**.

Produtos

A alta taxa de produção, ótimo rendimento do metal no processo e o alto custo do ferramental tornam a extrusão um processo bastante usado para a produção de produtos longos com seção transversal uniforme, incluindo as de seção transversal complexa, em larga escala.

Assim, são fabricadas peças com seção entre 1 a 100 mm, incluindo a grande variedade de perfis de ligas de alumínio usados para estruturas de carrocerias de ônibus e caminhões, tubos para sistemas de ar-condicionado, freios, motores, rodas, dissipadores de calor para sistemas eletrônicos etc. Ainda em ligas de alumínio, as esquadrias para a construção civil são um importante tipo de produto extrudado. A extrusão também é usada para processamento de tubos de cobre usados para refrigeração.

3.6 TREFILAÇÃO

Trefilação ou estiramento é uma operação em que a matéria-prima é estirada através de uma matriz em forma de canal convergente, denominada fieira ou trefila, por meio de uma força trativa aplicada do lado de saída da matriz. Enquanto no processo de extrusão, o metal é empurrado para fora da matriz, na trefilação o metal é puxado para fora da matriz. A deformação plástica ocorre pelas tensões de tração, responsáveis pela movimentação do metal na direção axial, e pelas tensões de compressão proveniente da reação da matriz sobre o metal, responsáveis pela deformação radial. O carregamento que ocorre na trefilação é, por muitos, denominado compressão indireta. A Figura 3.28 apresenta esquematicamente uma trefilação de uma barra redonda ou um arame.

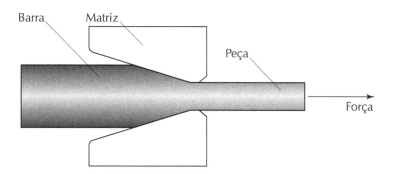

Figura 3.28
Desenho esquemático do processo de trefilação.

A passagem do fio pela fieira provoca a redução de sua seção e, como a operação é comumente realizada a frio, ocorre o encruamento com alteração das propriedades mecânicas do material do fio. Em certos casos é necessário que se faça um tratamento térmico de recozimento para que o material volte a ter a ductilida-

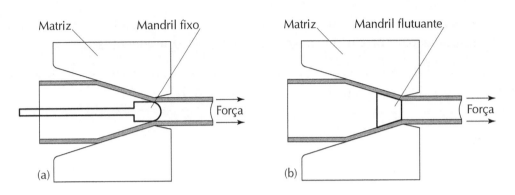

Figura 3.29
Trefilação de tubos com mandril:
(a) mandril fixo, e
(b) mandril flutuante.

de, por exemplo, para dar prosseguimento ao processo de conformação ou ainda para o atendimento de requisitos finais de propriedades mecânicas específicas para o uso do produto trefilado.

Enquanto a trefilação de uma barra é feita numa só etapa, como é o caso da extrusão, a trefilação de um arame é feita pelo estiramento de uma bobina com centenas de metros de arame e passado através de uma série de matrizes. A limitação do uso de uma série de matrizes com diâmetro sequencialmente reduzidos, se deve ao fato da redução máxima por passe ser limitada àquela que mantenha as tensões abaixo da tensão de escoamento da liga na direção de tração. O uso de uma tensão superior à do limite de escoamento da liga faria o arame se alongar. Geralmente a redução é de 50% para trefilação de barra em uma só etapa e de cerca de 20-25% para trefilação de arames em passes múltiplos. Dependendo do estado da matéria-prima, é necessário tratamento térmico de recozimento nos materiais antes da trefilação; para o caso de fios muitos finos, são necessários tratamentos térmicos entre os vários passes de trefilação.

O processo de trefilação ou estiramento também pode ser usado para reduzir o diâmetro ou a espessura da parede de tubos sem costura, após o tubo inicial ter sido produzido por algum outro processo, por exemplo, a extrusão. Esse processo pode ser realizado sem ou com o uso de mandril, sendo o último recomendado para os casos em que o diâmetro interno e a espessura da parede do tubo devam ser controlados. No caso do uso do mandril, ele pode ser do tipo fixo, que é fixo numa longa barra de suporte, ou ser do tipo flutuante, cuja geometria é de tal modo projetada que ele fica em equilíbrio na posição de redução da matriz e assim não se tenha limites no comprimento do tubo, como é o caso do mandril fixo. A Figura 3.29 ilustra esquematicamente esses dois casos. Para o caso de tubos de cobre, a trefilação permite o processamento de diâmetros externos de até 400 mm.

Máquinas de trefilação

As máquinas de trefilar podem ser classificadas segundo três critérios: quanto ao modo com que exercem o esforço; quanto aos sistemas de lubrificação; quanto ao diâmetro dos fios trefilados.

A classificação, quanto ao modo com que exerce o esforço de trefilação, se dá segundo dois tipos:

Máquina de trefilar sem deslizamento – Essa máquina contém um sistema de tração de fio, para conduzi-lo através do furo da fieira, constituído de um anel tirante que primeiro acumula o fio trefilado para depois permitir o seu movimento

Figura 3.30
Desenho esquemático da máquina de trefilar sem deslizamento com duas fieiras.

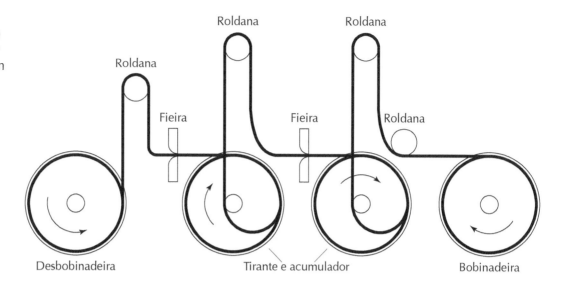

em direção a uma segunda fieira. O processo prossegue de igual modo para as fieiras seguintes nos tradicionais sistemas de trefilação múltiplos e contínuos, ou seja, com diversas fieiras em linha na mesma máquina, como mostra esquematicamente a Figura 3.30.

Máquina de trefilar com deslizamento – É a máquina mais usada para trefilar fios metálicos de pequenos diâmetros. Nessa máquina, o fio parte de uma bobina, num recipiente denominado desbobinadeira, passando, em seguida, por uma roldana e é dirigido alinhado à primeira fieira; na saída da fieira, o fio é tracionado por um anel tirante, no qual dá certo número de voltas, em forma de hélice cilíndrica de passo igual ao diâmetro do fio, de tal modo, que no início da hélice, o fio fique alinhado com a primeira fieira e, no fim da hélice, alinhado com a segunda fieira; o segundo anel faz o fio passar pela segunda fieira, porém girando a uma velocidade maior que a do primeiro anel, para compensar o aumento do comprimento do fio, e assim o sistema prossegue para as demais fieiras e anéis. A Figura 3.31 apresenta a ilustração esquemática dessa máquina.

As máquinas de trefilar são classificadas de acordo com o sistema de lubrificação em:

a) **Máquinas com sistema de imersão**, em que a fieira e os anéis permanecem imersos no líquido refrigerante e lubrificante.

b) **Máquinas com sistema de aspersão**, em que a fieira recebe um jato de líquido refrigerante e lubrificante.

A terceira classificação das máquinas de trefilar segue o diâmetro dos produtos trefilados, e os tipos de máquinas são:

Para barras redondas (com diâmetro superior a 5 mm) – Essas máquinas são robustas e permitem grandes reduções, têm poucas fieiras (três ou quatro) e podem ser do tipo sem deslizamento;

b) **Para fios grossos** (com diâmetros entre 5 a 2 mm), **para fios médios** (com diâmetros entre 2 a 0,50 mm) e **para fios finos** (com diâmetros entre 0,50 a 0,15 mm) – Geralmente são do tipo com deslizamento, dotados de quatro co-

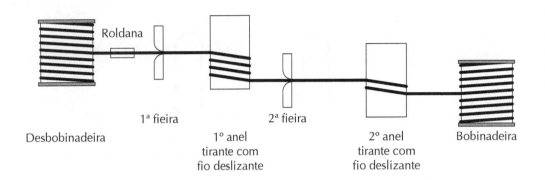

Figura 3.31
Figura esquemática da máquina de trefilar com deslizamento com duas fieiras.

nes com quatro ou cinco anéis cada. O número de fieiras é da ordem de 20 e o cálculo da série de fieiras deve levar em consideração a redução em cada fieira, o desgaste e a tolerância do furo.

c) **Para fios capilares** (com diâmetros inferiores a 0,15 mm) – Nessa máquina os sistemas mecânicos de acionamento dos anéis e de movimentação dos carretéis devem ter elevada precisão e também estar praticamente isentos de vibrações mecânicas. A tensão de bobinamento deve ser controlada e o sistema de lubrificação permite que o lubrificante toque levemente o fio para atender as condições de pequena redução e pequeno atrito entre o fio e a fieira.

Produtos

Considerando o bom acabamento superficial, boa precisão dimensional, o aumento de resistência mecânica pela deformação plástica (encruamento) e alta velocidade de produção, a trefilação é usada para processamento de arames e fios de aço, cobre, ligas de alumínio que, por sua vez, são usados em condução elétrica, equipamentos eletrônicos, cabos, molas, instrumentos musicais, clips de papel, cercas, eletrodos para soldagem e carrinhos de supermercado. Barras redondas trefiladas são usadas para a fabricação de pequenos pistões, eixos, parafusos etc.

3.7 CONFORMAÇÃO DE CHAPAS FINAS

A conformação de chapas finas é um conjunto de processos de transformação mecânica, geralmente realizados à frio, que consistem em conformar uma chapa plana, denominada de "*blank*", à forma de uma matriz, pela aplicação de esforços transmitidos através de um punção. Basicamente, a conformação de chapas finas compreende as seguintes operações: corte, dobramento ou encurvamento e estampagem, como ilustrados esquematicamente na Figura 3.32. Um exemplo de produto fabricado seguindo essas operações é apresentado na Figura 3.33.

Na operação principal da estampagem, ocorrem o alongamento e a contração das dimensões de todos os elementos de volume, em três dimensões. A chapa, originalmente plana, adquire uma nova forma geométrica, oca.

A maior parte da produção seriada de peças conformadas a partir de chapas finas é realizada em prensas mecânicas ou hidráulicas. Nas **prensas mecânicas**, a energia é geralmente, armazenada num volante e transferida para o cursor móvel

Figura 3.32 Operações de estampagem.

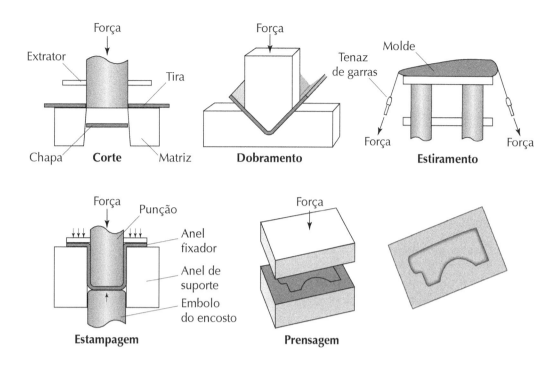

Figura 3.33 Terminais elétricos de cobre produzidos através de processos de conformação de chapa fina. Largura dos terminais ≈ 7 mm.

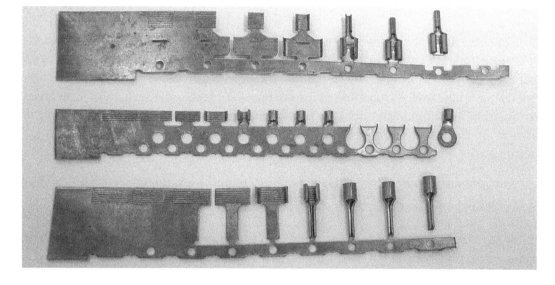

no êmbolo da prensa. As prensas mecânicas são quase sempre de ação rápida e aplicam golpes de curta duração, enquanto as prensas hidráulicas são de ação mais lenta, mas podem aplicar golpes mais longos e com maior força. Algumas vezes pode ser utilizado o **martelo de queda** na conformação de chapas finas. O martelo não permite que a força seja tão bem controlada como nas prensas, por isso não é adequado para operações mais severas de conformação.

As ferramentas básicas utilizadas em uma prensa de conformação de peças metálicas são o **punção** e a **matriz**. O punção, normalmente o elemento móvel, é a ferramenta convexa que se acopla com a matriz côncava. Como é necessário um alinhamento acurado entre a matriz e o punção, é comum mantê-los permanentemente montados em uma subprensa, ou porta matriz, que pode ser rapidamente inserida na prensa.

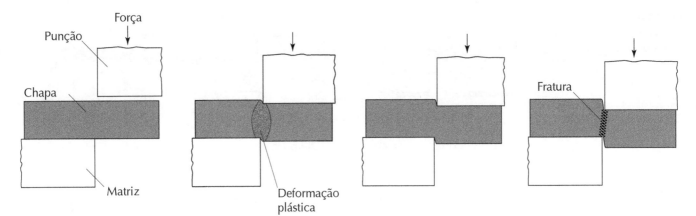

Figura 3.34
Operações de corte em chapa plana.

3.7.1 Corte de chapas

Destina-se à obtenção de formas geométricas planas, a partir de chapas submetidas à ação de pressão exercida por um punção ou uma lâmina de corte. Quando o punção ou a lâmina inicia a penetração na chapa, o esforço de compressão converte-se em esforço cisalhante (esforço cortante), provocando a separação brusca de uma porção da chapa. No processo, a chapa é deformada plasticamente e levada até a ruptura nas superfícies em contato com as lâminas. A Figura 3.34 apresenta esquematicamente as etapas de corte de uma chapa plana.

A aresta de corte apresenta em geral três regiões: uma rugosa (correspondente à superfície da trinca da fratura), uma lisa (formada pelo atrito da peça com as paredes da matriz) e uma região arredondada (formada pela deformação plástica inicial). A qualidade das arestas cortadas não é a mesma das usinadas, entretanto, quando as lâminas são mantidas afiadas e ajustadas, é possível obter arestas aceitáveis para uma grande faixa de aplicações. A qualidade das bordas cortadas geralmente melhora com a redução da espessura da chapa.

O planejamento de corte se faz necessário para ter um melhor aproveitamento da chapa com um menor desperdício. Para isso é preciso escolher a melhor maneira de dispor as peças numa chapa. Essa disposição vai depender da geometria da peça. Se a peça pode ser circunscrita em um quadrado ou retângulo, a melhor maneira de cortá-la é através da **disposição normal**, em que se colocam as peças uma ao lado da outra. Se a peça pode ser circunscrita em um triângulo a melhor maneira de cortá-la é através da **disposição inclinada**, em que se colocam as peças com uma determinada inclinação à linha paralela à sua largura. Se a peça apresenta simetria a melhor maneira de cortá-la é através da **disposição invertida**, para a qual é necessário passar a chapa duas vezes invertendo sua posição ou utilizar dois punções de corte.

Um dos fatores que é levado em consideração no projeto de corte é a folga entre o punção e a matriz. O valor dessa folga varia em função da espessura (e) e do tipo de material que será cortado. Por exemplo, para aço doce ou latão ela é de $e/20$; para aço meio-duro, é $e/16$; e para aço duro, é $e/14$.

Frequentemente, matrizes e punções são projetados de maneira a permitir que os estágios sucessivos de conformação de uma peça sejam efetuados na mesma matriz, a cada ciclo da prensa. Esse procedimento é conhecido por conformação progressiva. Um exemplo simples é o da matriz para recorte e perfuração progressivos

Figura 3.35
Matriz para recorte e perfuração progressivos na fabricação de arruelas.

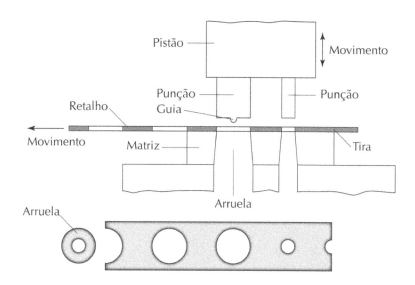

utilizados para fazer arruelas planas e chatas, como ilustrado esquematicamente na Figura 3.35. À medida que a fita metálica é alimentada da direita para a esquerda, o furo da arruela é primeiramente puncionado e, depois, a arruela é recortada da fita. Ao mesmo tempo em que a arruela está sendo recortada, o punção está perfurando a próxima peça.

3.7.2 Dobramento

Nesta operação, a tira metálica é submetida a esforços aplicados em duas direções opostas para provocar a flexão e a deformação plástica, mudando a forma de uma superfície plana para duas superfícies concorrentes, em ângulo, com raio de concordância em sua junção.

Para a operação de dobramento, existe um raio de dobramento abaixo do qual o metal trinca na superfície externa. É o raio mínimo de dobramento, expresso geralmente em múltiplos da espessura da chapa. Um raio de dobramento de 3 vezes a espessura indica que o metal pode ser dobrado formando um raio de três vezes a espessura da chapa sem que haja o aparecimento de trincas. O raio mínimo de dobramento é, portanto, um limite de conformação que varia muito para os diversos metais e sempre aumenta com a prévia deformação a frio do metal.

A operação de dobramento exige que se considere a recuperação elástica do material (efeito mola), para que se tenham as dimensões exatas na peça dobrada. A recuperação elástica da peça será tanto maior quanto maior for o limite de escoamento, menor o módulo de elasticidade e maior a deformação plástica. Estabelecidos esses parâmetros, a deformação aumenta com a razão entre as dimensões laterais da chapa e sua espessura.

A Figura 3.36 mostra exemplos de alguns tipos de dobramentos existentes.

3.7.3 Estampagem profunda ou embutimento

É o processo utilizado para fazer com que uma chapa plana, denominada de "blank", adquira a forma de uma matriz (fêmea), imposta pela ação de um punção (macho),

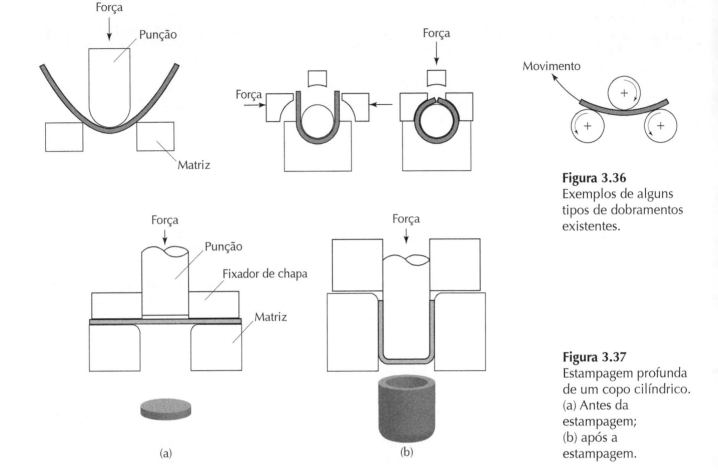

Figura 3.36
Exemplos de alguns tipos de dobramentos existentes.

Figura 3.37
Estampagem profunda de um copo cilíndrico. (a) Antes da estampagem; (b) após a estampagem.

como ilustrado esquematicamente na Figura 3.37. O processo é empregado na fabricação de produtos como para-lamas, panelas, lata de alumínio para bebidas etc.

A distinção entre estampagem rasa e profunda é arbitrária. A estampagem rasa geralmente se refere à conformação de um copo com profundidade menor do que a metade do seu diâmetro com pequena redução de parede. Na estampagem profunda, o copo é mais profundo do que a metade do seu diâmetro.

Para melhorar o rendimento do processo, é importante que se tenha boa **lubrificação**. Com isso reduzem-se os esforços de conformação e o desgaste do ferramental. Os óleos indicados normalmente são para extrema pressão, devendo garantir boa proteção contra a corrosão da chapa, ser de fácil desengraxe e não levar à oxidação do material (devido às reações de subprodutos dos gases formados no aquecimento do metal). Geralmente são usados óleos minerais com uma série de aditivos (Cl, Pb, P, gorduras orgânicas etc.).

Deve-se ainda especificar a **pressão** a ser aplicada no prensa-chapas: se esta for muito pequena, surgem rugas nas laterais da peça; se, por outro lado, for muito elevada, pode ocorrer a ruptura da peça na prensa.

Cuidado deve ser tomado com o ferramental para que haja **folga** suficiente entre a matriz e o punção, permitindo o escoamento do material para o interior da matriz sem que surjam tensões cisalhantes ocasionadas pelo atrito e que levem à ruptura do metal.

Figura 3.38
Ilustração de repuxamento convencional; com a chapa preparada (1), durante a operação (2) e após a operação (3).

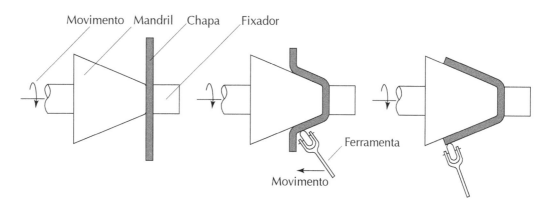

Figura 3.39
Ilustração de repuxamento com deformação por cisalhamento; com a chapa preparada (1) e após a operação (2).

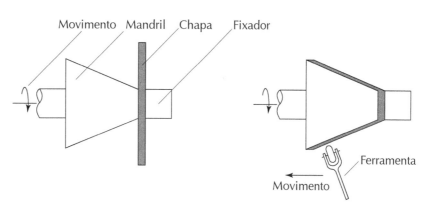

Às vezes, o diâmetro do "blank" é muito superior ao diâmetro da peça a estampar, sendo que esta deve atingir uma **profundidade de copo muito elevada**. A fabricação poderá exigir uma sequência de operações de estampagem, utilizando uma série de ferramentas, com diâmetros decrescentes (da matriz e do punção). O número de operações depende do material da chapa e das relações entre o disco inicial e os diâmetros das peças estampadas.

3.7.4 Processos correlatos

O **repuxamento** é o processo no qual uma chapa axialmente simétrica é gradualmente conformada sobre um mandril ou outra forma, pela ação de uma ferramenta. A ferramenta aplica uma pressão bem localizada, geralmente no ponto de contato, para deformar a chapa pelo movimento axial e radial sobre a superfície. As geometrias básicas tipicamente obtidas por esse processo incluem cones, semiesferas, tubos e cilindros. A Figura 3.38 apresenta esquematicamente a operação de um repuxamento convencional em que um disco de metal é fixo numa extremidade de um mandril em rotação que tem o formato da parte interna da peça desejada; a ferramenta deforma o metal pela pressão exercida no seu ponto de contato contra o mandril. Nesse caso, a parede da peça fica homogênea e igual ao da chapa inicial. Outro tipo de repuxamento, aplicado em chapas mais grossas, é aquele em que também ocorre deformação plástica, conforme ilustrado na Figura 3.39. Nesse caso a conformação não é só dobramento, mas ocorre a variação da espessura da parede em relação à chapa inicial e também ao longo da peça final. Esse processo tem sido aplicado para a fabricação de grandes peças tais como o nariz cônico de foguetes.

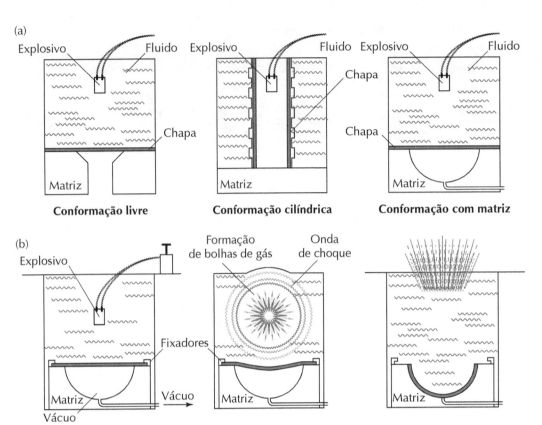

Figura 3.40
Ilustrações de três métodos de conformação com explosivos. (a); sequência do processo para a conformação com matriz (b).

Ainda para conformação de chapas, como processos correlatos, existem os processos que envolvem grande quantidade de energia aplicada num curtíssimo espaço de tempo, que são denominados de processos de conformação com taxas altas de deformação. O mais importante deles é o de **conformação por explosão**, ilustrado na Figura 3.40. Nesse processo uma carga explosiva é usada para conformar uma chapa ou placa na cavidade da matriz. A chapa ou placa é fixa e selada sobre a matriz criando-se vácuo no espaço entre elas. Sobre esse sistema placa-matriz, mergulhado dentro de um tanque com um fluido, geralmente água, é colocada uma carga explosiva a certa distância. A detonação provoca uma onde de choque cuja energia é transmitida pela água para causar uma rápida conformação da chapa ou placa na matriz. É usado para indústria aeroespacial para conformação de grandes peças.

3.8 ESTUDO DE CASO: CORPO DE PANELA DE PRESSÃO

3.8.1 Apresentação do produto

A panela de pressão é um recipiente fechado que tem como principal objetivo o cozimento rápido de alimentos através da imposição de altas temperaturas.

Sob condições normais de pressão (1 atm), a água ferve a 100 °C, mas com o aumento da pressão a temperatura de ebulição também aumenta, como ilustra o gráfico da Figura 3.41. Essa figura mostra que um aumento de 1 atm, além da pressão normal, eleva a temperatura de ebulição em cerca de 20 graus.

Com uma temperatura maior de ebulição, é possível, então, cozinhar os alimentos a uma temperatura mais alta e portanto mais rapidamente do que o normal. A pa-

Figura 3.41
Aumento da temperatura de ebulição da água com a pressão.

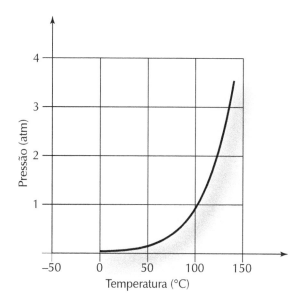

nela de pressão foi inventada pelo físico francês Denis Papin, em 1861, que na época demonstrou que seu invento era capaz de reduzir ossos a uma gelatina comestível. O seu invento foi, por isso, originalmente batizado de "digestor". Atualmente esse mesmo princípio é usado não só em panelas de pressão, mas em grandes câmaras denominadas autoclaves utilizadas na esterilização de material hospitalar, ou em vasos de pressão com os mais diversos fins industriais, como na produção de polpa para papel, alimentos, bebidas etc.

A panela de pressão não pode ser totalmente estanque; é preciso haver um controle da pressão interna para que ela não atinja níveis perigosos que poderiam ocasionar a ruptura catastrófica do recipiente. Esse controle é feito através de uma válvula superior, uma peça metálica pesada, que, sob a ação, da gravidade, bloqueia a passagem de vapor por um orifício. Com o aumento da pressão interna a válvula é empurrada pelo vapor, diminuindo ligeiramente a pressão interna, o que causa novamente a obstrução do orifício. É estabelecido, assim, um equilíbrio dinâmico entre a pressão interna e o peso da válvula, o que mantém a pressão da panela aproximadamente constante acima de 1 atm e consequentemente, sua temperatura também fica acima de 100 °C.

A Figura 3.42 apresenta o desenho esquemático, em corte, de uma panela de pressão em funcionamento. Note que, além da válvula que controla a pressão, existe uma válvula de segurança que se abre caso a válvula principal seja obstruída e a pressão interna atinja um nível muito elevado.

Existem dois tipos básicos de panela de pressão no mercado, aquelas cujo travamento da tampa é interno e outras de travamento externo, sendo, entretanto, o princípio de funcionamento sempre o mesmo.

As dimensões de uma panela de pressão típica são: volume de 4,5 litros, pressão interna de 0,2 MPa (2 atm), espessura da parede de 3 mm, diâmetro de 20 cm, peso de 1,5 kg.

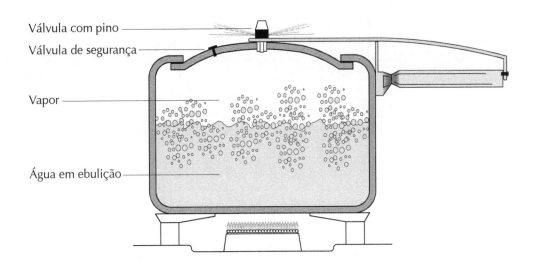

Figura 3.42
Esquema de uma panela de pressão, em corte, ilustrando-a em funcionamento.

3.8.2 Características e propriedades exigidas

A primeira característica que o produto deve apresentar é a resistência à grande pressão interna na temperatura de trabalho, que pode chegar a 1 atm acima da pressão atmosférica normal. O produto também precisa ser leve para fácil manuseio. Quanto maior a densidade do material, mais pesado será um componente fabricado com ele, se considerarmos o volume constante; por outro lado, quanto maior a resistência mecânica do material, mais fina pode ser a parede do componente, o que leva a uma diminuição do peso final. Portanto, a relação entre resistência mecânica e densidade é que deve ser levada em conta nesse caso. Normalmente, comparam-se os diferentes materiais através da razão entre resistência mecânica e densidade (σ_e/ρ); essa razão é chamada de resistência mecânica específica. Quanto maior a resistência mecânica específica de um material, mais leve é o componente que pode ser produzido, considerando que ele deve suportar a mesma carga.

O produto também precisa resistir a impactos que podem ocorrer durante seu manuseio, o que é conferido por uma alta resistência mecânica e alta tenacidade.

Outra característica importante do produto é sua condutividade térmica. O material deve conduzir o calor facilmente para que a chama do fogão aqueça rapidamente o interior na panela.

Como é um utensílio doméstico, sua aparência e acabamento superficial são importantes. A superfície deve ser a mais lisa possível para facilitar as operações de limpeza e seu aspecto visual deve ser esteticamente atraente.

Outra característica fundamental é sua inércia química. O produto não pode reagir com os alimentos em seu interior, o que poderia contaminá-los, alterando sabor, odor e, eventualmente, causando riscos à saúde.

> Conclui-se, portanto, que o material desse produto deve combinar propriedades como:
>
> - Alta resistência mecânica e tenacidade.
> - Baixa densidade.
> - Boa condutividade térmica.
> - Permita, na fabricação e manutenção durante o uso, um bom acabamento superficial.
> - Boa resistência à corrosão.

3.8.3 Material

Além dessas propriedades, o material deve permitir a fácil fabricação do produto, para que este apresente baixo custo de produção, e, portanto alcance preços populares e competitivos.

Dentre os materiais metálicos disponíveis de custo mais baixo, dois se destacam para esse caso, ligas de alumínio e o aço inoxidável.

O aço inoxidável atende muito bem aos requisitos exigidos com duas exceções: sua condutividade térmica é consideravelmente menor do que a do alumínio (Alumínio AA 3003 laminado = 155 W/m·K; aço inox AISI 304 = 17 W/m·K) e, por possuir maior temperatura de fusão e resistência mecânica, torna mais complexos e caros tanto processos de fabricação por fundição quanto por conformação plástica. Outro detalhe é que sua dureza é maior do que a das ligas de alumínio, o que dificulta um pouco mais a obtenção de um bom acabamento superficial durante a fabricação, embora retenha essa característica por muito mais tempo. Esses fatores não impedem a fabricação de panelas de pressão de aço inoxidável, mas acabam tornando-as mais caras do que aquelas feitas com ligas de alumínio porque, além do material ser mais caro, o seu processamento e a necessidade de um fundo bimetálico (geralmente um sanduíche com cobre), para aumentar a eficiência da transmissão de calor do fogão para a panela, também aumentam o custo.

As ligas de alumínio atendem muito bem a todos os requisitos listados anteriormente. Além disso, vários tipos de ligas são bastante dúcteis, o que permite a fácil fabricação do componente por conformação plástica a frio, o que é uma vantagem, como será discutido a seguir.

Considerando o formato do produto, o processo de conformação a frio é o mais adequado.

Assim, dentre as ligas de alumínio que podem ser conformadas a frio, as mais indicadas e que por isso, são utilizadas na fabricação de panelas de pressão são as ligas da série AA 3000. O principal elemento de liga dessa série é o manganês. Essas ligas podem ser conformadas com facilidade e ainda podem ser usadas satisfatoriamente em meios agressivos, pois o filme protetor de alumina (Al_2O_3), característica básica do alumínio, se forma com facilidade e é bem aderente. O manganês também melhora a resistência à corrosão sob tensão e leva a uma maior dureza do que o alumínio puro, o que mantém o bom acabamento superficial (brilho) das panelas por mais tempo. As ligas mais utilizadas são AA 3003 e AA 3014, cujas composições químicas nominais estão apresentadas na Tabela 3.1.

Tabela 3.1 Composição química de ligas de alumínio utilizadas em panelas de pressão							
Liga	Si	Fe	Cu	Mn	Mg	Zn	Ti
AA 3003	0,6	0,7	0,05-0,20	1,0-1,5	-	0,1	-
AA 3014	0,6	1,0	0,50	1,0-1,5	0,1	0,50-1,0	0,10

3.8.4 Processo de fabricação

Devido às características geométricas do produto, as principais etapas da fabricação de uma panela de pressão consistem em processos de conformação plástica a frio. A conformação plástica permite a rápida produção com pouco descarte de material, quando comparada, por exemplo, com a fundição que exige massalotes e canais de alimentação. A conformação plástica a frio também permite que o produto seja produzido com boa precisão dimensional, para o encaixe da tampa, por exemplo, quase que eliminando totalmente a necessidade de usinagem posterior, o que encareceria muito o produto.

As chapas de alumínio utilizadas na conformação da panela tem espessura aproximada de 3 mm, dependendo do projeto da panela. As chapas são primeiramente cortadas, por estampagem com punção, na forma de discos de acordo com o diâmetro e profundidade da panela. Para a fabricação de panela recoberta com filme antiaderente, os discos são limpos para a retirada das graxas, óleo e outras impurezas por decapagem pela imersão em ácido, seguida de um banho final de eliminação dos resíduos químicos. A próxima etapa é o recobrimento do disco por pintura com esse material antiaderente (Teflon^{TM}), seguida de tratamento de cura do filme formado por aquecimento em forno à temperatura na faixa de 380 °C a 400 °C.

Os discos são, então, lubrificados e passam para o processo de estampagem profunda (isto é, a profundidade do estampo é mais profunda do que metade do seu diâmetro).

A Figura 3.43 ilustra as etapas de conformação da panela de pressão.

Depois da estampagem, a peça tem a borda superior dobrada, para dentro para o caso de modelo cuja tampa é encaixada no corpo da panela. Esse processo consiste em prender o corpo em um mecanismo giratório e, durante o giro, é realizado o dobramento com o auxílio de uma peça redonda também presa em um eixo; essa peça pressiona a borda do corpo da panela fazendo com que a parte superior seja dobrada para dentro. Após essa etapa, o corpo tem a abertura superior cortada, de forma a adquirir um formato levemente oval, para o encaixe da tampa, caso o encaixe seja interno.

Se for o caso, a panela segue, então, para o processo de usinagem da parte inferior para a eliminação do filme antiaderente, na parte que entrará em contado direto com a chama, e também para garantir a planicidade.

3. Conformação plástica

Figura 3.43
Etapas de conformação da panela de pressão. Diâmetro externo: 20 cm. Cortesia Nigro Alumínio.

Para a fixação de cabos, válvulas etc. furos são feitos por usinagem ou por puncionamento.

A Figura 3.44 apresenta uma ilustração do fluxograma da rota de processamento do corpo da panela de pressão.

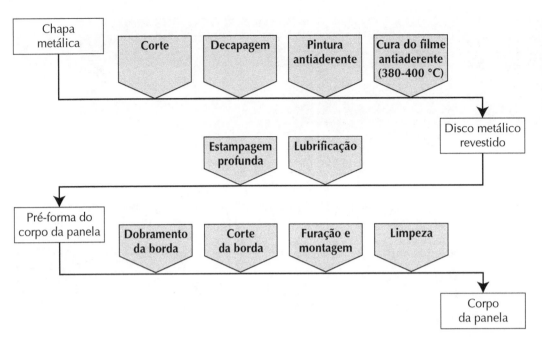

Figura 3.44
Ilustração do fluxograma da rota de processamento do corpo da panela de pressão.

3.9 BIBLIOGRAFIA

ALTAN, T.; OH, S. I.; GEGEL, H. "Metal Forming: Fundamentals and Applications, ASM, Materials Park, Ohio (1983).

ASM, "Machining – Theory and Practice", Materials Park, Ohio (1950).

AVITZUR, B. "Handbook of Metalforming Processes, Wiley-Interscience, New York (1983).

BOOTHROYD, G.; KNIGHT, W. "Fundamentals of Metal Machining and Machine Tools", Marcel Dekker (1989).

CHARYYA, A. B.; HAM, I. "Design Of Cutting Principles", Society of Manufacturing Engineers.

DEVRIES, W. R. "Analysis of Material Removal Processes", Springer-Verlag (1992).

Forming and Forging, Vol. 14, (1988).

GRUNING K. "Técnicas da Conformação", Editora Polígono, São Paulo (1973).

HERLACH, D. "Metalurgia Mecânica". Ed. Guanabara Dois, (1976).

LASCOE, O. D. "Handbook of Fabrication Processes", ASM, Materials Park, Ohio (1988).

LAUE, K.; STENGER, H. "Extrusion", American Society for Metals, (1981). Machinability Data Center, "Machining Data Handbook", 3rd Ed., Cincinnati, Ohio (1980). 2 vol.

McGraw-Hill, "Handbook of Metal Forming", Kurt Lange (ed.), New york (1985).

MIELNIK, E. M. "Metalworking Science and Engineering", McGraw-Hill (1991).

ROWE, G. W. "Principles of Industrial Metalworking Processes", Arnold, London (1977).

SHAW, M .C. "Metal Cutting Principles", Oxford University Press (1984).

WALSH, R. "McGraw-Hill Machining and Metalworking Handbook", McGraw-Hill (1994).

4
Usinagem

4.1 INTRODUÇÃO

Usinagem é um conjunto de processos de manufatura nos quais uma ferramenta de corte é usada para remover excesso de material (cavaco) de um sólido, de tal maneira que o material remanescente tenha a forma da peça desejada. A ação predominante na usinagem envolve deformação por cisalhamento e ruptura do material para formar um cavaco; à medida que o cavaco é removido, uma nova superfície é formada.

A usinagem pode ser dividida em: **processos de corte** que geralmente envolvem ferramentas mono e multicortantes (torneamento, furação, fresamento, corte por serra, aplainamento entre outros), **processos abrasivos** (retificação, usinagem ultrassônica e outros) e **processos avançados de usinagem**, que usam fontes de energia elétrica, química, térmica, hidrodinâmica e combinações dessas para remover o material da peça (eletroerosão, feixe de elétrons, usinagem eletroquímica, corte com jato d'água e abrasivos, entre outros). A Figura 4.1 apresenta esquematicamente alguns dos mais importantes e típicos processos de usinagem: torneamento, furação, fresamento e aplainamento.

Nos processos de corte, as variáveis independentes envolvidas e que podem ser controladas são: tipo de ferramenta de corte (com as suas propriedades, forma, acabamento superficial), o material a ser usinado (com as suas propriedades e temperatura em que será usinado), tipo de fluido de corte e condições de corte (como velocidade da ferramenta em relação à superfície da peça – velocidade de avanço, quantidade de material removido por ciclo – profundidade de corte e velocidade de repetição do ciclo de corte – ilustrado na Figura 4.2).

As variáveis dependentes envolvidas nos processos de corte, influenciadas pelas alterações das variáveis independentes são: tipo de cavaco formado, força requerida e energia dissipada, aumento da temperatura da peça, da ferramenta e do

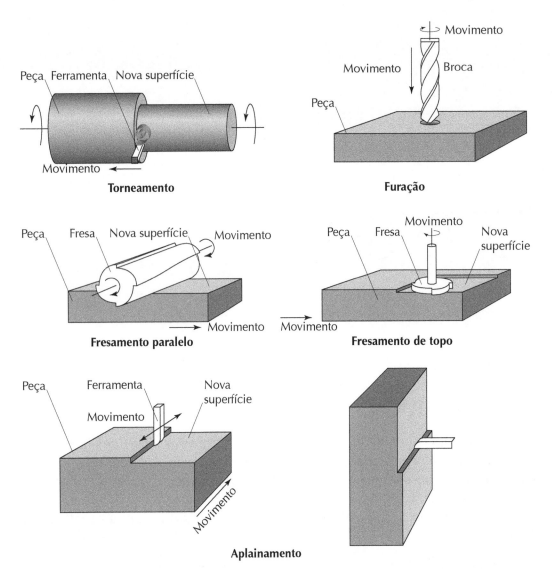

Figura 4.1
Processos típicos de usinagem.

cavaco, desgaste da ferramenta, acabamento superficial e integridade da superfície. O acabamento superficial influencia tanto a precisão dimensional quanto algumas propriedades da peça, especialmente a resistência à fadiga. Já a integridade da superfície é influenciada pela temperatura alcançada durante a usinagem, tensão residual, transformações metalúrgicas ocorridas, deformação plástica e formação de trincas.

A usinagem é um dos mais importantes conjuntos de processos de manufatura, podendo ser aplicada a uma grande variedade de materiais, gerando qualquer geometria regular, tal como superfície plana, orifícios redondos e cilindros. É frequentemente usada como processo complementar, ou de acabamento, quando o material foi produzido por fundição, conformação plástica ou metalurgia do pó; entretanto pode ser o processo principal de fabricação, por exemplo, de certas peças para indústria aeronáutica. Pela combinação de diversas operações sequenciais de usinagem, formas de alta complexidade e variedade podem ser obtidas. Tolerâncias dimensionais bastante estreitas, menores que 25 μm, e acabamentos superficiais melhores que 0,4 μm Ra (Ra = rugosidade aritmética ou média) podem ser obtidos.

Figura 4.2
Ilustração das condições de corte (velocidade de avanço, velocidade e profundidade de corte).

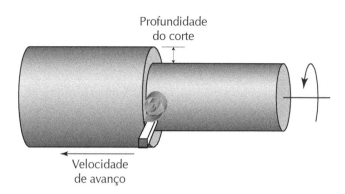

A Tabela 4.1 apresenta características gerais de alguns processos de usinagem. Um aspecto importante de ser observado é que, sendo a usinagem frequentemente usada como etapa de acabamento superficial, uma atenção deve ser dada nas especificações do produto quanto a essa característica, uma vez que um alto custo está envolvido nesse processo, custo esse que aumenta drasticamente à medida que a rugosidade da superfície diminui, como ilustra a Figura 4.3.

Tabela 4.1 Características e tolerâncias dos principais processos de usinagem		
Processos	Características	Tolerância (± mm)
Torneamento	Torneamento e faceamento são operações que podem ser realizadas em qualquer material: baixa taxa de produção, mas alta e média taxa podem ser alcançadas com tornos mecânicos e máquina automática, requer uma baixa qualificação do operador.	Fino: 0,05-0,13 Áspero: 0,13
Fresamento	Variedade de formas envolvendo contornos, superfície plana e rasgos; variedade ampla de ferramentas; versátil, produção de baixa para média; requer trabalho qualificado do operador quando é feito em etapas.	0,13 – 0,25
Aplainamento	Superfície plana e perfis de contorno reto em grandes superfícies; adequado para produção em baixa quantidade; trabalho qualificado do operador é requerido quando é feito em etapas.	0,08 – 0,13
Retificação	Superfícies planas, paralelas, perpendiculares ou inclinadas; produção de baixa para média; requer trabalho qualificado do operador.	0,01 – 0,02
Furação	Orifícios redondos de vários tamanhos e profundidades; produz furos de maior precisão; alta taxa de produção; exigência na habilidade do trabalho depende de onde está localizado o furo e a precisão exigida.	0,075
Serramento	Cortes retos e curvos em formas estruturais; não é adequado para materiais duros ao menos que os dentes da serra sejam de carbeto ou coberto com diamante; baixa taxa de produção; não requer muita qualificação do operador.	0,8

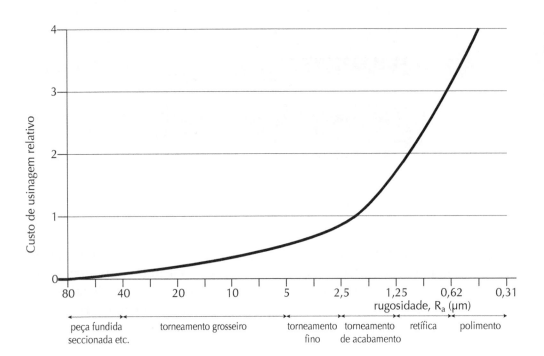

Figura 4.3
Custo relativo de usinagem de acordo com o acabamento superficial da peça.

4.2 FUNDAMENTOS

4.2.1 Formação do cavaco e o material a ser usinado

O tipo de cavaco produzido (morfologia dos cavacos) influencia significativamente o acabamento superficial e a integridade da superfície formada, e em toda a execução do processo de usinagem.

Os cavacos formados na usinagem são classificados em três tipos básicos, ilustrados na Figura 4.4:

1. **Cavacos segmentados ou descontínuos** (Figura 4.4a) são formados na usinagem de materiais frágeis, como o ferro fundido, sob baixa velocidade de corte, em que o grau de atrito entre a ferramenta e o cavaco é alto e a profundidade de corte é grande. Nesse caso, a textura da superfície da peça tende a ser irregular;

2. **Cavacos contínuos com arestas postiças** (Figura 4.4b) são formados na usinagem de materiais dúcteis, sob média velocidade de corte, em que o atrito entre a ferramenta de corte e o cavaco tende a causar, pela alta temperatura local e pressão na zona de corte, uma aderência do material do sólido à aresta de corte da ferramenta, ficando parte do material preso à ferramenta, chamada de aresta postiça. A formação da aresta postiça é cíclica, o cavaco se forma e cresce, torna-se instável e quebra. Muitos dos cavacos com arestas postiças são quebrados e levados para fora da região de corte, porém uma parte é incorporada à nova superfície usinada, causando rugosidade. Esse problema pode ser eliminado ou minimizado pela redução da profundidade de corte, alterando a velocidade de corte, usando ângulo de corte positivo, usando um líquido refrigerante ou mudando o material da ferramenta;

3. **Cavacos contínuos** (Figura 4.4c) são formados na usinagem de materiais dúcteis sob alta velocidade de corte e pequena profundidade.

Figura 4.4
Três tipo de cavaco formados durante a usinagem:
(a) segmentado ou descontínuo;
(b) contínuo com aresta postiça;
(c) contínuo.

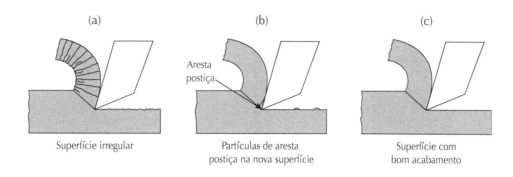

As propriedades da peça a ser usinada são importantes na formação do cavaco. Materiais de alta resistência mecânica requerem maiores forças do que materiais com baixa resistência mecânica, assim como causam maiores deflexão na peça e na ferramenta, maiores atritos, maior geração de calor e maior temperatura de operação. A estrutura e composição também afetam a ferramenta de corte. Constituintes duros ou abrasivos, tais como carbetos em aços, aceleram o desgaste das ferramentas. A ductilidade do material da peça é um fator importante. Materiais altamente dúcteis não só permitem grandes deformações plásticas do cavaco durante o corte, o qual aumenta o trabalho, geração de calor e aumento da temperatura, mas também resultam em cavacos longos e contínuos que permanecem em contato com a face da ferramenta por longo tempo, causando maior aquecimento por atrito. Cavacos desse tipo são severamente deformados e têm a forma espiralada. Por outro lado, em alguns materiais, como ferro fundido cinzento, há falta de ductilidade necessária para certo grau de deformação plástica; consequentemente, o material comprimido à frente da ferramenta rompe por fratura frágil, algumas vezes ao longo da frente de cisalhamento, produzindo pequenos fragmentos (cavacos segmentados ou descontínuos da classificação anteriormente apresentada).

4.2.2 Materiais para ferramentas de corte

As ferramentas para usinagem devem apresentar as seguintes características: alta dureza e resistência ao desgaste, alta tenacidade, alta dureza a quente, boa resistência mecânica, boa estabilidade química, deve ser inerte quimicamente ou apresentar afinidade desprezível com o material a ser usinado, boa rigidez, facilidade de fabricação e baixo custo. Algumas dessas características são conflitantes e devem ser avaliadas frente a diversos fatores, incluindo o material a ser usinado, tipo da operação de usinagem (por exemplo, corte contínuo ou intermitente, ou ainda operação de desbaste ou de acabamento), volume de produção, geometria da ferramenta e da peça, exigência de acabamento, precisão dimensional e vida útil adequada.

As ferramentas são monolíticas ou confeccionadas através do uso de uma barra, de aço de baixo custo, com a fixação numa das extremidades de pastilhas de material de alta dureza, como por exemplo, de carboneto duro sinterizado. A Figura 4.5 ilustra uma ferramenta monolítica, uma ferramenta com a pastilha fixa por brasagem e uma fixa mecanicamente.

- **Aços rápidos:** são aços ao carbono com elementos de liga tais como W, Cr, Va, Mo e Co, sendo tratáveis termicamente, tenazes e retendo a dureza até temperaturas de 650 °C. A composição mais comum é o 18-4-1 (18%W, 4%Cr,

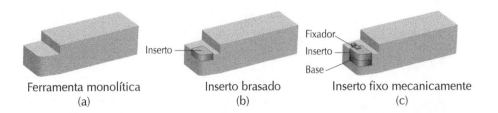

Figura 4.5
Ilustrações de
(a) ferramenta monolítica, tipicamente de aços rápidos;
(b) fixação por brasagem, uma maneira de fixar carbonetos duros sinterizados;
(c) fixação mecânica, usado para carbonetos duros sinterizados, cerâmicos e outros materiais muito duros.

1%V). A adição de 8%Co à composição anterior leva a um aumento de dureza e da temperatura de trabalho, produzindo aço que pode ser usado em usinagem à alta velocidade, denominado aço super-rápido. São aplicados em brocas, alargadores, escareadores, fresas, tendo bom desempenho a um custo inferior às ferramentas de carbonetos, por exemplo, e podem ser facilmente afiados. Apresenta dureza na faixa de 65 a 67 HRC.

- **Estelita:** é uma liga à base de cobalto (38 a 53%) com tungstênio (10 a 18%), cromo (30%) e carbono (1,5 a 2,5%) obtida por fusão, cuja dureza atinge 64 HRC. Pode operar em temperaturas acima daquelas dos aços rápidos, que possibilita trabalhar em velocidade de corte e avanços maiores, tanto em usinagem de desbaste como de acabamento. Nas fresas são aplicadas na confecção de dentes postiços, sendo que as pastilhas são soldadas ou fixadas mecanicamente.

- **Carbonetos duros sinterizados:** são produzidos pelo processo de metalurgia do pó, usando cerca de 70 a 90% de partículas duras, como o carboneto de tungstênio, WC, e cerca de 10-30% de Co como ligante metálico. São aplicados em ferramentas de corte para torneamento, furação, fresamento etc., na forma de pontas ou insertos que são soldados por brasagem ou fixos na ferramenta. Retêm a dureza até temperaturas superiores a 700 °C. Ferramentas de carbonetos duros sinterizados podem ser revestidas com diversos materiais, incluindo nitreto de titânio (TiN). Esse revestimento, feito por deposição química a vapor, tem espessura na faixa de 2,5 a 5,0 μm. O TiN tem dureza equivalente a 84 HRC, sendo mais duro do que carboneto de tungstênio e quatro vezes mais do que um aço rápido. É adequado para trabalhar em alta velocidade (50% acima da velocidade utilizada com as ferramentas de carbonetos duros sem revestimento), o que exige equipamentos potentes. É extremamente inerte, atuando como barreira para a difusão que ocorre entre a ferrramenta e o cavaco em altas temperaturas.

- **Cerâmicas:**

    Cerâmicas prensadas a frio: 99% alumina (Al_2O_3) são usadas para a usinagem de ferros fundidos com durezas inferiores a 235 BHN e aços com dureza inferiores a 34 HRC.

    Cerâmicas prensadas a quente são uma mistura de alumina (Al_2O_3) e carboneto de Titânio (TiC), usadas para usinagem de ferros fundidos com dureza acima de 235 BHN, aços com dureza entre 34 a 66 HRC e ligas à base de níquel. Não apresentam deformação mesmo a temperaturas de 1.000 °C, permanecendo duras a temperaturas acima dos limites dos carbonetos duros sinterizados.

Figura 4.6
Comparação das propriedades de diversos materiais usados em ferramentas de usinagem.

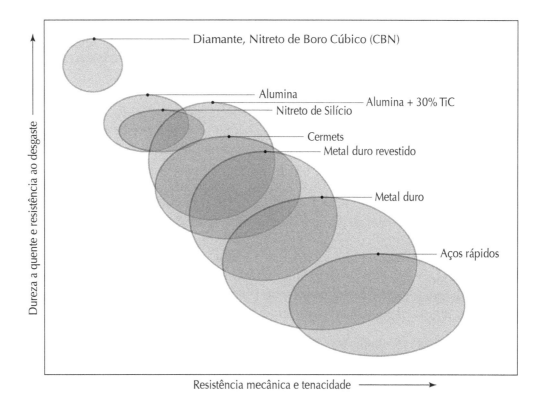

Nitreto de Silício (Si_3N_4) combina resistência ao choque mecânico e à abrasão, utilizado para usinagem de ferro fundido cinzento.

Nitreto de boro cúbico (CBN) tem dureza próxima à do diamante, com excepcional resistência à abrasão e manutenção do corte sob severas condições. Uma camada de aproximadamente 0,5 mm de espessura é colada à ferramenta de carboneto duro sinterizado de aproximadamente 5 mm de espessura. O carboneto fornece uma base de alta resistência ao choque mecânico, sendo o conjunto utilizado para usinagem de ferro fundido coquilhado e aços endurecidos. O CBN não reage com outros materiais e não oxida a temperaturas abaixo de 1.000 °C.

- **Diamante policristalino**: diamante é o material mais duro conhecido. Diamantes sintéticos bastante tenazes e com dureza aproximada ao do diamante natural são produzidos. Uma camada de diamante sintético é colada a uma base de carboneto duro sinterizado. São aplicados na usinagem de metais não ferrosos tais como ligas de alumínio, ligas de magnésio, cobre latão, bronze, ligas de zinco. O diamante também é usado para usinagem de carboneto de tungstênio sinterizado.

A Figura 4.6 apresenta uma ilustração da classificação de materiais para ferramentas de corte classificadas segundo a dureza/resistência ao desgaste e tenacidade. Observa-se que as duas propriedades são antagônicas, e a seleção do melhor material depende da análise em conjunto do material a ser usinado, dos parâmetros de processo a serem usados, do uso do fluido de corte, das especificações de acabamento superficial e integridade da superfície e custo.

112

Introdução aos processos de fabricação de produtos metálicos

4.2.3 Fluidos de corte

Cerca de 95 a 98% da energia total consumida no processo de usinagem é convertida em calor, sendo que o restante é armazenado como energia elástica e deformação plástica no cavaco. As três principais fontes de calor são: o processo de cisalhamento, em que a deformação plástica resulta na maior fonte de calor, sendo que a maioria do calor permanece no cavaco; a deformação plástica adicional que ocorre no cavaco e o calor considerável gerado devido ao atrito na interface ferramenta-cavaco; o atrito entre a superfície nova da peça e a lateral da ferramenta. Temperaturas da ordem de 540 °C podem ser alcançadas na interface ferramenta-cavaco. Esse calor é geralmente prejudicial, especialmente para as ferramentas de aço rápido. Alguns metais, à medida que são cortados, têm uma tendência de produzir um cavaco que adere ou se solda à face da ferramenta, devido, principalmente, à alta pressão entre o cavaco e a ferramenta. Isso acarreta o aumento da potência requerida para o corte, aumentando o atrito e, consequentemente, o calor, e finalmente, quando o cavaco é retirado, uma grande abrasão na ferramenta é produzida, sendo que o acabamento superficial da peça é prejudicado.

A função básica do fluído de corte é controlar o calor, e isso pode ser feito pela direta refrigeração da peça, cavaco e ferramenta, ou pela redução do atrito pela lubrificação entre a peça, cavaco e ferramenta. O fluído de corte dever ter alta capacidade calorífica, alta condutividade térmica, baixa taxa de evaporação, não corroer a ferramenta ou o equipamento, ser estável e não produzir fumos além de não ser agressivo à saúde do operador.

- **Óleos de corte**: são, normalmente, uma mistura de diferentes óleos minerais com aditivos, não sendo diluídos em água. São usados em usinagens com condições severas de corte, usualmente quando baixas velocidades e alimentação são usadas, ou com aços extremamente dúcteis. Não têm propriedades refrigerantes tão boas quanto os óleos solúveis, mas são excelentes lubrificantes e permitem bom controle da oxidação.

- **Óleos solúveis:** são óleos minerais que, com a adição de agentes emulsificantes, formam uma emulsão com a água. Nesse caso, as ótimas capacidade calorífica e condutividade térmica da água são combinadas com a ótima capacidade lubrificante e de controle da oxidação do óleo. As vantagens em relação ao óleo de corte são a alta capacidade de refrigeração, o baixo custo, a redução de fumaça e a eliminação do perigo de combustão. As desvantagens são o pobre controle da oxidação, a possibilidade de separação da emulsão e o ataque por bactérias.

- **Fluídos sintéticos:** são também denominados emulsões químicas, formados por pequena quantidade de óleo emulsificado em água e produtos químicos dissolvidos.

4.2.4 Usinabilidade

A usinabilidade é definida como a facilidade com que o cavaco pode ser separado do material. Os dois principais aspectos envolvidos na usinabilidade são as propriedades do material que está sendo usinado e as condições de usinagem envolvidas. Um material com boa usinabilidade é aquele que requer baixa potência, causa desgaste desprezível na ferramenta e produz um bom acabamento superficial.

As propriedades do material que afetam a usinabilidade são as seguintes:

1. Resistência ao cisalhamento.

2. Encruamento (aumento da resistência mecânica e dureza com a deformação plástica).

3. Dureza.

4. Abrasividade, natureza das inclusões e interfaces na microestrutura afetam a usinablidade do material. Elementos que tendem a fragilizar a estrutura dúctil da ferrita, tais como carbono, manganês e enxofre, melhoram a usinabilidade. Entretanto, se esses elementos estiverem presentes em excesso, podem causar aumento de dureza e abrasividade do metal.

5. Coeficiente de atrito, que varia com o tipo de material e a reação deste com o material da ferramenta na interface com o cavaco.

6. Condutividade térmica.

A classificação da usinabilidade de ligas ferrosas é baseada no aço ao carbono dessulfurado, AISI/SAE/ABNT 1112. Esse aço é classificado como de usinabilidade 100%. Nessa classificação, por exemplo, o ferro fundido nodular ferrítico é 110%, aço inoxidável da série 300 é 50% e aço fundido AISI/SAE/ABNT 1040 é 65%.

4.3 TORNEAMENTO

Processo mecânico de usinagem destinado à obtenção de superfícies de revolução. A ferramenta atua em um único ponto na remoção do material da peça que, por sua vez, é rotacionada em torno de seu eixo longitudinal (40 a 2.500 rpm), enquanto a ferramenta é conduzida longitudinalmente sobre a superfície da peça; a velocidade de corte varia na faixa de 10 a 1.000 m/min. A Figura 4.7 ilustra a operação de torneamento.

É um processo que pode ser realizado na maioria das ligas metálicas, usado para fabricação de componentes e peças com elementos simétricos rotacionais que requeiram boa precisão dimensional, com dimensões variadas, desde pequenos parafusos para armação de óculos, passando por pistões e cilindros de laminação até turbinas de hidroelétricas.

Uma variedade de operações de torneamento pode ser realizada (Figura 4.8), tais como:

a) **Torneamento cônico**: a ferramenta se desloca segundo uma trajetória retilínea, inclinada em relação ao eixo principal de rotação da máquina; o torneamento cônico pode ser interno ou externo.

b) **Rosqueamento**: destinado à obtenção de filetes, por meio da abertura de um ou mais sulcos helicoidais de passo uniforme em superfícies cilíndricas.

c) **Faceamento**: a ferramenta se desloca segundo uma trajetória retilínea, perpendicular ao eixo principal de rotação da máquina, com o objetivo de obter uma superfície plana.

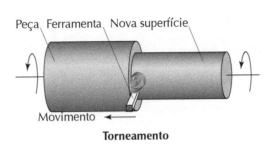

Figura 4.7
Operação de torneamento.

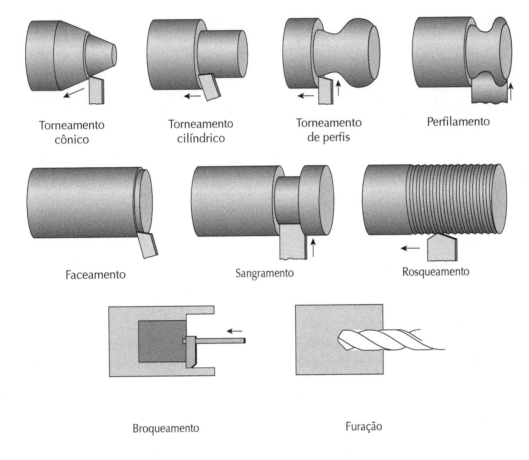

Figura 4.8
Principais operações de usinagem que podem ser realizados num torno.

d) **Torneamento de perfis**: a ferramenta não se desloca segundo uma trajetória retilínea como nas outras operações de torneamento, ela contorna uma superfície determinada com o perfil desejado da peça.

e) **Perfilamento**: a ferramenta se desloca segundo um trajetória retilínea radial ou axial, visando a obtenção de uma forma definida, determinada pelo perfil da ferramenta.

f) **Sangramento**: a ferramenta se desloca segundo uma trajetória retilínea, perpendicular ao eixo principal de rotação da máquina, com o objetivo de obter um entalhe circular.

g) **Torneamento cilíndrico**: a ferramenta se desloca segundo uma trajetória paralela ao eixo principal de rotação da máquina, promovendo o corte e a remoção de material; o torneamento pode ser interno ou externo.

Figura 4.9
Ilustração esquemática de um torno horizontal.

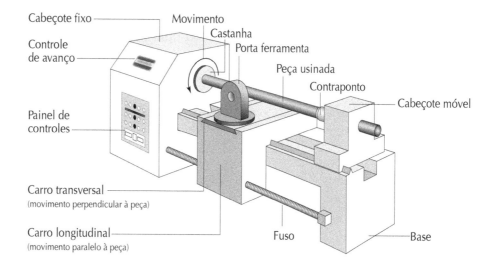

Figura 4.10
Ilustração de um torno vertical.

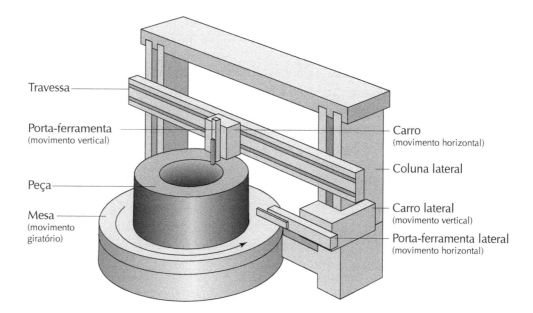

A máquina que executa o trabalho de torneamento chama-se **torno**. O torno é uma máquina ferramenta versátil, que pode ser operado manualmente e geralmente usado em baixas e médias produções. A Figura 4.9 mostra esquematicamente um torno horizontal mecânico e seus principais componentes. O cabeçote fixo contém uma unidade motora para rotacionar o eixo árvore principal, o qual provê a força de trabalho. O eixo árvore tem a capacidade de girar com velocidades rotacionais diferentes. Do lado oposto ao cabeçote fixo está o cabeçote móvel, que tem por objetivo sustentar as peças que estão sendo trabalhadas.

A ferramenta é colocada no carro porta-ferramentas, localizado na parte central do torno. O carro porta-ferramentas é projetado para possuir movimento longitudinal e transversal. O controle do avanço da ferramenta pode ser feito manualmente ou automaticamente.

Os outros acessórios que os tornos possuem para torná-los extremamente versáteis são: placa universal, placa de castanha independente, luneta fixa e luneta acompanhadora, entre outros.

O torno convencional descrito anteriormente corresponde a máquinas de torneamento horizontal; isto é, o eixo árvore é horizontal. Ele é apropriado para a maioria das operações de torneamento, onde o comprimento é bem maior que o diâmetro. Para trabalhos onde o diâmetro é mais largo em relação ao comprimento e o trabalho é pesado, é mais conveniente orientar a operação de torneamento e a rotação no eixo vertical; para isso existem os tornos verticais. A Figura 4.10 mostra esquematicamente um torno vertical.

A partir dos tornos mecânicos, outros tipos de tornos foram desenvolvidos de modo a permitir operação automática, mais rápida, de maior precisão e com ferramentas múltiplas. Dentre eles estão os tornos automáticos, cuja característica básica consiste no fato de que as ferramentas, uma vez ajustadas, podem ser aplicadas na peça repetidamente, sem necessidade de novo reajuste a cada corte.

A principal variável envolvida no processo de torneamento é a taxa de remoção de material; essa variável é em função do diâmetro das peças a serem usinadas, do tipo de acabamento desejado, do tipo de operação desejada (desbaste ou acabamento) e do tipo de material utilizado (alta ou baixa dureza).

A determinação da velocidade de corte para minimizar o custo é um problema clássico na otimização de custo do torneamento. Uma estratégia para operar a uma velocidade de corte que minimize o custo unitário é trabalhar com a velocidade que forneça uma taxa de produção máxima. Isso ocorre para um valor mais elevado da velocidade de corte.

As principais vantagens de se optar pelo processo de torneamento são as seguintes:

- A produção de peças, dependendo da sua complexidade ou simplicidade, será de 1 a 60 peças/h para torneamento manual e 10 a mais de 1.000 peças/h para máquinas automáticas.

- O acabamento das peças é satisfatório e o custo desse acabamento é baixo.

- O processo possibilita a produção de peças que exigem detalhes superficiais complexos.

As principais limitações do processo de torneamento são as seguintes:

- Uma grande quantidade de cavaco é produzida no processo de torneamento. Esse cavaco tem uma grande área superficial específica oxidada e/ou molhada com o fluido de corte, sendo a sua reciclagem custosa.

- A produção da empresa tem que ser alta para justificar a compra de um torno, que tem um custo inicial muito alto.

- Apesar de as máquinas automáticas utilizarem ferramentas múltiplas, o que aumenta a produção das peças, o custo dessas ferramentas é bastante elevado.

Exemplos de aplicações de usinagem são: na fabricação de pistões automotivos (combinado com a fundição) e na fabricação de engrenagens de caixa de transmissão de veículos (combinado com o forjamento).

Figura 4.11
Ilustração esquemática do fresamento horizontal e vertical.

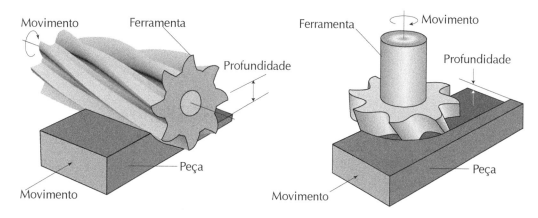

Figura 4.12
Algumas operações de fresamento horizontal.

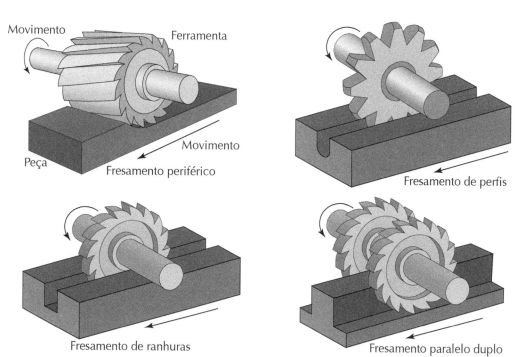

4.4 FRESAMENTO

É um processo mecânico de usinagem onde a remoção de material e a geração da superfície usinada ocorrem em decorrência do movimento relativo entre peça e a ferramenta. Na operação de fresamento, a ferramenta de corte possui vários gumes e executa movimento rotativo, enquanto é pressionada contra a peça. A peça movimenta-se durante o processo. A superfície usinada resultante pode ter diferentes formas, planas e curvas. A variedade de tipos de máquinas, a flexibilidade destas e a diversidade de tipos de ferramentas tornam o fresamento de larga aplicação para a usinagem de peças. O fresamento pode ser horizontal ou vertical como mostra a Figura 4.11. O processo de fresamento horizontal é destinado à obtenção de superfícies paralelas ao eixo de rotação da ferramenta, enquanto que no fresamento vertical a superfície é perpendicular ao eixo de rotação da ferramenta.

A Figura 4.12 mostra algumas operações de fresamento horizontal. Já o processo de fresamento vertical é destinado à obtenção de superfícies planas perpendiculares ao eixo de rotação da ferramenta. A Figura 4.13 mostra algumas operações de fresamento vertical.

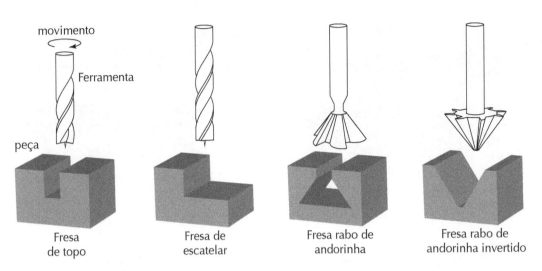

Figura 4.13
Algumas operações de fresamento vertical.

No fresamento, assim como nos demais processos de usinagem, existe uma série de importantes parâmetros de corte a considerar. Eles descrevem quantitativamente os movimentos, as dimensões e outras características da operação de corte. Os parâmetros que descrevem o movimento da ferramenta e/ou peça são: frequência de rotação, velocidade de corte e velocidade de avanço. As dimensões do corte são: profundidade de corte e penetração de trabalho.

Outros parâmetros são: diâmetro da ferramenta e seu número de dentes (gumes principais), taxa de remoção de material e o tempo de corte. Para definição e medição dos ângulos da ferramenta e outros parâmetros utiliza-se um ponto selecionado sobre o gume como referência.

As principais vantagens do fresamento são:

- Potencial para programação da usinagem.
- Alta flexibilidade, pois uma variedade de formas e superfícies podem ser geradas.
- Qualidade do acabamento da superfície usinada.
- Altas taxas de remoção de cavaco.

As limitações do fresamento são:

- Complexidade limitada pelo perfil da ferramenta multicortante e orientação da peça.
- Baixo volume de produção, 1 a 100 peças/hora.
- O rendimento do material é baixo, produzindo grande quantidade de cavacos.
- Alto custo do equipamento.

Como exemplo de uso, o fresamento pode ser aplicado para usinagem de motores, de componentes de bombas, engrenagens, moldes para fundição e de injeção de plásticos.

4.5 APLAINAMENTO

É o processo mecânico de usinagem destinado à obtenção de superfícies planas e outras geometrias de corte, como, entalhes e rasgos produzidos ao longo do comprimento de uma peça. Esse processo faz uso de uma ferramenta dotada de um único gume cortante que arranca o cavaco linearmente num movimento de vai-e--vem, com o corte sendo feito somente durante um dos movimentos da ferramenta ou peça.

Existem duas operações de aplainamento. Numa utiliza-se a plaina limadora, onde a mesa, sobre a qual se coloca a peça, se move intermitentemente e a ferramenta se move continuamente fazendo-se um movimento de vai e vem sobre a superfície plana da peça, retirando-se, assim, o material pela formação de cavaco. As plainas limadoras podem ser acionadas mecânica ou hidraulicamente. Numa outra operação, utiliza-se uma plaina de mesa, onde a mesa, em que está fixa a peça é que terá o movimento contínuo de vai e vem e a ferramenta é dotada apenas do movimento de avanço. As plainas de mesa são de dimensões muito maiores que as plainas limadoras, permitindo o aplainamento de peças de grandes dimensões e de comprimentos superiores a um metro. A Figura 4.14 mostra ilustrações esquemáticas de plaina limadoras e de mesa. A Figura 4.15 apresenta exemplos de geometrias de corte produzidas por aplainamento.

Peças trabalhadas em plainas geralmente são grandes e pesadas. As peças são suficientemente pesadas para resistir às grandes forças de corte e altas forças de inércia que resultam de mudanças rápidas na velocidade ao final do processo de usinagem.

Usualmente, tempos consideráveis são requeridos para o aplainamento, no caso de grandes peças, que podem suportar forças pesadas de corte, grandes profundidades de corte são recomendadas, as quais diminuem o tempo de corte.

Teoricamente, o aplainamento tem a mesma ou até mesmo maior precisão que o fresamento, 0,08 – 0,13 mm e 0,13 – 0,25 mm respectivamente. Entretanto, devido às dimensões das peças que são aplainadas (maiores e mais pesadas), as precisões de trabalho para o aplainamento podem ser um pouco menores que para o fresamento.

Vantagens e limitações do processo

A principal vantagem do processo é a simplicidade que exige mão de obra não tão especializada e o baixo custo. O processo também permite trabalhar com peças grandes, para componentes de até 2 m em plaina-limadora e 25 m em plaina de mesa.

Dentre as limitações do processo podemos citar as seguintes:

- Volume de produção baixo, 1 a 50 peças/hora, o que limita a sua aplicação a produções de peças pequenas.

- Complexidade limitada pela natureza do processo (perfis retos e superfícies planas ao longo do comprimento da peça).

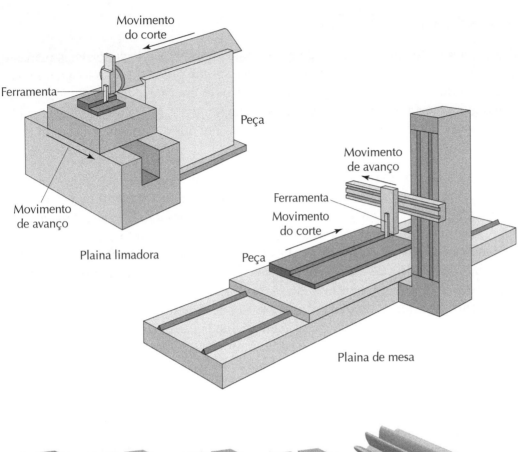

Figura 4.14
Ilustração esquemática de uma plaina limadora e de uma plaina de mesa.

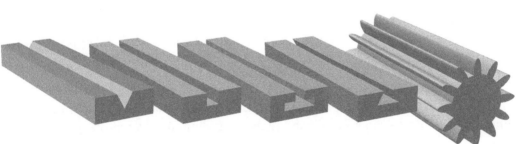

Figura 4.15
Exemplos de geometrias de corte produzidas por aplainamento.

As principais aplicações do aplainamento são as seguintes: usinagem de bancada de máquinas, de peças fundidas de grande volume e de blocos matrizes, de rasgos de chavetas, entalhes e dentes de engrenagem de grande dimensão.

4.6 FURAÇÃO

É um processo de usinagem mecânica que abre, alarga ou dá acabamento em furos redondos na peça. A ferramenta, cilíndrica e multicortante, chamada **broca**, é pressionada na peça estacionária por intermédio de máquinas operatrizes chamadas furadeiras, como mostra a Figura 4.16.

Existem numerosos tipos de furadeiras, atendendo às diversas formas e dimensões das peças a furar, aos diferentes números de orifícios a serem produzidos, do seu diâmetro e da precisão exigida. O tipo de furadeira mais comum é a de coluna, representada esquematicamente na Figura 4.17.

Esse tipo de furadeira é muito versátil, realizando operações de furação comuns ou trabalhos em série mediante o emprego de gabaritos. Entretanto, para

Figura 4.16
Desenho esquemático do processo de furação.

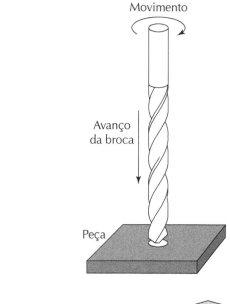

Figura 4.17
Desenho esquemático da furadeira de coluna.

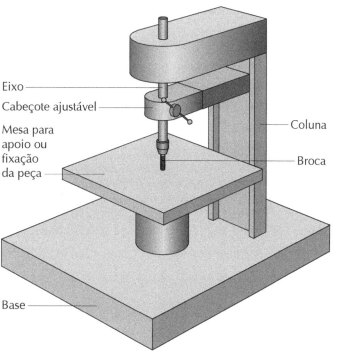

usinagem de grandes séries de furos, deve-se economizar tempo na troca das brocas, utilizando-se para esses casos furadeiras de várias colunas. Nessas furadeiras, cada coluna possui um mandril em que permanece constantemente montada uma determinada broca. Dessa maneira, passa-se rapidamente de uma broca às seguintes e diversas operações podem ser realizadas num mesmo orifício, ou vários orifícios podem ser produzidos em vários pontos de uma mesma peça. Outros tipos de furadeiras são: furadeiras portáteis, furadeiras de bancada e furadeiras radiais.

Várias operações são realizadas pela furação. A principal operação é a produção do furo, que depois pode ser modificado por outra operação de furação. As principais operações são descritas a seguir e ilustradas na Figura 4.18.

a) **Furação em cheio**: destinada à abertura de um furo cilíndrico numa peça, removendo o material compreendido na direção axial do furo.

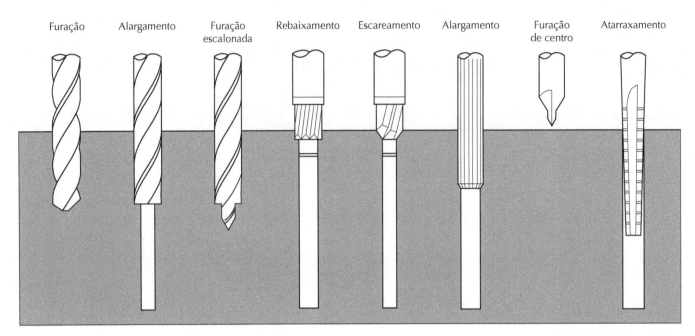

Figura 4.18
Principais operações de furação.

b) **Alargamento de precisão**: é usado para aumentar muito pouco um furo, sendo o objetivo principal dar uma melhor tolerância no diâmetro do furo e um melhor acabamento.

c) **Alargamento**: provoca um aumento significativo no furo já existente, com a utilização de uma broca de diâmetro maior.

d) **Furação escalonada**: nessa operação a broca tem uma variação de diâmetro, na qual ao mesmo tempo em que se realiza o furo a mesma broca o alarga.

e) **Atarraxamento**: nessa operação é usado um macho para fazer uma rosca interna em um furo pré-existente.

4.7 RETIFICAÇÃO

Consiste em processos de usinagem por abrasão, destinados à obtenção de superfícies com auxílio de uma ferramenta abrasiva de revolução. Nesse processo a remoção do material é feita por cada grão abrasivo componente da ferramenta de corte, compreendendo uma grande variedade de formas e dimensões como mostra a Figura 4.19. Essas ferramentas são denominadas de rebolos, geralmente contendo carbeto de silício. Os vários tipos de rebolos se distinguem pelo seu formato, seu tipo de grão e sua dureza.

As máquinas utilizadas na retificação são as retificadoras, como mostra esquematicamente a Figura 4.20. As retificadoras são geralmente usadas nas operações de acabamento, embora sejam também capazes de remover material com altas taxas, competindo com outros processos de usinagem.

Esse processo é importante, pois pode ser usado em todos os tipos de metais, dúcteis e endurecidos, além de permitir ótimo acabamento superficial (rugosidade mínima de até 0,025 μm Ra).

Figura 4.19
Seções transversais de algumas ferramentas abrasivas de revolução.

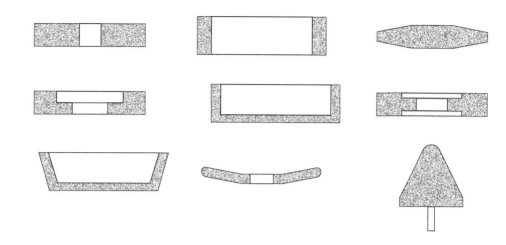

Figura 4.20
Retificadora plana e seus principais movimentos.

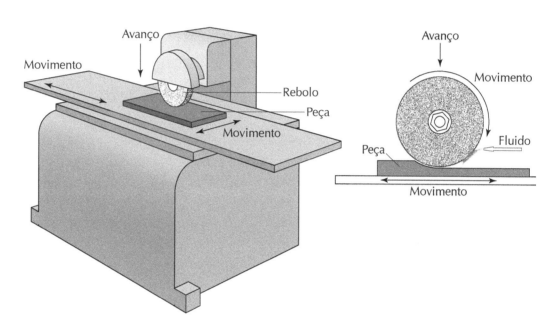

Alguns tipos de operações de retificação são as seguintes:

- **Retificação cilíndrica** – processo de retificação tangencial no qual a superfície usinada é uma superfície cilíndrica externa ou interna.

- **Retificação tangencial plana** – processo de retificação tangencial no qual a superfície usinada é plana.

- **Retificação sem centros** – processo de retificação cilíndrica no qual a peça sem fixação axial é usinada por ferramentas abrasivas de revolução, com ou sem movimento longitudinal da peça.

A Figura 4.21 apresenta os tipos de operação de retificação.

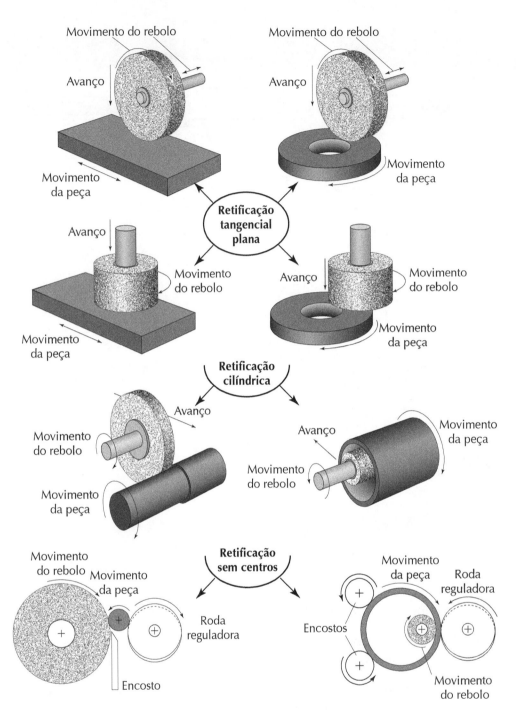

Figura 4.21 Representação esquemática das principais operações de retificação.

4.8 SERRAMENTO

Processo na qual uma fina fenda é feita na peça por uma ferramenta (serra) que possui uma série de dentes curtamente espaçados. As máquinas empregadas são máquinas de serrar e as ferramentas, as serras, são muito semelhantes às fresas, pois possuem uma sucessão ordenada de dentes de corte.

O corte é, de maneira geral, realizado a frio. As máquinas de serrar podem ser de vários tipos, como são apresentadas esquematicamente na Figura 4.22, e podem ser classificadas como:

Figura 4.22
Desenho esquemático das principais máquinas de serrar.

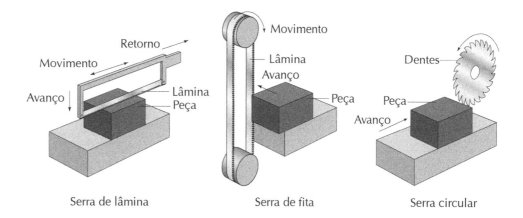

- **Serras de lâminas** – são as mais comuns e caracterizam-se por um movimento de ida e volta.

- **Serras circulares** – os movimentos de corte e avanço são dados pela ferramenta que gira em torno de seu eixo e avança transversalmente até a peça a ser cortada.

- **Serras de fita** – a serra é em forma de lâmina de pequena espessura (0,8 a 1 mm) formando um circuito fechado. A lâmina é presa sob tensão entre dois volantes e guiada por roldanas.

A serra de lâmina é a menos eficiente, pois sua ação de corte é intermitente. As serras de fita e circular têm ação de corte contínuo

4.9 PROCESSOS NÃO CONVENCIONAIS DE USINAGEM

A necessidade de usinar metais e ligas com resistências e durezas cada vez mais elevadas, aliada à conveniência de redução dos custos de produção, levou ao desenvolvimento de novos métodos de usinagem. Os principais são os seguintes:

Usinagem por eletroerosão

É o processo utilizado para produção de orifícios, ranhuras e outras cavidades pela fusão ou vaporização localizada do metal causada por pequenos arcos elétricos de alta frequência. A descarga desses pequenos arcos elétricos é produzida por pulsação controlada de corrente contínua entre a peça (carregada positivamente) e a ferramenta (eletrodo carregado negativamente), como mostra a Figura 4.23.

Usinagem ultrassônica

Abrasivos, tais como CBN, SiC, Si_3N_4 e diamante, contidos numa suspensão de água em concentrações de cerca de 20% a 60% são dirigidos em alta velocidade

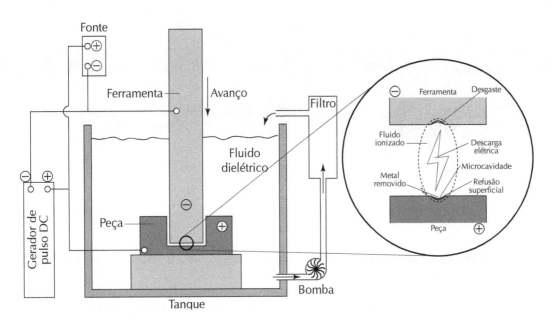

Figura 4.23
Representação esquemática da usinagem por eletroerosão.

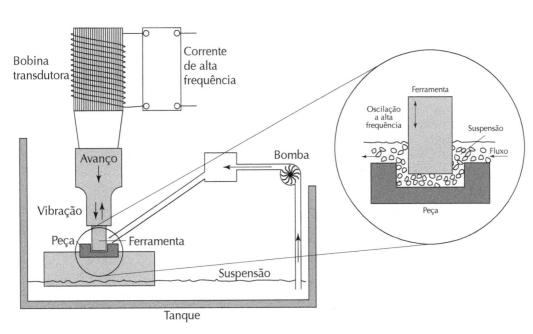

Figura 4.24
Representação esquemática da usinagem ultrassônica.

contra a peça por uma ferramenta vibrante (aço doce ou aço inoxidável) em baixa amplitude ($\approx$ 0,076 mm) e alta frequência ($\approx$ 20.000 Hz), como mostra a Figura 4.24. É usada para corte de aços inoxidáveis e ligas de titânio.

Usinagem de corte com jato d'água e abrasivos

O corte é realizado por um jato d'água muito fino (0,25 a 0,63 mm), com alta pressão ($\approx$ 400 MPa) e alta velocidade ($\approx$ 900 m/s) direcionado na superfície da peça metálica. Aproximadamente 0,23 kg/min de abrasivos (por exemplo: Al_2O_3) são adicionados ao jato d'água, como mostra a Figura 4.25.

Figura 4.25
Representação esquemática do jato d'água e abrasivos.

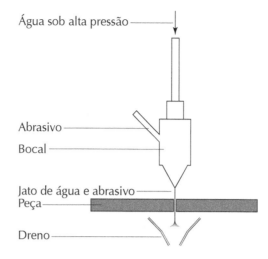

Figura 4.26
Representação esquemática da usinagem eletroquímica.

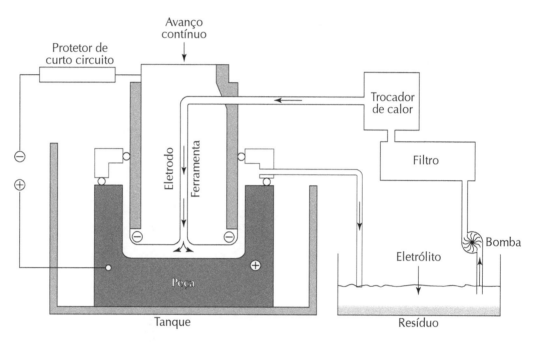

Usinagem eletroquímica

Consiste na remoção controlada de metal mediante a dissolução anódica numa célula eletrolítica em que a peça é o ânodo e a ferramenta, feita de cobre, bronze ou aço inoxidável, é o catodo, como está representado esquematicamente na Figura 4.26.

4.10 ESTUDO DE CASO: ENGRENAGEM DA CAIXA DE TRANSMISSÃO

4.10.1 Apresentação do produto

A engrenagem da caixa de transmissão de um automóvel é uma de várias engrenagens que, com outras mais de 200 peças, compõem o conjunto chamado de caixa

Figura 4.27
Parte interna de uma caixa de transmissão. Diâmetro da engrenagem maior: 7 cm. Cortesia: SENAI – São Carlos.

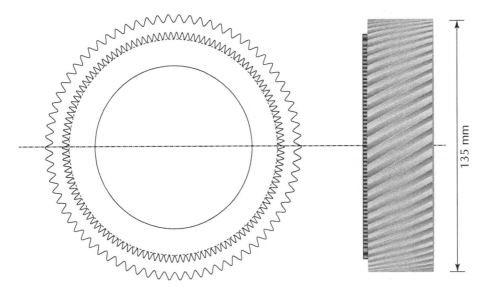

Figura 4.28
Desenho de uma engrenagem usada em caixa de transmissão de automóveis.

ças de marcha que permitem o controle da velocidade e do torque. A Figura 4.27 apresenta uma caixa de transmissão aberta mostrando várias de suas engrenagens.

A Figura 4.28 mostra o desenho de uma típica engrenagem usada em transmissões. A geometria desse produto varia bastante, pois depende de sua posição na caixa de transmissão, do tipo, tamanho e potência do veículo.

4.10.2 Características e propriedades exigidas

Uma característica fundamental do produto é a precisão dimensional para que o sistema de transmissão funcione com o máximo de eficiência, mínima perda de energia e mínimo desgaste. Por isso algumas partes da engrenagem devem ter precisão na faixa de apenas alguns micrometros.

Outras características importantes são a alta resistência mecânica e alta resistência ao desgaste. Como a área de contato entre os dentes das engrenagens é pequena, é muito grande a pressão exercida nessa superfície de contato e, portanto, a resistência mecânica deve ser alta para que não ocorra deformação plástica. Quanto à resistência ao desgaste, mesmo com lubrificação, o atrito entre as duas superfícies de contato das engrenagens é alto e as peças devem resistir a isso, principalmente nos instante iniciais de funcionamento, quando a lubrificação ainda não está uniformemente distribuída. A engrenagem também deve ser tenaz para resistir aos impactos a que é submetida durante o funcionamento e ter grande resistência à fadiga devido ao carregamento cíclico, intenso e constante.

> Conclui-se, portanto, que o material desse componente deve apresentar as seguintes propriedades:
> - Alta resistência mecânica, resistência à fadiga e tenacidade.
> - Alta dureza na superfície.

4.10.3 Material

Dentre os materiais metálicos de alta resistência e baixo custo, e que possibilitem mudanças microestruturais possíveis de atender às características de comportamento mecânico exigidas na etapa de processamento e também atender às características de comportamento mecânico exigidas durante o uso da engrenagem, é, sem dúvida, o aço que apresenta o melhor custo/benefício.

Nesse caso o aço precisa, além de conferir alta tenacidade e resistência ao corpo da engrenagem, tornar possível a obtenção de uma superfície dura e resistente ao desgaste. Considerando que alta tenacidade é conflitante com alta dureza, mas que a dureza e resistência ao desgaste são características exigidas somente na superfície da peça, uma ótima opção é um aço para cementação. A característica principal desses aços é permitir a fabricação de componentes que tenham o núcleo resistente e tenaz, mas com alta dureza na superfície, característica esta que é conseguida através de um tratamento termoquímico de cementação (enriquecimento de carbono na superfície da peça).

No caso de engrenagens para sistemas de transmissão um aço muito usado é o AISI 8620. A tabela 4.2 apresenta a composição química nominal desse aço.

Tabela 4.2 Composição química do aço AISI 8620. Porcentagens em peso						
C	Mn	Si	Cr	Ni	Mo	Fe
0,17-0,23	0,60-0,90	0,15-0,30	0,35-0,60	0,40-0,70	0,15-0,25	balanço

O baixo teor de carbono, com alguns elementos de liga, confere ao material ótima tenacidade e resistência mecânica. Além disso, após o tratamento de cementação, os elementos de liga, juntamente com o carbono adicional, conferem ao material boa temperabilidade, o que garante o endurecimento da superfície das engrenagens.

A Tabela 4.3 apresenta as principais propriedades mecânicas do aço AISI 8620 no núcleo de uma peça (região que não sofreu cementação) com a dureza comparada a uma região temperada.

Tabela 4.3 Propriedades de um aço AISI 8620 de uma peça cementada				
Região da peça	Dureza (Rc)	Resistência Mecânica (MPa)	Limite de resistência (MPa)	Resistência ao Impacto (J)[*]
Núcleo (não cementada)	30-40	830-970	1.100-1.200	50-100
Superfície (cementada)	58-64			

[*] Energia absorvida no ensaio de impacto Charpy.

4.10.4 Processo de fabricação

Como a engrenagem necessita de grande precisão dimensional, o processo de fabricação mais adequado é a usinagem. Contudo a usinagem de uma engrenagem a partir de um bloco ou tarugo causaria um grande desperdício de material, gastaria muito tempo e o desgaste do ferramental seria elevado. Por isso, com o objetivo de minimizar a usinagem, a primeira etapa de fabricação consiste no forjamento de um tarugo para que se tenha um corpo com as dimensões mais próximas da geometria final antes de se realizar a usinagem.

A matéria prima utilizada normalmente é fornecida na forma de barras ou tarugos. A primeira etapa, antes do forjamento, é o corte da barra de aço que é feito por cisalhamento em uma guilhotina ou por serramento. Depois disso, a peça é aquecida até 1.200 °C e forjada em mais de uma etapa (sequencialmente, forjamento em estampo, forjamento em matriz fechada e puncionamento). A Figura 4.29 apresenta os corpos resultantes de duas etapas de forjamento do corpo da engrenagem antes da usinagem.

Depois do forjamento, o corpo é usinado em duas etapas principais, torneamento para acerto das geometrias e dimensões e fresamento para a usinagem dos dentes; a Figura 4.30 apresenta o corpo forjado, usinado e fresado.

No caso das engrenagens que possuem dentes internos, após a operação de torneamento e antes do fresamento, esses são usinados em uma brochadeira.

O brochamento consiste na remoção progressiva e linear de cavacos realizado com uma ferramenta de múltiplos dentes com tamanhos que aumentam progressivamente chamada brocha. A brochadeira apenas fornece a força e a velocidade de corte, uma vez que o avanço da usinagem é decorrente da própria geometria da ferramenta (brocha).

A Figura 4.31 ilustra o funcionamento de um brocha.

Figura 4.29
Etapas do forjamento de uma engrenagem antes das operações de usinagem. Diâmetro da peça final: ≈ 10 cm.

Figura 4.30
Corpo da engrenagem forjado e após as etapas de torneamento e fresamento. Diâmetro da peça final: ≈ 10 cm.

Figura 4.31
Ilustração mostrando o funcionamento de uma brocha.

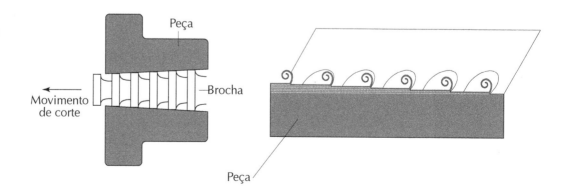

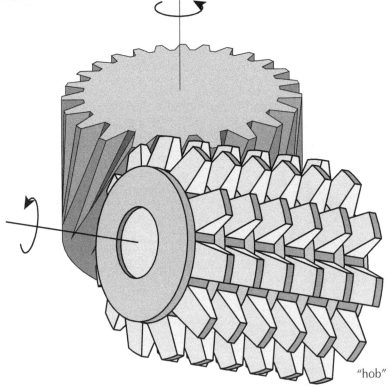

Figura 4.32
Fresamento (*hobbing*) dos dentes de uma engrenagem helicoidal e um "Hob".

O fresamento dos dentes externos da engrenagem é realizado por uma técnica de fresamento especial chamada "hobbing". A Figura 4.32 ilustra o processo de fresamento de uma engrenagem com dentes helicoidais com a ferramenta que realiza esse processo, chamada de "hob". Nessa técnica especial de fresamento, a fresa, chamada de "hobber", possui eixos que fazem tanto a peça trabalhada quanto a ferramenta girarem. Esses eixos são posicionados de forma concorrente (não paralelos) de maneira que, conforme a ferramenta se aproxima da peça, os dentes vão sendo continuamente escavados em toda a periferia da engrenagem. A razão entre as velocidades de rotação e o número de trilhas do "hob" determinam o número de dentes da engrenagem. Até 5 dentes podem ser escavados simultaneamente,

Figura 4.33
Fluxograma do processo de fabricação de uma engrenagem.

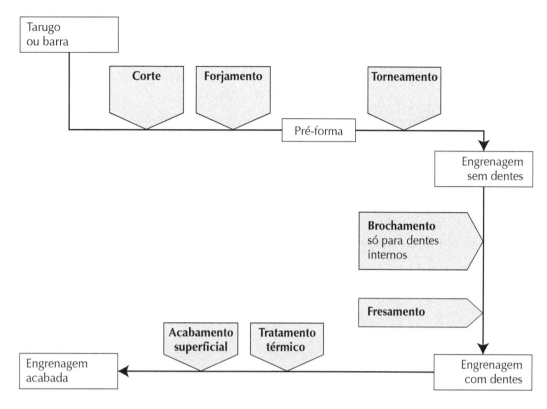

como é o caso do "hob" mostrado na Figura 4.32. Comparada com outras técnicas de fresamento, essa técnica é relativamente barata e, ainda assim, permite ótima precisão dimensional.

Depois do fresamento ("hobbing"), a engrenagem passa por operações de rebarbação e acabamento superficial.

Uma das etapas finais corresponde ao tratamento termoquímico de cementação da engrenagem, que é seguido de têmpera e revenimento. O tratamento de cementação é feito a uma temperatura de 927 °C em atmosfera de 20%CO – 40% H_2 a partir de metanol dissociado, fazendo com que na superfície um teor de C de 0,90% seja atingido. A profundidade da camada cementada varia de 0,5 a 1,0 mm. Após têmpera e revenimento, a dureza da superfície atinge valores de 58 a 64 Rc.

Depois da cementação, a engrenagem ainda pode passar por um torneamento duro, com mínima remoção de material, para conferir melhor acabamento em suas faces.

A Figura 4.33 resume, num fluxograma, o processo de fabricação de uma engrenagem.

4.11 BIBLIOGRAFIA

ASM, Metals Handbook, 9th Ed., Materials Park, Ohio, v. 16, Machining, 1983.

ASM, "Machining – Theory and Practice", Materials Park, Ohio 1950.

BOOTHROYD, G.; KNIGHT, W. "Fundamentals of Metal Machining and Machine Tools", Marcel Dekker 1989.

DEVRIES, W. R.; VERLAG. S. "Analysis of Material Removal Processes", 1992.

FERRARESI, D., "Usinagem de Metais", Blucher, 2003.

GROOVER, M. P. "Fundamentals of Modern Manufacturing", Prentice-Hall, New Jersey, 1996.

KALPAKJIAN, S.; SCHMID, S. R. "Manufacturing Engineering and Technology", v. 1, Ed. Prentice Hall, 2000. Machinability Data Center, "Machining Data Handbook", 3rd Ed., v. 2, Cincinnati, Ohio, 1980.

SHAW, M. C. "Metal Cutting Principles", Oxford University Press, 1984.

WALSH, R. "Machining and Metalworking Handbook", McGraw-Hill, 1994.

5 Soldagem e corte

5.1 INTRODUÇÃO

A **soldagem** é um conjunto de processos de manufatura pelos quais duas partes metálicas são unidas permanentemente pela "coalescência" da interface de contato, que é induzida pela combinação de temperatura, pressão e condições metalúrgicas.

A soldagem é um dos três processos utilizados para união de partes metálicas, sendo os outros dois: **união mecânica** que inclui o uso de rebites, parafusos, porcas etc.; e **união por adesivos** com o uso de material não metálico, tais como resinas termoplásticas e termorrígidas, elastômeros artificiais etc., para criar uma junta entre duas superfícies.

Os processos de soldagem podem ser classificados em quatro classes:

1. **Soldagem por fusão**: processos que utilizam a fusão parcial dos materiais das peças envolvidas na união.

2. **Soldagem no estado sólido**: são processos nos quais não ocorre fusão dos materiais envolvidos.

3. **Brasagem**: processos nos quais ocorre a fusão somente dos materiais de adição e não das peças a serem unidas, nesse caso, a temperatura de fusão está acima de 450 °C.

4. **Solda branda**: mesmo princípio da brasagem, mas, nesse caso, a temperatura de fusão dos materiais de adição está abaixo de 450 °C.

A soldagem possui as seguintes características que a tornam um processo immanente, tornando as partes soldadas uma só unidade; a junta soldada pode ter resistência mecânica superior às partes que foram unidas, dependendo do metal de adição e da técnica de soldagem utilizada; é geralmente um processo economicamente viável para união de componentes, considerando o material usado e o custo de fabricação, pois as alternativas de união mecânica envolvem geralmente furos e uso de parafusos e rebites que levam, muitas vezes, o sistema de união a ser mais pesado do que os próprios componentes que estão sendo unidos; a soldagem não é limitada ao ambiente de fábrica, podendo ser realizada no campo, nos locais de uso dos componentes e equipamentos.

A soldagem, por outro lado, apresenta certas limitações e desvantagens, tais como: a maioria dos processos de soldagem é realizada manualmente, sendo necessário treinamento do operador, o que encarece a mão de obra; a maioria dos processos envolve alta energia e é inerentemente perigosa; nos casos em que é necessária a desmontagem do sistema para reparo ou manutenção, a soldagem não é indicada por ser uma união permanente; as juntas soldadas podem ter defeitos de qualidade difíceis de serem detectados; os defeitos causam, por exemplo, redução na resistência mecânica da junta.

A escolha do processo de soldagem depende de vários fatores: a aplicação; o projeto da solda; os materiais envolvidos; e a forma dos componentes que serão soldados, sua espessura e seu tamanho.

A soldagem, além de ser utilizada na produção de peças e equipamentos, é muito importante como processo para manutenção e reparo, objetivando o prolongamento da vida útil de peças e equipamentos.

A soldagem tem um vasto campo de aplicação, usada na fabricação de uma simples cadeira às naves espaciais, muito utilizada nas indústrias naval, automobilística, nuclear, energética, aeroespacial, eletrônica, petroquímica, construção civil, plataformas marítimas etc. Tem como características importantes: ser um meio barato de união de materiais, é aplicável para união de todos os metais comerciais, propicia flexibilidade de projeto e redução de custo de fabricação e é facilmente utilizada para recuperação e manutenção de produtos.

5.2 FUNDAMENTOS

5.2.1 Fontes de energia

Todos os processos de soldagem exigem alguma forma de energia. As fontes de energia na soldagem podem ser dividas em quatro categorias quanto à forma de energia: elétricas, químicas, óticas e mecânicas.

Fontes elétricas – arco elétrico

O arco elétrico é usado em vários processos importantes de soldagem como fonte de calor, fornecendo uma grande quantidade de calor concentrado e controlado. O arco elétrico é resultado da descarga elétrica entre um eletrodo e a peça a ser soldada, sendo um o ânodo, ou terminal positivo do arco, e o outro o cátodo, ou terminal negativo do arco. A região central entre estes eletrodos é o plasma, região

Figura 5.1
Ilustração esquemática de um arco elétrico.

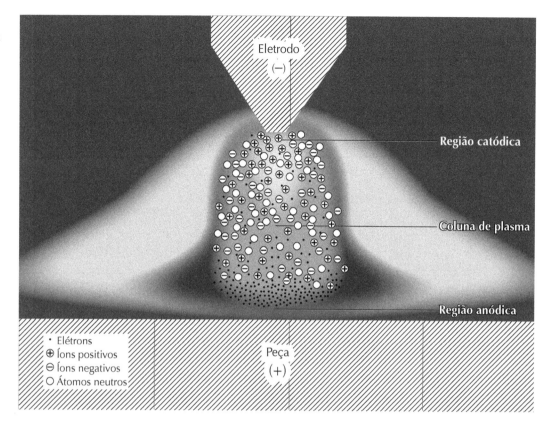

de gases ionizados. A voltagem típica é em torno de 25 V e corrente de 300 A. Os elétrons emitidos na região catódica passam pela coluna do arco na forma de íons e elétrons livres e alcançam o ânodo para o qual transferem a sua energia cinética em forma de calor. Através de colisões mútuas entre os íons e elétrons livres, o interior do arco pode atingir altas temperaturas, cerca de 6.000 °C a 30.000 °C, dependendo do processo. A intensidade de calor é da ordem de 10^6 a 10^8 W/m². A Figura 5.1 apresenta uma ilustração esquemática de um arco elétrico e as denominações das diversas regiões que o compõem.

A corrente pode ser contínua ou alternada e a abertura do arco elétrico pode ser feita pelo contato entre a peça e o eletrodo (curto circuito) ou ainda pelo uso de um dispositivo que imponha uma corrente alternada de alta frequência (100 a 500 kHz) suficiente para ionizar os gases entre as duas partes.

No caso de corrente alternada (CA), a polaridade não é fixa entre a peça e o eletrodo, mudando segundo a frequência de variação da corrente. Entretanto para o caso de corrente contínua (CC), a polaridade pode ser do tipo **polaridade direta** (**CC⁻**), em que o eletrodo é o cátodo (−) e a peça o ânodo (+) ou do tipo **polaridade reversa** (**CC⁺**), em que o eletrodo é o ânodo (+) e a peça o cátodo (−). A polaridade tem grande importância, pois a transferência de energia térmica pelo bombardeio dos elétrons sobre o ânodo é maior do que aquela provocada pelo bombardeio dos íons sobre o cátodo, devido principalmente à maior energia cinética e fluxo dos elétrons. Como consequência, temos que a temperatura do ânodo é maior do que o do cátodo. Assim, como ilustra a Figura 5.2, dependendo do tipo de corrente e da polaridade, temos um maior aquecimento na peça ou do eletrodo. Um maior aquecimento na peça provocará uma maior fusão desta, enquanto o eletrodo aquecerá e/ou fundirá menos e vice-versa.

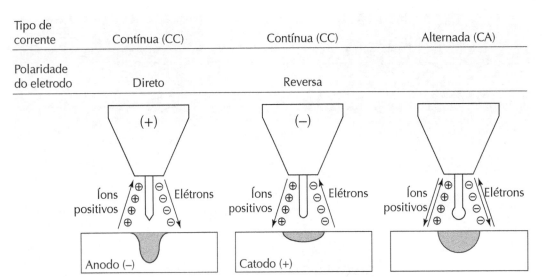

Figura 5.2
Influência do tipo de corrente e da polaridade do arco elétrico no aquecimento da peça e do eletrodo.

A corrente, tensão, eletrodo e o tipo de gás de proteção determinam o modo de transferência e taxa com que o metal fundido do eletrodo se projeta para a peça que, por sua vez, tem influência na estabilidade do arco, perda por salpicos, composição química, defeitos, posição de soldagem e taxa de deposição. Os modos de transferência podem ser: do tipo **globular**, ocorrendo com uma corrente baixa em relação ao diâmetro do eletrodo, transfere o metal como glóbulos com diâmetro maior do que o do eletrodo com taxa de cerca de 10 a 20 glóbulos por segundo; por **spray**, ocorrendo com correntes muito altas, transfere o metal como gotículas finas com taxa de cerca de 250 gotículas por segundo; por **curto-circuito**, transfere o metal com a fusão globular do eletrodo cuja gota vai aumentando de tamanho até tocar a poça de fusão, produzindo um curto-circuito que estrangula a gota e lança-a em direção axial, devido a efeitos eletromagnéticos, com taxa de cerca de 50 a 200 gotas por segundo; por **arco pulsante**, em que um arco de corrente baixa é mantido, porém com pulsos regulares de alta corrente, o que resulta numa transferência por jatos de gotículas durante esses pulsos. A Figura 5.3 mostra esquematicamente esses modos de transferência.

Fontes elétricas – resistência elétrica

Processos de soldagem por resistência utilizam uma combinação de força e calor para produzir uma solda. Neste caso, o calor é gerado por efeito Joule, pela resistência à passagem de corrente elétrica de um material colocado na interface das partes a serem unidas (escória no processo de soldagem por eletroescória), ou mesmo que a própria interface das partes unidas oferece. A intensidade de calor varia de 10^6 a 10^9 W/m^2.

Fontes químicas – chama direta

O calor é gerado pela queima de um gás combustível, utilizando gases como acetileno, propileno, hidrogênio, propano e gás natural combinados com oxigênio. A razão gás/oxigênio é muito importante, pois determina se a chama é redutora, neutra ou oxidante, assim como determina a temperatura da chama, que tipicamente é na faixa de 2.500 °C a 5.100 °C. A intensidade de calor é da ordem de 10^6 a 10^8 W/m^2.

Figura 5.3
Modos de transferência metálica em um arco elétrico.

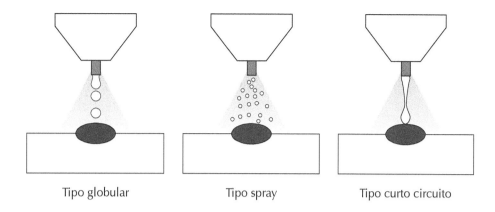

Tipo globular — Tipo spray — Tipo curto circuito

Fontes químicas – aluminotermia

O calor é gerado pela reação altamente exotérmica da oxidação do alumínio, como por exemplo, $3FeO_4 + 8Al \rightarrow 9Fe + 4Al_2O_3$, em que o calor liberado é da ordem de 719 kcal/mol, atingindo temperatura da ordem de 5.088 °C.

Fontes óticas

São exemplos desse tipo de fonte o **laser**, que é resultado da conversão de um feixe de luz intenso, concentrado e colimado, em calor utilizando CO_2 ou Nd:YAG, e **feixe de elétrons**, em que o calor é gerado pela colisão de um feixe de elétrons sobre a peça. A intensidade nesses casos é muito alta, podendo ultrapassar 10^{10} W/m².

Fontes mecânicas

Existem três tipos de soldagens que utilizam fontes mecânicas de energia, mas nem em todas elas ocorre fusão das partes a serem soldadas. Na **soldagem por fricção**, o calor é gerado pelo atrito mecânico entre as superfícies a serem unidas, ocorrendo, assim, uma difusão e deformação plástica entre elas, soldando-as. Na **soldagem por ultrassom**, uma energia vibratória de alta frequência (15 a 75 kHz) é induzida na zona de soldagem por um transdutor. Essa tensão de cisalhamento oscilatório resulta em uma histerese elástica, escorregamento localizado e deformação plástica nas superfícies de contato que, após a quebra da camada de óxido, permite a difusão atômica entre as superfícies, soldando-as. Na **soldagem por explosão**, a detonação de um explosivo é utilizada para acelerar um componente à alta velocidade contra um componente estacionário. Ocorre uma colisão progressiva e controlada entre as superfícies dos dois componentes (chapas, por exemplo) soldando-as.

5.2.2 Gases de proteção

Gases são utilizados para proteger de forma eficiente a região do arco elétrico e do metal fundido (poça de fusão) contra contaminação do ar atmosférico, particularmente N_2, O_2 e vapor d'água. Os gases mais utilizados são o argônio (Ar - inerte), hélio (He - inerte), dióxido de carbono (CO_2 - oxidante), oxigênio (O_2 - oxidante), nitrogênio (N_2 - não reativo) e hidrogênio (H_2 - redutor). Oxigênio, hidrogênio e nitrogênio, com raras exceções, são utilizados somente na condição de misturados com um ou mais dos gases inertes.

As características importantes do gás de proteção são o potencial de ionização, condutividade térmica, potencial de dissociação e recombinação, reatividade, densidade, tensão superficial e pureza. Sendo a voltagem a principal variável para ionização e sustentação do arco elétrico, ela varia dependendo do gás de proteção utilizado. A condutividade térmica afeta a temperatura no arco, afetando, portanto, o perfil da penetração da poça de fusão na peça. Quando são usados gases moleculares, como o dióxido de carbono, hidrogênio e nitrogênio, estes se dissociam quando aquecidos tornando-se parcialmente ionizados; quando entram em contato com a peça relativamente fria, os átomos se recombinam, liberando energia adicional sob a forma de calor. Essa energia adicional não ocorre no caso de gases como o argônio, que é monoatômico. Os gases de proteção podem reagir com os elementos metálicos presentes na poça de fusão ou não. Os gases oxidantes reagem com elementos da poça de fusão, formando óxidos enquanto os redutores reagem com os óxidos, reduzindo-os. A densidade de um gás de proteção afeta a eficiência da proteção e a vazão necessária do gás, uma vez que os gases mais pesados que o ar, quando soprados sobre a poça de fusão proporcionam proteção mais efetiva que os gases mais leves, que não ficam confinados às regiões da poça de fusão. A tensão superficial entre a poça de fusão e a atmosfera circunvizinha depende do tipo de gás de proteção; se a tensão for alta, levará à formação de um cordão de solda convexo, irregular e com risco do aparecimento de defeito do tipo "mordedura"; se for baixa levará à formação de um cordão côncavo. Quanto à pureza do gás a ser empregada, ela afeta todas as características apresentadas, sendo, portanto, uma especificação importante; a pureza mínima e umidade máxima dos gases para aplicação na soldagem são características especificadas e controladas.

O gás ou mistura de gases a ser utilizado depende do material a ser soldado, do tipo de transferência metálica desejada, do tipo e diâmetro do eletrodo e da posição da soldagem. Por exemplo, para uma mesma corrente, dependendo do gás, a tensão do arco elétrico pode ser maior, o que resultará na maior produção de energia, interessante para o caso de soldagem de peças grossas ou de ligas com alta condutividade térmica que tendem a resfriar mais rápido. O gás protetor influi no tipo de transferência, na profundidade de penetração, e no formato do cordão como ilustra a Figura 5.4.

O gás de proteção tem também efeito nas propriedades mecânicas da junta, uma vez que tem influência na microestrutura formada pela alteração da taxa de resfriamento da região da solda.

A seguir estão apresentadas informações sobre alguns dos principais gases utilizados na soldagem.

Argônio e hélio

São utilizados frequentemente para a soldagem de metais não ferrosos. Em ligas ferrosas, quando puros, causam instabilidade e salpicos. O hélio apresenta maior condutividade térmica do que o argônio, o que resulta em maior penetração da soldagem. Para correntes iguais, o hélio apresentará maior potência de arco. Daí a preferência de seu uso em soldagens de materiais de elevada espessura, espe-

Figura 5.4
Influência do tipo de gás no modo de transferência metálica, na profundidade de penetração e no formato do cordão.

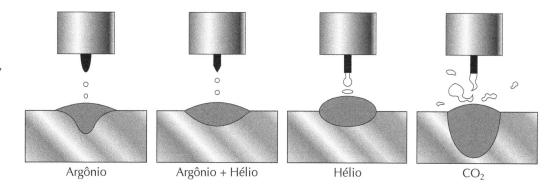

cialmente aqueles de elevada condutividade térmica, tais como alumínio e cobre. Para ligas ferrosas, em chapas finas ou em soldagens fora de posição, a preferência é pelo argônio. O hélio, sendo cerca de 10 vezes mais leve do que o argônio, levará a um maior consumo para garantir a mesma proteção à soldagem. A transferência por spray é mais bem-estabelecida com argônio do que com hélio. O custo do hélio é muito maior do que o do argônio.

Adições de O_2 e CO_2 ao argônio ou hélio

Adições de O_2 e CO_2 ao argônio ou hélio melhoram a transferência metálica, estabilizam o arco e minimizam os salpicos nos aços. Em alguns casos, pode provocar porosidade e perdas de elementos de liga, como por exemplo, de cromo, vanádio, titânio, manganês e silício, devido ao seu poder oxidante. Para evitar esse problema, utilizam-se metais de adição com desoxidantes. Em soldagens de aços inoxidáveis com teor de carbono menor que 0,07%, pode ocorrer aumento do teor de carbono no metal depositado quando CO_2 está presente no gás de proteção, podendo com isso acarretar problemas futuros de corrosão por sensitização.

CO_2 puro

A utilização de CO_2 puro como gás de proteção apresenta, inicialmente, uma vantagem muito grande em comparação à utilização de gases inertes, que é o menor custo do gás. Por isso sua utilização na soldagem de aços carbono tem aumentado. A utilização desse gás possibilita que a transferência metálica ocorra tanto em modo globular quanto em curto circuito, enquanto a transferência tipo spray é instável e com muitos salpicos. Outra característica desse gás é ser oxidante, pois, na elevada temperatura do arco, o CO_2 se decompõe em monóxido de carbono (CO) e em oxigênio (O_2). O O_2 livre oxida o ferro do metal de base originando FeO e esse reage com o carbono da poça de fusão liberando monóxido de carbono (gás), que pode vir a provocar porosidades no cordão de solda. Em temperaturas mais baixas, parte desse CO se decompõe em carbono e em oxigênio. De acordo com a quantidade original de carbono na poça de fusão, o efeito final poderá ser de aumentar ou diminuir o conteúdo definitivo de carbono no cordão solidificado. Para evitar isso, os arames recomendados para a soldagem sob proteção de CO_2 possuem em sua composição quantidades altas de desoxidantes, principalmente manganês e silício, pois estes apresentam maior afinidade química pelo O_2 do que o carbono. O silicato de manganês, assim formado, se deposita sobre os cordões como uma capa fina e descontínua de escória facilmente destacável.

142

Introdução aos processos de fabricação de produtos metálicos

O manganês cumpre também a função de dessulfurante, formando MnS. O silício e o manganês remanescentes são transferidos para o metal de solda sob a forma de elementos de liga. Certas composições de arames conhecidos como "triplo-desoxidados" apresentam, além do manganês e silício como desoxidantes, um terceiro elemento para essa função, podendo ser o alumínio, titânio ou zircônio.

5.2.3 Revestimentos e fluxos

Em alguns processos de soldagem, são usados revestimento no eletrodo metálico ou ainda fluxo, que é colocado no local a ser soldado. Ambos entram em combustão com o calor gerado pelo arco elétrico. Revestimento e fluxos são misturas complexas à base de rutilo, carbonato de cálcio, celulose, fluoretos etc., além de produtos ativos do tipo pó de ferro, elementos de liga e de ligantes, tal como silicato de potássio ou de sódio. No caso de revestimento, argila é adicionada para aglomerar e fixar o revestimento em torno do arame metálico.

Esses revestimentos e fluxos têm várias funções: **função ionizante**, pois, através da ionização de seus componentes de silicatos de Na e K, facilitam a passagem de corrente, dando origem a um arco estável; **função protetora**, pois, através da combustão, fornece gases protetores às gotas do metal fundido contra a ação do hidrogênio (proveniente do vapor de água) e oxigênio da atmosfera; **função escorificante**, pois realiza limpeza do metal fundido no metal de solda devido aos componentes escorificantes; **função térmica,** pois, através da formação de uma camada de escória sobre o metal de solda que, além de minimizar a oxidação pela atmosfera, reduz a taxa de resfriamento e com isso desfavorece a formação de estruturas frágeis; **função ligante**, pois introduz elementos de liga na parte fundida, melhorando as propriedades mecânicas da junta soldada.

Particularmente no revestimento do eletrodo metálico, a função adicional é a de **isolante elétrico** pois sendo um mau condutor elétrico, isola a alma (metal que vai fundir), evitando a abertura de arcos laterais e orienta o calor para o local de interesse.

A desvantagem do uso de revestimento ou fluxos é a necessidade de retirada da camada da escória formada sobre o metal de solda após a soldagem.

5.2.4 Metalurgia da soldagem

A maioria dos processos de soldagem envolve fusão parcial das partes a serem soldadas e/ou fusão do metal de adição. A solidificação dessas partes fundidas, denominada metal de solda, e o aquecimento e resfriamento (ciclo térmico) que sofre a área vizinha ao metal de solda, área esta denominada zona afetada pelo calor, induzem na região da solda transformações metalúrgicas complexas. Essas transformações podem induzir deformações, tensões residuais, descontinuidades (defeitos) e formação de microestruturas que podem comprometer a qualidade da junta soldada. A Figura 5.5 mostra esquematicamente as regiões de uma junta soldada.

Vários fenômenos metalúrgicos ocorrem durante a soldagem: fusão, solidificação, reação metal-gás, reação metal-escória, transformações no estado sólido. A região fundida (poça de fusão) que, quando solidificada é denominada **metal de**

Figura 5.5
Regiões de uma junta soldada.

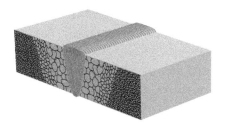
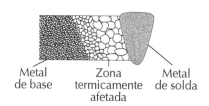

solda, é formada pelas gotículas transferidas do eletrodo e parte das peças que estão sendo soldadas.

O processo de **solidificação** do metal fundido, que ocorre por nucleação e crescimento, determina o tamanho e orientação dos grãos formados e, consequentemente, influenciam as propriedades mecânicas e a qualidade da solda. O processo de solidificação é determinado:

a) Pela composição química do metal.

b) Pela quantidade de calor imposta à região da solda (aporte de calor) que, por sua vez, é determinada pela velocidade com que o arco se move e a potencia elétrica utilizada.

c) Pela capacidade de extração de calor pela peça que está sendo soldada, que é determinada pela condutividade térmica, temperatura inicial e volume do material não fundido da peça.

A estrutura do metal de solda geralmente é formada por grãos colunares grosseiros paralelos à direção do fluxo de calor, podendo ocorrer trincas devido à rejeição de soluto na frente de solidificação ou porosidades.

A **reação metal-gás** é a reação do metal fundido com os gases presentes. É muito importante, pois pode ocorrer:

a) Oxidação de certos elementos formando inclusões não metálicas.

b) Formação, por gases dissolvidos no metal líquido, de porosidade devido à diminuição da solubilidade dos gases quando o metal se solidifica.

c) Formação de trincas a frio devido ao hidrogênio dissolvido na rede cristalina.

O uso de gás de proteção ou de fluxos com desoxidantes e controle do modo de transferência metálica são alguns dos procedimentos para controlar esse tipo de reação.

A **reação metal-escória** ocorre entre o metal líquido e a escória formada pela fusão do revestimento do eletrodo ou do fluxo. A função importante da escória é reter os produtos da desoxidação e, no caso de soldagem de aços, remover enxofre e fósforo que formam constituintes eutéticos de baixa temperatura de fusão. A escória também tem a função térmica, como discutido anteriormente.

Transformações no estado sólido ocorrem tanto no metal de solda após a solidificação quanto na zona afetada pelo calor. Nessas regiões, as transformações dependem da temperatura máxima que atinge o local e da taxa de resfriamento. Na metalurgia essas transformações são representadas no diagrama transformação-tempo-temperatura, TTT, do material. Considerando que a taxa de resfriamento é bastante elevada numa junta soldada, devido ao fato do calor estar concentrado em uma pequena região da peça em contraste com o grande volume de metal frio do restante da peça, existe uma tendência de formação de microconstituintes frágeis como a martensita nos aços de alta resistência. A formação desse tipo de microconstituinte é problemática porque pode, quando associadas com elevado nível de tensão mecânica da junta soldada e defeitos pontuais, gerar trincas. Os procedimentos utilizados para contornar esses problemas são o controle da composição química do metal de solda através da seleção de eletrodos que resultem em composições com baixas temperabilidades e redução da taxa de resfriamento com a diminuição do aporte de calor e/ou pré-aquecimentos das peças a serem soldadas.

5.3 PROCESSOS DE SOLDAGEM POR FUSÃO

São processos nos quais a união das peças se dá pela fusão e solidificação do material na zona de junção. Nesses processos, o metal de solda é formado pelas partes das peças que estão sendo unidas e, se existir, do metal de adição.

Os principais processos de soldagem por fusão são apresentados a seguir.

5.3.1 Soldagem a Arco Elétrico com Eletrodo Revestido (SAER)

Processo de soldagem por arco elétrico no qual a fusão do metal é produzida pelo aquecimento a partir de um arco elétrico mantido entre a ponta de um eletrodo revestido consumível e a superfície do metal de base na junta que está sendo soldada, como mostra a Figura 5.6.

O circuito elétrico básico para esse processo é apresentado esquematicamente na Figura 5.7, consistindo numa fonte de energia e cabos de conexão desta ao porta-eletrodo e à peça (cabo "terra", ou "retorno").

O arco elétrico é formado pela ionização dos gases entre o eletrodo e a peça, e o bombardeio de elétrons no ânodo e dos íons positivos no cátodo desenvolvem temperaturas de até 3.500 °C.

O eletrodo, com comprimento de 150 a 460 mm e espessura de 1,5 a 8 mm, é formado por um arame de aço para a soldagem de ligas ferrosas, denominado de alma, e de um revestimento formado por uma mistura de argila, ligantes à base de silicatos, óxidos, carbonatos, fluoretos, elementos de liga e celulose. Dependendo da composição do revestimento, os eletrodos são classificados em oxidantes, ácidos, rutílicos, básicos e celulósicos. A classe de revestimento é selecionada de acordo com o tipo de material a ser unido, propriedades mecânicas desejadas, tipos de junta, posição de soldagem, entre outras características.

As funções do revestimento do eletrodo são as seguintes:

Figura 5.6
Ilustração do processo de soldagem ao arco com eletrodo revestido (SAER).

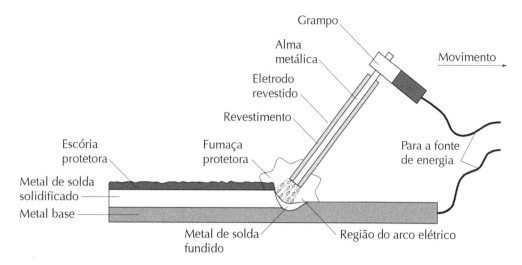

Figura 5.7
Circuito elétrico básico para a soldagem com eletrodo revestido.

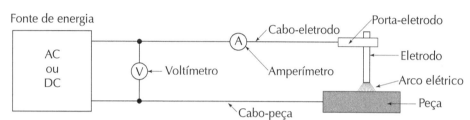

- Isolante elétrico: sendo um mau condutor elétrico, isola a alma (metal que vai fundir), evitando a abertura de arcos laterais e orientando o calor para o local de interesse.

- Ionizante: contém silicatos de Na e K que ionizam a atmosfera do arco, o que facilita a passagem de corrente, dando origem a um arco estável.

- Com a combustão, fornece gases protetores às gotas do metal fundido contra a ação do hidrogênio (proveniente do vapor de água) e oxigênio da atmosfera.

- Contém componentes escorificantes que limpam o metal fundido no metal de solda.

- Forma uma camada de escória sobre o metal de solda, impedindo a oxidação pela atmosfera e reduz a taxa de resfriamento inibindo a formação de estruturas frágeis.

- Pode contribuir com a introdução de elementos de liga para melhorar as propriedades mecânicas da junta soldada.

A corrente usualmente está na faixa de 50 a 300 A e pode ser AC ou DC. As potências requeridas são geralmente menores que 10 kW.

O processo SAER tem a vantagem de ser um processo simples e versátil e de requerer uma pequena variedade de eletrodos. Além disso, o SAER é um processo usado geralmente em construções de navios, estruturas metálicas, tubulações e no trabalho de manutenção, pois seu equipamento é portátil e pode ser facilmente conduzido.

O processo SAER é mais bem utilizado para soldar peças com espessuras da ordem 3 a 19 mm, embora essa faixa possa ser facilmente estendida para operações que requerem habilidade usando técnicas de multipasses.

Os processos de multipasses requerem uma boa retirada e limpeza da escória após cada passe de solda para evitar presença de óxidos entre os passes subsequentes. Isso faz com que o processo de multipasses aumente os custos de mão de obra e de material.

Este processo é aplicado em uma vasta família de ligas metálicas, tais como aços (ao carbono, baixa liga, resistentes à corrosão e altamente ligados), ferros fundidos, e alumínio, cobre, níquel e suas ligas. Entretanto o mesmo não é adequado para ligas com muito baixo ponto de fusão (tais como ligas à base de chumbo, estanho ou zinco) devido à intensa energia gerada pelo arco elétrico, e tampouco é adequado para aquelas ligas extremamente reativas (tais como zircônio ou titânio e suas ligas), por não oferecer suficiente proteção à contaminação e/ou reação do metal fundido com gases da atmosfera.

5.3.2 Soldagem a Arco Submerso (SAS)

SAS é um processo de soldagem por arco elétrico similar ao SAER, em que o arco e o metal fundido estão "submersos" em um fluxo granular que é fusível. O eletrodo consumível é contínuo e nu (não revestido), sendo responsável pelo metal de enchimento como mostra a Figura 5.8. Em certos casos específicos é usada uma fonte suplementar de metal granulado ou vareta metálica.

O modo de operação do arco submerso pode ser automático ou semiautomático, apresentando algumas limitações como, por exemplo, não é possível realizar soldas fora das posições planas, ou horizontal pois, caso contrário, não há sustentação para o fluxo. Por outro lado deve ser prevenida a contaminação do fluxo durante seu manuseio, ou estocagem, contra umidade, óleos etc., pois isso poderá causar defeitos na junta soldada.

As densidades de corrente usadas atingem 150 A/mm^2 em eletrodo de 2,4 mm, trabalhando numa faixa de 300 a 2.000 A. Como o arco é submerso na escória líquida, o rendimento térmico é elevado. Esses dois fatores propiciam uma grande velocidade de fusão. Para a obtenção de uma solda com qualidade, a seleção correta dos parâmetros de processamento como a potência, corrente, diâmetro do eletrodo, velocidade de soldagem e tipo de fluxo, é critica.

Os materiais soldados por esse processo são praticamente todos os metais ferrosos e alguns não ferrosos, incluindo revestimentos protetores, ligas de níquel, cobre e outras. Metais com muito baixo ponto de fusão, ou altamente reativos, não são soldados por arco submerso.

Dentre as vantagens do processo SAS, destacam-se: o baixo custo para soldagem com vários passes de chapas espessas, possibilidade de soldar chapas de até 15 mm de espessura sem precisar preparar as juntas com chanfros, poder ser empregado para soldagem de chapas com pequenas espessuras de chapa (2 ou 2,5 mm) e também de chapas com grandes espessuras, de até 60 mm em passes múltiplos, processo com alta produtividade, depositando 4 a 10 vezes mais a quantidade de metal de solda por hora do que o processo SAER.

Figura 5.8
Ilustração do processo de soldagem arco submerso (SAS).

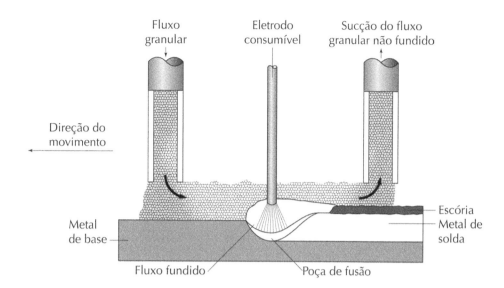

O processo tem algumas desvantagens e limitações, tais como o alto investimento inicial no equipamento e a limitação de que as soldas sejam na posição plana e horizontal.

O SAS é um processo aplicado tipicamente na soldagem de placas na fabricação de navios e vasos de pressão.

5.3.3 Soldagem a Arco com Arame Tubular (SAT)

SAT é um processo a arco elétrico que usa um arco entre um eletrodo contínuo consumível e a poça de fusão, como mostra a Figura 5.9. O eletrodo é tubular, contendo no seu interior um fluxo. Pode ou não ser usada uma proteção gasosa; quando não há proteção gasosa, diz-se que o processo é autoprotegido.

Os benefícios do processo SAT são alcançados pela combinação de três características: a alta produtividade de um arame de solda contínuo; os benefícios metalúrgicos que podem ser derivados do uso de fluxo; uma escória que dá suporte e forma ao metal depositado.

Algumas características importantes do processo SAT são: combina as características dos processos SAER, SAS e SAMG; apresenta a melhor taxa de deposição dentre os processos manuais; pode ser usado também de modo semiautomático e automático; conta com proteção gasosa com CO_2 e mistura CO_2 e argônio (75%); é fácil automatizar e é facilmente adaptável em sistemas de manufatura flexível e robótica.

Esse processo é usado principalmente para soldagem de aços carbono e de baixa liga, aços inoxidáveis e ferros fundidos. Uma das desvantagens é que a sua aplicação é restrita às ligas ferrosas.

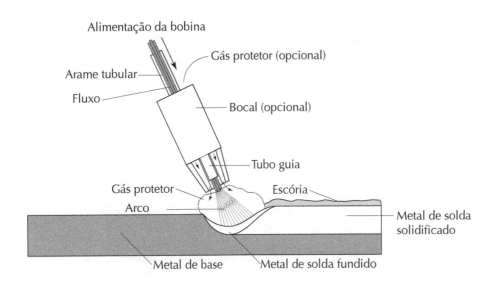

Figura 5.9
Ilustração do processo de soldagem com arame tubular (SAT).

5.3.4 Soldagem a Arco Tungstênio com Atmosfera Gasosa (SATG)

SATG é um processo a arco elétrico que usa um arco entre um eletrodo de tungstênio (não consumível) e a poça de fusão, como ilustrado esquematicamente na Figura 5.10. O processo é usado com proteção gasosa, podendo ser usado com ou sem metal de adição. Os gases de proteção mais utilizados são o argônio, o hélio e misturas argônio-hélio e argônio-hidrogênio. Como o eletrodo não é consumível e não se faz utilização de revestimento ou fluxo, o arco é bastante estável e preciso, o que favorece a realização de soldas em chapas finas e em pequenas regiões de forma precisa. Uma desvantagem é que a taxa de resfriamento do metal de solda é alta devido à inexistência de escória e do sopro do gás de proteção.

O modo de operação do SATG é geralmente manual, mas também encontra emprego nos modos semiautomático e automático, sendo utilizado para soldar juntas pela simples fusão dos materiais base envolvidos, ou, também, com a adição de consumível. Nesse caso, isso é realizado pelo soldador através de uma vareta, de maneira intermitente (com baixa taxa de deposição) ou de forma contínua e automática, com arame proveniente de uma bobina.

É possível utilizar o SATG para realizar pontos fundidos entre peças sobrepostas, nas posições planas e vertical. Os materiais de base geralmente soldados por esse método são os aços ao carbono baixa liga e aços inoxidáveis, sendo o mesmo viável também para alumínio, magnésio, titânio e metais refratários.

O SATG pode também ser utilizado na forma pulsada. O fato de a corrente ser pulsada e não constante no tempo permite a produção de juntas com muito melhor qualidade quando comparadas com o SATG convencional. As razões para isso são: utiliza menor energia de soldagem; melhora o controle sobre a geometria do cordão; aumenta a espessura do metal base que pode ser soldado; promove auto--limpeza do eletrodo; aumenta a tolerância admitida nos parâmetros de soldagem; reduz o tempo de pré-aquecimento; reduz a distorção; reduz a zona afetada pelo calor e a tendência à trinca de solidificação; através do refino de grão, melhora as propriedades mecânicas da junta.

Figura 5.10
Ilustração do processo de soldagem a arco tungstênio com atmosfera gasosa (SATG).

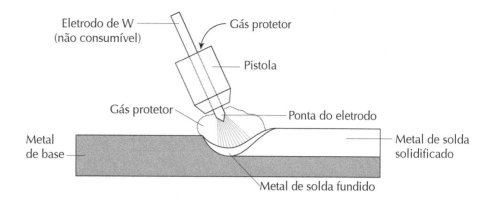

Figura 5.11
Ilustração do processo soldagem a arco metálico com atmosfera gasosa (SAMG).

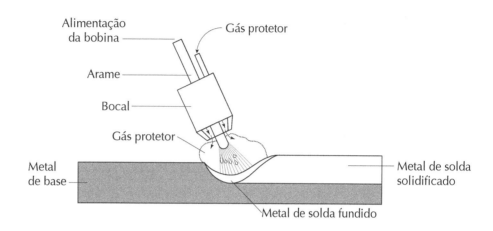

5.3.5 Soldagem a Arco Metálico com Atmosfera Gasosa (SAMG)

SAMG é um processo a arco elétrico que usa um arco entre um eletrodo metálico consumível e contínuo e a poça de fusão, usando uma atmosfera gasosa controlada, como ilustrado esquematicamente na Figura 5.11.

A finalidade principal do gás é proteger a solda da contaminação atmosférica que é o caso do uso de gases **inertes**, como o Ar, He ou mistura de Ar+He, neste caso denominado *processo com gás inerte*. O gás utilizado pode ser **ativo** como CO_2, $CO_2 + O_2$, $Ar + CO_2$, $Ar + O_2$, $Ar + N_2$; nesses casos, o processo é denominado *processo com gás ativo*, que significa que o gás tem a capacidade de oxidar o metal durante a soldagem. A oxidação de um filme da superfície da poça de fusão da solda traz como benefício estabilidade do arco e da transferência do metal por melhorar a emissão de elétrons quando a polaridade é reversa; para a eliminação dos óxidos, a fim de não gerarem inclusões, são adicionados elementos desoxidantes como o Mn.

A Figura 5.12 mostra o perfil do cordão de solda característico para diversos gases e misturas. Entretanto deve ser observado que o perfil do cordão de solda também pode ser alterado por mudanças nos parâmetros de soldagem.

A Tabela 5.1 apresenta os principais gases e misturas, respectivo comportamento químico e aplicações na soldagem SAMG.

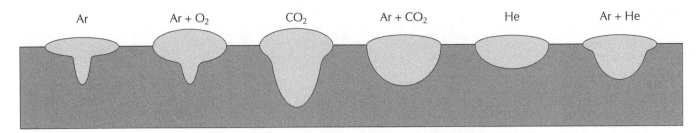

Figura 5.12 Perfil de cordões de solda feitos com diferentes gases.

Tabela 5.1 Gases e misturas, comportamento químico e aplicações na Soldagem SAMG		
Gás ou mistura	Comportamento químico	Aplicações
Argônio (Ar)	Inerte	Quase todos metais (exceto aço)
Hélio (He)	Inerte	Al, Mg, Cu e suas ligas
Ar + 20 a 50 % He	Inerte	Idem He (melhor que 100% He)
Nitrogênio (N_2)	Inerte	Cobre e suas ligas
Ar + 20 a 30 % N_2	Inerte	Idem N_2 (melhor que 100% N_2)
Ar + 1 a 2% O_2	Ligeiramente oxidante	Aços inox e algumas ligas de Cu
Ar + 3 a 5% O_2	Oxidante (ativo)	Aços carbono e alguns baixa liga
CO_2	Oxidante (ativo)	Aços carbono e alguns baixa liga
Ar + 20 a 50% CO_2	Oxidante (ativo)	Diversos aços
Ar + CO_2 + O_2	Oxidante (ativo)	Diversos aços

5.3.6 Soldagem a Arco Plasma (SAP)

SAP é um processo a arco elétrico que produz a fusão e união de metais pelo aquecimento gerado pelo plasma constrito de um arco entre um eletrodo de tungstênio não consumível e o metal (arco transferido) ou entre o eletrodo e o bocal de constrição (arco não transferido), como ilustrado esquematicamente na Figura 5.13. A proteção gasosa é geralmente obtida do gás aquecido e ionizado, injetado através da tocha. Pode ser usada uma proteção gasosa suplementar com gás inerte ou mistura de gases inertes.

Comparado com os outros processos de soldagem a arco, SAP tem uma alta concentração de energia, atingindo temperaturas de até 33.000 °C, melhor estabilidade do arco, menor distorção térmica, e alta velocidade de soldagem, da ordem 120 a 1.000 mm/min. Uma variedade de metais pode ser soldada com pequenas espessuras, menores que 6 mm.

5.3.7 Soldagem por Eletroescória (SEE)

Soldagem por eletroescória é um processo em que o calor é gerado pela resistência que um fluxo fundido (escória) oferece à passagem de corrente elétrica entre o eletrodo consumível e a peça. Nesse processo, a soldagem é realizada na posição vertical com sapatas de retenção para confinar a poça de fusão, como mostra a Figura 5.14.

Figura 5.13
Ilustração dos processos de soldagem a arco plasma (SAP) transferido e não transferido.

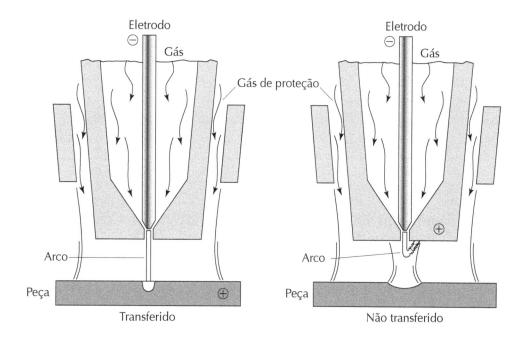

Figura 5.14
Ilustração do processo de soldagem por eletroescória (SEE).

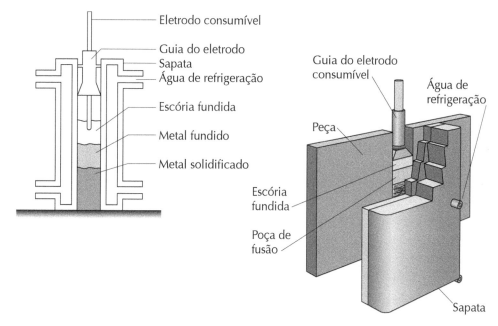

No SEE inicialmente é estabelecido um arco entre a ponta do eletrodo consumível contínuo e a região da peça a ser soldada. Em seguida, um fluxo é adicionado e fundido pelo calor gerado pelo arco. Depois que o fluxo é fundido, o arco é extinto e o calor para a solda (fusão do(s) eletrodo(s) e da extremidade das peças a serem unidas) é gerado pela resistência elétrica do fluxo fundido (escória); daí a origem da denominação do processo "eletroescória".

Nesse processo, a qualidade da solda é muito boa; é muito usado para soldar placas de 50 até 900 mm, realizado em um único passe com a possibilidade de se usarem múltiplos eletrodos. A corrente elétrica em cada eletrodo é cerca de 600 A com 40-50 V, com velocidade de soldagem de 12 a 36 mm/min.

O SEE é usado para solda de aços de estruturas pesadas, máquinas pesadas, navios e vasos de reatores nucleares.

152

Introdução aos processos de fabricação de produtos metálicos

Um processo similar ao SEE é a Soldagem por Eletrogás (SEG), cuja estrutura do sistema de solda é similar em tamanho, isto é, usa sapatas de refrigeração para soldagem em um único passe de chapas com 12 a 75 mm de espessura de aços, e ligas de titânio e alumínio. Em relação ao SEE esse processo se diferencia pelo fato do calor do processo ser gerado pelo arco elétrico estabelecido entre o eletrodo consumível contínuo, que pode também ser um arame tubular com fluxo, e a peça. São também usados gases inertes como o Ar e He para proteção atmosférica da solda e estabilidade do arco.

5.3.8 Soldagem por Resistência por Ponto (SRP), por Costura (SRC) e por Projeção (SRPR)

SRP, SRC e SRPR são processos de soldagens por resistência nos quais a união dos metais é produzida em superfícies sobrepostas pelo calor gerado pela resistência da peça à passagem de corrente elétrica. Forças são geralmente aplicadas antes, durante e depois da aplicação da corrente com o objetivo de manter o contato entre as superfícies sobrepostas e, em alguns casos, para criar uma força suficiente para provocar um processo de "forjamento", ou seja, deformação plástica a quente do metal durante o período pós-aquecimento.

Soldagem por Resistência por Ponto (SRP):

A Figura 5.15 apresenta a ilustração esquemática das etapas sequenciais do processo de SRP. Nesse processo as pontas de dois eletrodos são colocadas em contato com as superfícies externas de duas chapas sobrepostas e o calor gerado pela resistência à passagem da corrente gera a formação de um ponto de solda, que tem até 10 mm de diâmetro, na interface entre as duas chapas. O processo é controlado pela corrente, pressão e tempo em que há fluxo de corrente. A corrente aplicada é na faixa de 3.000 a 4.000 A, dependendo do material e da espessura das peças, sendo que a resistência mecânica do ponto de solda depende da rugosidade e limpeza das duas superfícies que serão unidas. Esse processo é utilizado principalmente para unir chapas de até 3 mm de espessura, aplicado na fabricação de componentes de carro, cabines e móveis, em chapas de aços ao carbono e inoxidáveis, alumínio, cobre e suas ligas.

Soldagem por Resistência por Costura (SRC)

A Figura 5.16 apresenta a ilustração esquemática das etapas sequenciais do processo de SRC. Ele se diferencia do SRP pelo fato de os eletrodos serem na forma de rodas ou rolos, o que resulta numa solda contínua. É um processo tipicamente automático em que o tempo de fluxo de corrente, a corrente de soldagem e a pressão dos eletrodos são regulados por controladores eletrônicos. A velocidade típica de soldagem é em torno de 1,5 m/min.

É aplicado principalmente para fabricação de tubos com costura, e produtos que requeiram perfeita vedação de gases ou líquidos, tais como tanques de gasolina para automóveis e tambores.

Figura 5.15
Ilustração do processo de soldagem por resistência por ponto (SRP).

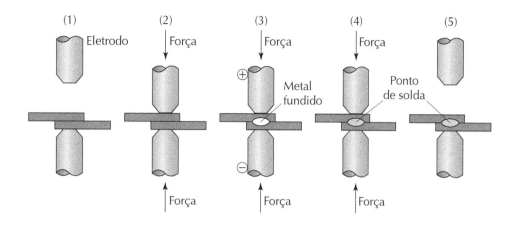

Figura 5.16
Ilustração do processo de soldagem por costura (SRC).

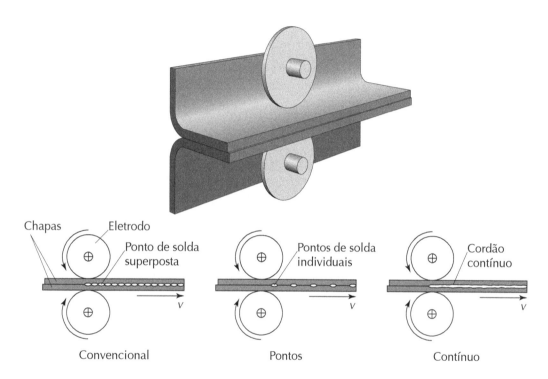

Soldagem por Resistência por Projeção (SRPR)

A Figura 5.17 apresenta a ilustração esquemática das etapas sequenciais do processo de SRPR. A solda é localizada em pontos predeterminados por projeções, interseções e saliências.

Esse processo é usado principalmente para unir chapas de 0,5 a 3,0 mm de aços carbono, aços inoxidáveis e ligas de cobre e de níquel; aplicado onde a aparência é mais importante do que a resistência.

5.3.9 Soldagem a Arco por Centelhamento (SAC)

SAC é um processo de soldagem por fusão no qual a união entre os metais é conseguida através da aplicação do calor gerado por um curto circuito, rápido e intermitente de alta intensidade de corrente elétrica, entre as extremidades a serem unidas.

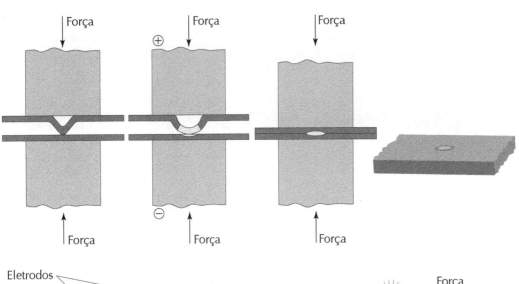

Figura 5.17
Ilustração do processo de soldagem por resistência por projeção (SRPR).

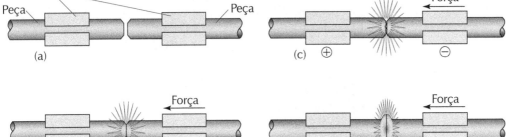

Figura 5.18
Ilustração do processo de soldagem a arco por centelhamento (SAC).

Como apresentado esquematicamente na Figura 5.18, a soldagem é produzida pela aplicação de pressão assim que as partes atingem a temperatura de fusão.

Esse processo é aplicado em aços ao carbono e inoxidável, ligas de alumínio, de cobre, de níquel e de titânio, e também materiais dissimilares.

5.3.10 Soldagem por Feixe de Elétrons (SFE)

SFE é um processo de soldagem por fusão no qual a união entre os metais é conseguida através do calor gerado por um feixe concentrado de elétrons em alta velocidade, que colide com a junta dos metais de base a serem unidos.

A Figura 5.19 apresenta esquematicamente um equipamento para SFE que consiste em sistema especial para focar o feixe de elétrons na peça e requer vácuo. O equipamento pode ser de alto vácuo ou médio vácuo, e isso tem forte influência na penetração; quanto melhor for o vácuo, maior será essa penetração. Para um restrito número de materiais, o uso de vácuo pode ser dispensado.

Esse processo é aplicado para união de materiais similares ou também dissimilares, sendo aplicado em peças de pequenas espessuras, como fitas com algumas centenas de microns, assim como em placas com espessuras de até 150 mm.

As particularidades desse processo, que o torna especial, é a penetração profunda e o cordão de solda extremamente estreito, alcançando razão penetração/largura de 10 a 30. A velocidade de soldagem é bastante alta, alcançando até 12 m/min,

Figura 5.19
Ilustração do processo de soldagem por feixe de elétrons (SFE).

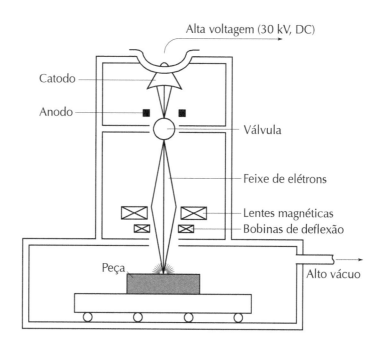

com alta eficiência energética, provocando distorção e contração mínimas na área da solda e com excelente qualidade.

Usado onde se necessita alta precisão tal como caixa de câmbio e de transmissão na indústria automobilística, em tubos de parede fina, e em vários componentes das indústrias aeronáutica, nuclear, eletrônica e automotiva.

Esse processo é ideal para soldagem de materiais dissimilares ou similares de metais refratários (W, Nb, Mo, Ta) e metais altamente reativos (Ti, Zr, Be, U), ligas resistentes ao calor, aços ao cromo, aços inoxidáveis, alumínio, cobre e suas ligas.

5.3.11 Soldagem por Laser (SL)

SL é um processo de soldagem por fusão no qual a união entre os metais é conseguida através do calor gerado por um feixe de luz potente, monocromática, colimada e coerente, que incide sobre a junta dos metais de base a serem unidos. Geralmente é usada proteção gasosa com gás inerte para prevenir a oxidação da poça de fusão, assim como pode ser usado material de enchimento.

Como fonte de laser pode ser usada a fonte sólida, YAG (rubi) que gera um feixe de laser pulsado (com milissegundos de duração) que pode ser usado na soldagem por pontos em chapas finas. Também pode ser usada a fonte gasosa, CO_2, que gera um feixe de laser contínuo, indicado para soldagem de peças mais grossas como tubos com costura.

Como o feixe de laser pode ser precisamente focado em regiões com diâmetros de 40 µm, e sua densidade de energia é bastante alta, é possível realizar soldas profundas e muito estreitas, com razão de penetração-largura na faixa de 4 a 10. A velocidade de soldagem é alta, na faixa de 2,5 a 80 m/min em peças de até 25 mm de ligas de Cu, Ni, Fe, Al, Ti e Nb.

Embora não tenha penetração tão grande quanto aquela atingida pelo SFE, tem a vantagem de não necessitar de vácuo, pois o laser não é influenciado pela

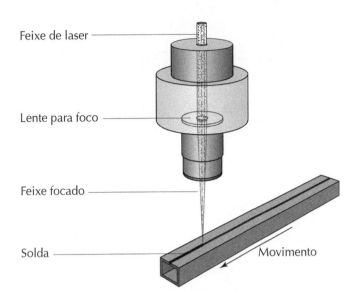

Figura 5.20
Ilustração do processo de soldagem por laser (SL).

presença de campos magnéticos. Entretanto, cuidados especiais devem ser tomados com materiais com alta refletividade e alta condutividade térmica como ligas de alumínio e de cobre que podem ter a soldabilidade afetada, assim como com a taxa de resfriamento, que é alta e, portanto, devem ser sempre observados os problemas de porosidade e fragilidade.

5.3.12 Soldagem por Indução (SIN)

SIN é um processo de soldagem por fusão ou no estado sólido, onde a união entre os metais é conseguida através do calor gerado pela resistência que o metal oferece à passagem de uma corrente elétrica induzida, podendo ser com ou sem auxílio de pressão. A corrente é induzida por uma bobina indutiva de alta frequência (200 – 500 kHz).

A Figura 5.21 apresenta esquematicamente exemplos de aplicações do processo SIN.

É um processo adequado quando se deseja alta produtividade e boa qualidade de solda. Entretanto, é inadequado para metais de alta condutividade térmica devido à alteração microestrutural que o aquecimento pode causar numa ampla região da peça e é um processo que é limitado pela forma da bobina e o posicionamento desta com a peça e local a ser soldado.

5.3.13 Soldagem por Oxi-Gás (SOG)

SOG é um processo de soldagem por fusão no qual a união entre os metais é conseguida através da aplicação do calor gerado por uma ou mais chamas, resultado da combustão de um gás, com ou sem auxílio de pressão, podendo ou não haver metal de adição.

A Figura 5.22 apresenta uma ilustração do processo.

Figura 5.21
Exemplos de aplicações do processo de soldagem por indução (SIN).

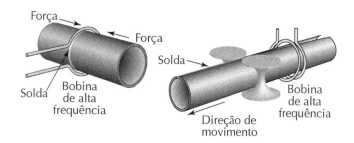

Figura 5.22
Ilustração do processo de soldagem por oxi-gás (SOG).

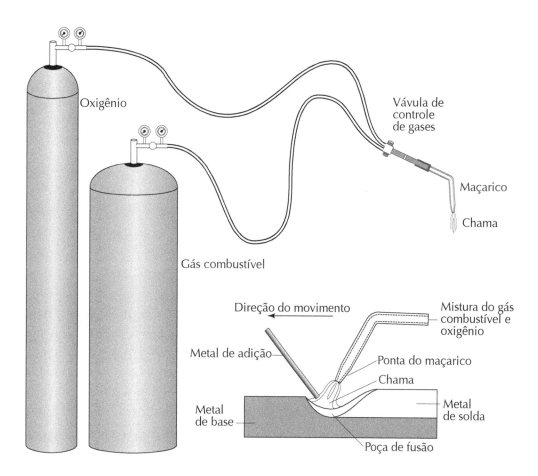

Podem ser usados vários gases, sendo que o mais utilizado é o acetileno, pelo baixo custo e boa temperatura da chama (3.100 °C). A tabela 5.2 apresenta os gases mais comuns utilizados como combustível no processo SOG, e as respectivas temperaturas da chama. O balanço entre o combustível e oxigênio é uma variável muito importante, pois a chama poderá ser oxidante, neutra ou redutora. A **chama neutra** é a mais usada, com ela é alcançada a temperatura máxima possível com o combustível, pois a eficiência da reação exotérmica é 100%. Em certos casos específicos, como, por exemplo, na soldagem de cobre e suas ligas, uma **chama oxidante** é a mais indicada porque se tem a formação de um filme fino protetor de escória produzido por óxidos sobre o metal fundido. Uma **chama redutora** atinge a menor temperatura pela combustão incompleta do combustível e é aplicada em solda-brasagem e solda-branda (vide seção 5.5).

158 Introdução aos processos de fabricação de produtos metálicos

Tabela 5.2 Gases mais comuns utilizados na SOG

Gás combustível	Fórmula	Temperatura da chama neutra °C
Acetileno	C_2H_2	3.087
Propano	C_2H_3	2.526
Propadieno (MPS)	C_3H_4	2.927
Propileno	C_3H_6	2.900
Gás natural (metano)	CH_4	2.538
Hidrogênio	H_2	2.660

Um metal de adição pode ser usado na forma de arame, podendo ser nu ou revestido com fluxo. O objetivo do fluxo é a geração de uma atmosfera inerte que protege o metal fundido de oxidação, podendo também agir como escorificante, dissolvendo ou removendo óxidos ou outras substâncias do metal fundido.

O processo SOG tem como vantagens o baixo custo do equipamento e material de consumo, é aplicado muito em obras no campo, já que não necessita de energia elétrica e seu transporte é fácil.

5.3.14 Soldagem por Aluminotermia (SAL)

SAL é um processo de soldagem por fusão, no qual a união entre os metais é conseguida através do preenchimento da interface de junção com metal líquido superaquecido, cuja energia é originária de uma reação química entre óxido metálico e alumínio. A Figura 5.23 apresenta uma ilustração do processo, sendo aplicado para junção de vergalhões espessos na indústria civil ou para a junção de trilhos de trem.

Como fonte de energia, são usadas reações altamente exotérmicas, como por exemplo:

$$3Fe_3O_4 + 8\ Al \rightarrow 9Fe + 4Al_2O_3: H = 3.350\ kJ$$

$$3FeO + 2\ Al \rightarrow 3Fe + Al_2O_3: H = 880\ kJ$$

$$Fe_2O_3 + 2\ Al \rightarrow 2Fe + Al_2O_3: H = 850\ kJ$$

$$3CuO + 2\ Al \rightarrow 3Cu + Al_2O_3: H = 1.210\ kJ$$

$$3Cu_2O + 2Al \rightarrow 6Cu + Al_2O_3: H = 1.060\ kJ$$

O processo SAL é aplicado para soldagem em campo, pois não necessita de fontes de energia elétrica, em peças de grandes dimensões, tais como trilhos de trem e vergalhões espessos para indústria civil.

Figura 5.23
Ilustração do processo de soldagem por aluminotermia (SAL).

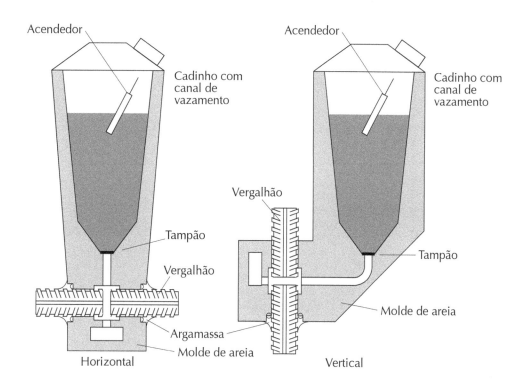

5.4 PROCESSOS DE SOLDAGEM NO ESTADO SÓLIDO

5.4.1 Soldagem por Fricção (SFRI)

SFRI é um processo de soldagem no estado sólido no qual a união dos metais é obtida pelo calor gerado através do atrito causado pelo movimento relativo dos metais de base (até 900 m/min) e da pressão aplicada, provocando deformação plástica.

A Figura 5.24 apresenta ilustração do processo SFRI para soldagem de duas barras redondas. Existem dois tipos de SFRI:

a) Não inercial, em que a rotação e pressão são mantidas até atingir a temperatura inferior ao ponto de fusão dos metais de base, sendo a rotação interrompida bruscamente e a pressão aumentada até completar a soldagem.

b) Inercial, em que um sistema de embreagem libera o sistema de rotação, abandonando-o a sua própria inércia; o cabeçote avança criando a pressão até completar a soldagem.

O processo apresenta uma série de vantagens, tais como: alta velocidade de produção, automático, não há envolvimento de gases, baixo consumo de energia. Uma desvantagem é o alto custo do equipamento.

SFRI pode ser aplicado para união de barras sólidas com diâmetros de até 100 mm e tubos de até 250 mm de diâmetro externo de praticamente todos os metais similares e dissimilares como, por exemplo, ligas de Ti-ligas de Ti, tungstênio-tungstênio, alumínio-liga de Zr, alumínio-titânio, alumínio-aços.

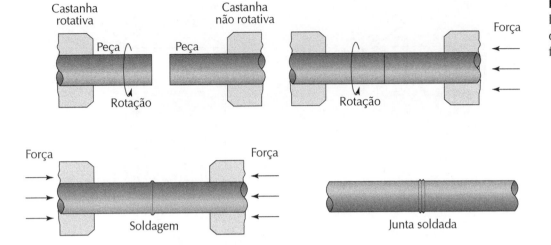

Figura 5.24
Ilustração do processo de soldagem por fricção (SFRI).

5.4.2 Soldagem por Explosão (SEXP)

SEXP é um processo de soldagem no estado sólido em que a soldagem é resultado de aplicação de uma altíssima pressão de contato entre as partes a serem unidas, obtida através da detonação de uma camada de explosivo. Um impacto de alta velocidade entre as partes (2.400 a 3.600 m/s), como resultado de uma detonação controlada é estabelecido, sendo a união produzida em fração de segundo, sem material de adição.

A Figura 5.25 apresenta uma ilustração do processo de soldagem por explosão.

O SEXP apresenta grande versatilidade, baixo investimento e qualidade de solda. Entretanto, sua aplicação é bastante específica, necessitando conhecimento especializado na sua aplicação.

O processo é aplicado em soldagem de chapas com dimensões de até 6 × 2 m, de materiais dissimilares, principalmente para as indústrias química e aeroespacial. As combinações possíveis são de aço com Zr, Mg, Au, Ag, Nb, Ti, ligas de Ni, ligas de Cu, ligas de Al e aço inoxidável.

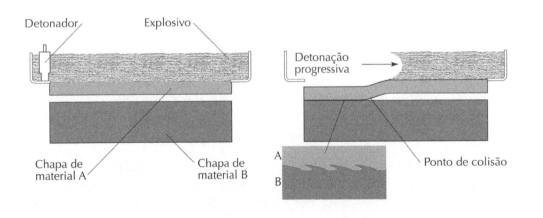

Figura 5.25
Ilustração do processo de soldagem por explosão.

5.4.3 Soldagem por Fricção-Mistura (FSW)

O processo de soldagem por fricção-mistura é relativamente novo, desenvolvido no fim de 1991e foi patenteado com o nome de *Friction Stir Welding* (FSW).

Na Figura 5.26 é apresentada uma ilustração do processo. Nesse processo uma ferramenta não consumível é empurrada com alta pressão entre os materiais a serem soldados. O pino central da ferramenta é introduzido na região de interface das duas partes a serem unidas e é rotacionado; o atrito eleva a temperatura dos materiais aumentando sua ductilidade e possibilitando a "mistura" dos materiais ao longo da linha de junta; a temperatura não atinge o ponto de fusão de modo que o processo ocorre no estado sólido. O pino central é movimentado ao longo da linha de união procedendo-se, assim, à soldagem das partes. As peças devem estar bem fixas para não se movimentarem durante a soldagem e prevenir desalinhamento durante o processo.

As principais vantagens do processo são: baixa distorção, mesmo para longas soldas; excelentes propriedades mecânicas como podem ser comprovadas por testes de tração e fadiga (testes de fadiga apresentaram melhores desempenhos para certas ligas quando comparados a soldas do tipo SAMG e SATG); a qualidade da solda é excelente, sem nenhuma porosidade que poderia surgir numa soldagem por fusão; pode operar em qualquer posição (vertical ou horizontal); o processo é ambientalmente bom porque não são gerados nem fumos ou salpicos; eficiente energeticamente; baixa contração e tensão residual. As desvantagens do processo são: as velocidades de soldagem são mais lentas que as de um processo de soldagem por fusão; as peças de trabalho devem ser rigidamente fixas; requer barra de apoio e tem-se a formação de um buraco ao fim de cada linha de solda provocada pelo pino de fricção.

A FSW vem sendo utilizada para uma grande variedade de ligas de alumínio. Entre elas estão as séries 2xxx, 5xxx, 6xxx e 7xxx, incluindo muitas que não podem ser soldadas por técnicas de soldagem por fusão. O processo é adequado para soldar peças de ligas dissimilares de alumínio, ou mesmo produzir componentes híbridos pela junção de elementos não similares tais como ligas de alumínio e magnésio.

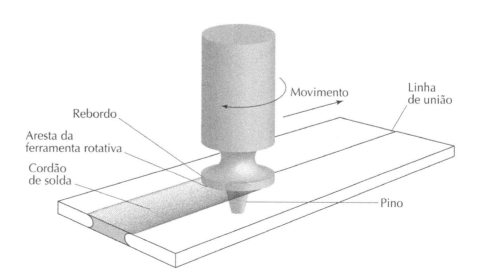

Figura 5.26
Ilustração do processo de soldagem por fricção-mistura (FSW).

5.5 BRASAGEM E SOLDA BRANDA

5.5.1 Brasagem

Brasagem é processo de soldagem em que a união ocorre pela adição de um metal fundido na região interfacial dentre as partes a serem unidas, metal esse que tem temperatura de fusão acima de 450 °C. O material de adição flui por capilaridade à medida que a distância entre as superfícies a serem unidas é menor do que 0,5 mm. Nesse processo as partes a serem unidas não se fundem.

Uma variação desse processo, denominada Solda-Brasagem, é o processo pelo qual o metal de adição é depositado na junta por enchimento (independente da capilaridade).

A Figura 5.27 apresenta ilustrações dos processos de Brasagem e Solda-Brasagem.

Os metais de adições mais usados são: cobre para aço doce; ligas de Cu-Zn e Cu-Sn para cobre, aço inoxidável e ligas de níquel; ligas de Ag para ferrosos e não

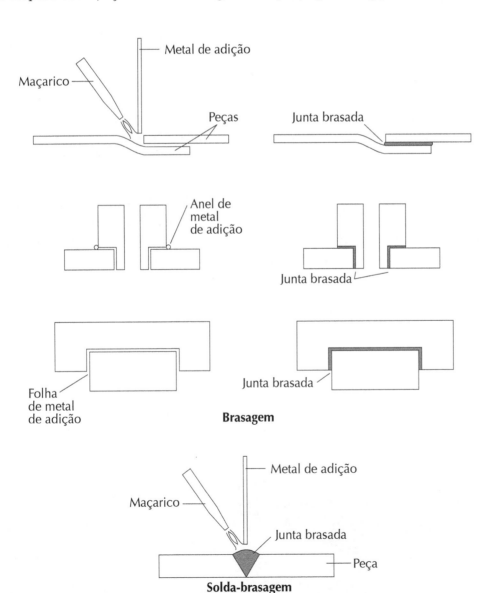

Figura 5.27
Ilustração dos processos de brasagem e solda-brasagem.

ferrosos com alto ponto de fusão; ligas de Ni para aços inoxidáveis; ligas Al-Si para ligas de alumínio; ligas de Mg para ligas de magnésio.

A Tabela 5.3 apresenta exemplos de ligas metálicas mais comuns utilizadas nos processos de brasagem e solda-brasagem.

Também são usados fluxos, geralmente bórax ou ácido bórico, fluoretos, cloretos, iodetos e brometos, aplicados na forma de pasta, pó ou líquido. As funções dos fluxos são: proteger a superfície do metal de base da oxidação ou evitar contaminação durante a soldagem; prevenir perda de elementos com baixa pressão de vaporização; aumentar a condutividade térmica da junta e permitir que o metal líquido molhe mais facilmente a superfície do metal de base.

A fusão do metal de adição pode ser feita por tocha (maçarico) de oxi-gás ou em forno. As peças a serem unidas, com fluxo e metal de adição posicionado adequadamente na região da junta, são colocadas no forno à temperatura superior à de fusão do metal de adição. Também existem outras possibilidades de aquecimento, como, por exemplo, por indução ou por resistência elétrica da própria peça a ser brasada.

A brasagem e solda-brasagem são aplicadas nas áreas de manufatura tanto de brinquedos quanto de veículos espaciais e motores de aviões.

Tabela 5.3 Exemplos de ligas metálicas mais comuns utilizadas nos processos de brasagem e solda-brasagem

Metal de adição	Composição típica	Temperatura de brasagem °C	Metal de base
Alumínio e sílica	90 Al, 10 Si	(600)	Alumínio
Cobre	99.9 Cu	(1.120)	Níquel, cobre
Cobre e fósforo	95 Cu, 5 P	(850)	Cobre
Cobre e zinco	60 Cu, 40 Zn	(925)	Aços, Ferro-Fundido, Níquel
Ouro e prata	80 Au, 20 Cu	(950)	Aço inox, Ligas de Ni
Ligas de Ni	Ni, Cr	(1.120)	Aço inox, Ligas de Ni
Ligas de Ag	Ag, Cu, Zn, Cd	(730)	Ti, Monel, Inconel, Aços ferramentas, níquel

5.5.2 Solda Branda

Solda Branda é processo de soldagem em que a união ocorre pela adição de um metal fundido na região interfacial dentre as partes a serem unidas, metal esse que tem temperatura de fusão abaixo de 450 °C.

Os metais de adição mais usados são as ligas Pb-Sn com adições de Sb, Bi e Ag e ligas Pb-Ag e Sn-Sb para uniões mais resistentes.

A Figura 5.28 apresenta alguns exemplos de juntas soldadas pelo processo de solda branda.

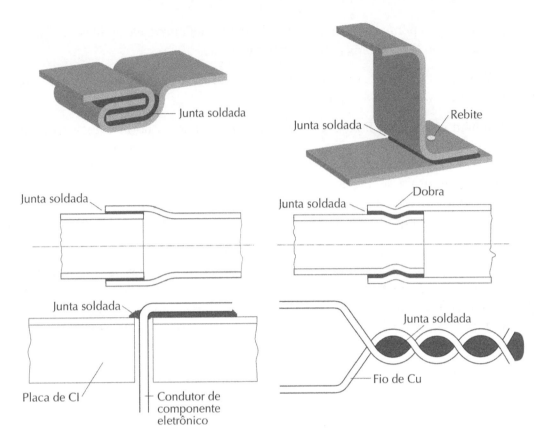

Figura 5.28
Exemplos de juntas soldadas pelo processo de solda branda.

A Tabela 5.4 apresenta alguns exemplos de ligas metálicas mais comuns utilizadas nos processos de solda branda.

Como nos processos de brasagem, também são usados fluxos, com as mesmas funções. Para a fusão do metal de adição também são usados processos similares.

Tabela 5.4 Exemplos de ligas metálicas mais comuns utilizadas nos processos de solda branda

Metal de adição	Composição aproximada	Temperatura de fusão típica °C	Principais aplicações
Pb – Ag	96 Pb, 4 Ag	(305)	Juntas para elevadas temperaturas
Sn – Sb	95 Sn, 5 Sb	(238)	Encanamentos e aquecedores
Sn – Pb	63 Sn, 37 Pb	(183)	Eletrônica
	60 Sn, 40 Pb	(188)	Eletrônica
	50 Sn, 50 Pb	(199)	Geral
	40 Sn, 60 Pb	(207)	Radiador de automóveis
Sn – Ag	96 Sn, 4 Ag	(221)	Latas de alimento
Sn – Zn	91 Sn, 9 Zn	(199)	Juntas de alumínio
Sn – Ag – Cu	95 Sn, 4 Ag, 1 Cu	(212)	Eletrônico

5.6 PROCESSOS DE CORTE

O corte é uma operação que antecede a soldagem, na preparação dos materiais, como a formação de chanfros etc., e é utilizado após a soldagem para remover os excessos metálicos indesejáveis.

5.6.1 Oxi-Corte

É um processo de corte que faz uso de um maçarico em que a separação ou remoção do metal é acompanhada pela reação química do oxigênio com o metal a uma temperatura elevada. Os óxidos resultantes dessa reação (Fe_2O_3, FeO, Fe_3O_4), tendo ponto de fusão menor que o do metal, fundem-se e escoam. Com o escoamento dos óxidos, nova quantidade do metal é oxidada e o processo continua. Esse processo não é aplicado a aços que contêm elementos de liga que produzem óxidos refratários (Cr, Mo) de temperatura de fusão muito elevada.

A Figura 5.29 apresenta ilustração esquemática do processo.

Como gases combustíveis, são mais usados: acetileno, largamente utilizado pelo baixo custo, alta temperatura da chama e familiaridade dos usuários; metil acetileno – propadieno, similar ao acetileno, porém estabilizado, sendo aplicado especialmente para corte debaixo da água; gás natural e propano.

5.6.2 Corte com Eletrodo de Carvão

É um processo de corte a arco em que os metais a serem cortados são fundidos pelo calor de um arco estabelecido entre um eletrodo de carvão e a peça, simultaneamente, um jato de ar comprimido remove o metal fundido.

Normalmente é um processo manual usado em todas as posições, mas pode ser também operado automaticamente.

O processo pode ser utilizado em aços e em alguns metais não ferrosos (ligas de cobre, de níquel, de alumínio e de magnésio).

Figura 5.29
Ilustração do processo de oxi-corte.

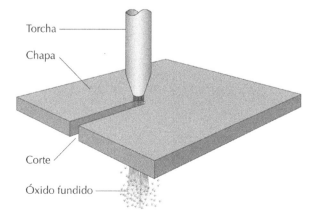
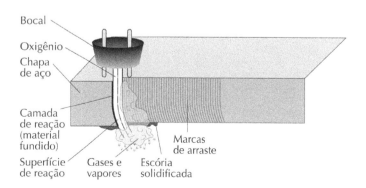

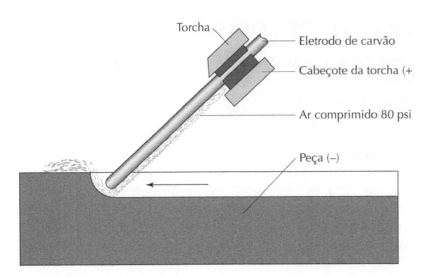

Figura 5.30
Ilustração do processo de corte com eletrodo de carvão.

5.6.3 Corte a Plasma

É um processo de corte que separa metais pela fusão de uma área localizada com um arco constrito (arco de plasma – cerca de 15.000 °C) e a remoção do material fundido com um jato de alta velocidade de gás ionizado quente saindo de um orifício na tocha.

A Figura 5.31 apresenta uma ilustração do processo de corte a plasma. O corte a plasma é aplicado em metais ferrosos e não ferrosos.

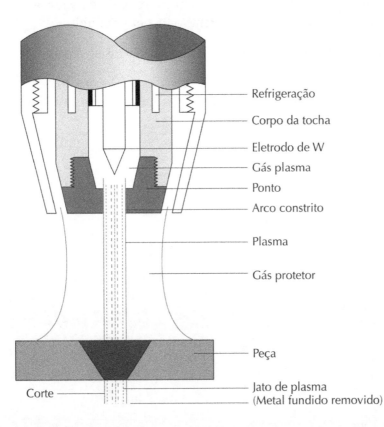

Figura 5.31
Ilustração do processo de corte a plasma.

5.7 ESTUDO DE CASO: QUADRO DE BICICLETA

5.7.1 Apresentação do produto

A função de um quadro de uma bicicleta é servir como "esqueleto", dar sustentação ao conjunto, suportar o ciclista, além de integrar e manter fixos todos os outros componentes. O desenho mais comum de quadros de bicicleta é do tipo "diamante" como ilustrado na Figura 5.32.

O peso de um quadro de bicicleta varia muito de acordo com o material utilizado e tamanho, assim como da modalidade a que a bicicleta está destinada (corrida, passeio, fora-de-estrada *"montain bike"*). Assim, os quadros podem variar desde 0,7 kg até cerca de 3 kg. Os tamanhos variam bastante. Tradicionalmente, o tamanho de um quadro é dado pela medida chamada "centro a centro" ou "C/C", que corresponde à distância, em cm, entre o centro do encaixe dos pedais até o centro da intersecção entre o tubo vertical e o tubo horizontal. Um tamanho bastante comum para homens é o quadro 54 que corresponde, portanto, a 54 cm de "centro a centro".

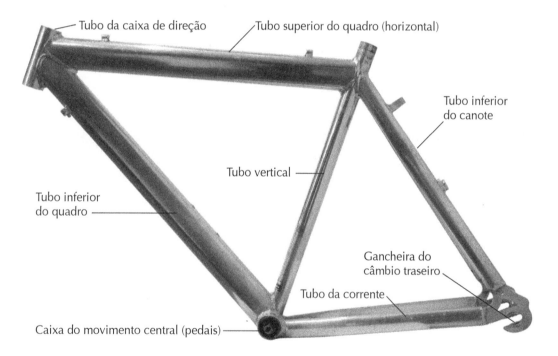

Figura 5.32
Quadro de uma bicicleta e suas principais partes. Dimensões: ≈ 55 x 110 cm

5.7.2 Características e propriedades exigidas

Um quadro de bicicleta deve possuir alta resistência mecânica para suportar o peso do ciclista e deve também ter boa resistência a impactos, que ocorrem quando a bicicleta passa por terrenos acidentados, com buracos e lombadas.

As forças exercidas pelo ciclista, ao pedalar, flexionam e torcem o quadro de forma repetitiva, por isso a resistência à fadiga é também um requisito importante. Esse mesmo efeito, de torcer e flexionar o quadro consome muita energia do ciclista, por isso o quadro deve ser rígido, ou seja, o material deve ter um alto módulo de elasticidade, para minimizar esse desperdício de energia.

O quadro também deve resistir a diversas condições ambientais, como chuva, e por isso a resistência à corrosão deve ser boa.

Além de todas essas características, é fundamental que o quadro seja leve, para que o ciclista gaste pouca energia para deslocar a massa da bicicleta.

É importante notar que a "leveza" do quadro depende de duas propriedades importantes do material selecionado: a resistência mecânica e a densidade.

Quanto maior a densidade do material, mais pesado será um componente fabricado com ele, se considerarmos o volume constante; por outro lado, quanto maior a resistência mecânica do material, considerando, nesse caso, tubos, mais fina pode ser a parede do componente, o que leva a uma diminuição do peso final.

Portanto, a relação entre resistência mecânica e densidade é que deve ser levada em conta nesse caso. Normalmente se compara os diferentes materiais através da razão entre resistência mecânica e densidade (σ_e/ρ), essa razão é chamada de resistência mecânica específica. Quanto maior a resistência mecânica específica de um material, mais leve é o componente que pode ser produzido, considerando que ele deve suportar a mesma carga.

Além de todos esses requisitos, é de fundamental importância que o material utilizado permita a fácil fabricação do quadro resultando num custo compatível com o público a que se destina.

> Conclui-se, portanto, que o material de um quadro de bicicleta deve combinar de maneira adequada:
> - Alta resistência mecânica específica
> - Alto módulo de elasticidade
> - Resistência à fadiga e ao impacto
> - Resistência à corrosão

5.7.3 Material

Uma das características mais importantes que determinam a qualidade de uma bicicleta é o material que constitui o quadro. Em geral, quanto mais leve e resistente for o quadro e seus componentes, mais cara será a bicicleta.

Os principais materiais utilizados na confecção de um quadro são:

Aço

- Aço Carbono (AISI 1020 é o mais utilizado).
  - Propriedades típicas: σ_e = 210 a 350 MPa, σ = 7,86 g/cm^3, E = 190 a 210 GPa.
  - Apesar de ter alta densidade, tem boa resistência mecânica.
  - Alta rigidez.

- Baixa resistência à corrosão necessitando pintura.

- Mais apropriado para bicicletas infantis ou recreativas.

- **Aço baixa liga de alta resistência (Cromo-Molibdênio, comumente o AISI 4130).**

  - Propriedades típicas: σ_e = 1.000 a 1.200 MPa, σ = 7,83 g/cm^3, E = 190 a 210 GPa.

  - Tem alta densidade como o aço carbono, mas, por ter resistência mecânica muito elevada, possui maior resistência mecânica específica, permitindo a construção de componentes com paredes finas, o que os torna leves e com certa flexibilidade.

  - Alta rigidez.

  - Baixa resistência à corrosão necessitando pintura.

  - Usado em todas as categorias: tanto para bicicletas recreativas, quanto para profissionais.

Ligas de Alumínio (as mais usadas são AA 6061, AA 6063 e AA 7004)

- Propriedades típicas: σ_e = 215 a 330 MPa, ρ = 2,7 g/cm^3, E = 68 GPa

- Alta resistência mecânica específica.

- Alta resistência à corrosão e por isso não necessita de pintura.

- Baixa dureza exigindo tratamento superficial.

- Menor rigidez que os aços.

- Menor resistência à fadiga e ao impacto que os aços.

- Ideal para ciclistas que procuram leveza para percursos ligeiramente acidentados.

Ligas de Titânio (as mais usadas são de grau 5 e grau 9)

- Propriedades típicas: σ_e = 620 a 890 MPa, ρ = 4,45 g/cm^3, E = 90 a 115 GPa

- Possuem metade da densidade do aço ao carbono e são bem mais resistentes, portanto, com resistência mecânica específica bem maior.

- Resistentes à fadiga e muito resistentes à corrosão e por isso não necessitam de pintura.

- Maior rigidez que o alumínio, mas menor do que o aço.

- Mais caros que os aços e ligas de alumínio, limitando seu uso aos profissionais, quando desempenho é o quesito principal.

Compósitos poliméricos reforçados com Fibra de Carbono

- Propriedades típicas: σ_e = 500 a 600 MPa, ρ = 1,6 g/cm³, E = 50 a 70 GPa

- Tenaz, com resistência específica muito alta e não sofre corrosão; porém não é dúctil.

- Menor rigidez que os metais.

- Muito caro, sendo mais apropriado para ciclistas que buscam velocidade e desenhos diferenciados.

Como os quadros de ligas de alumínio vêm se tornando mais populares devido ao seu bom custo/benefício, decorrente dos avanços tecnológicos na fabricação, será descrito aqui, em mais detalhes, o processo de fabricação de um quadro de liga de alumínio.

Dentre as diversas ligas de alumínio disponíveis, as mais comumente usadas são: AA 7004-T6 (quadros mais caros), AA 6061-T6 e AA 6063-T6 (quadros mais baratos). Essas ligas apresentam grande aumento de resistência mecânica através de um tratamento térmico de precipitação controlada de nano e micropartículas na matriz de alumínio. A Tabela 5.5 apresenta as composições químicas nominais dessas ligas. As propriedades mecânicas de interesse são mostradas na tabela 5.6, para as ligas tratadas termicamente na condição T6 (solubilização seguida de envelhecimento artificial).

Tabela 5.5 Composições químicas nominais de ligas de alumínio usadas em quadros de bicicleta. Porcentagens em peso dos elementos

Liga	Si	Cu	Mn	Mg	Cr	Zn	Zr	Ti	Al
AA 6061	0,4-0,8	0,15-0,4	0,15	0,8-1,2	0,04-0,35	0,25	-	0,15	Balanço
AA 6063	0,2-0,6	0,1	0,1	0,45-0,9	0,1	0,1	-	-	Balanço
AA 7004	0,25	0,2-0,7	0,2-0,7	1,0-2,0	0,05	3,8-4,6	0,10-0,20	0,05	balanço

Tabela 5.6 Propriedades mecânicas das ligas de alumínio utilizadas em quadros de bicicleta e tratadas termicamente na condição T6

σ_e - Resistência Mecânica, E - módulo de elasticidade, RF - resistência à fadiga para 5×10^8 ciclos.			
Liga	σe (MPa)	E (GPa)	RF (MPa)
AA 6061	276	68,9	97
AA 6063	214	68,3	-
AA 7004	331	-	-

Figura 5.33
Perfis de tubos de alumínio extrudados para quadros de bicicletas. Diâmetro do tubo redondo: 32 mm.

5.7.4 Processo de fabricação

Na fabricação do quadro, utilizam-se tubos, pois sua geometria combina alta resistência, leveza e fácil união por soldagem. A alternativa de se produzir o quadro todo numa só etapa de processo, por exemplo, por fundição não é possível, pois esse processo não é capaz de produzir um quadro inteiriço, oco e com paredes finas.

Os tubos de ligas de alumínio são produzidos por extrusão a quente, entre 400 e 540 °C, o que permite a produção desses tubos sem costura (sem soldagem) melhorando suas características mecânicas. A Figura 5.33 mostra perfis típicos dos tubos de alumínio utilizados na confecção de quadros. A extrusão também permite uma grande variação da geometria da seção transversal dos tubos, o que é importante, pois, por questões de distribuição de carga no projeto do quadro, a geometria dos tubos é diferente dependendo da sua posição.

Depois de extrudados, os tubos são cortados e dobrados ou curvados para atender o desenho do quadro. Um processo bastante eficiente e produtivo é a hidroformagem em que o tubo é colocado entre matrizes e preenchido com um líquido sob alta pressão que força suas paredes a manter a sua forma, mesmo ao ser deformados longitudinalmente. A Figura 5.34 apresenta uma ilustração do processo de dobramento por hidroformagem.

Após o processo de dobramento ou curvamento, as extremidades dos tubos são preparadas para que sejam feitos os encaixes adequados entre as partes para a etapa de soldagem. Dentre os métodos disponíveis, o corte a laser é o que produz cortes mais precisos, com alta velocidade e mínima distorção. A precisão e pequena distorção são fundamentais para que os cordões de solda sejam executados corretamente e o quadro apresente, no final do processo, uma geometria bem próxima do desenho planejado.

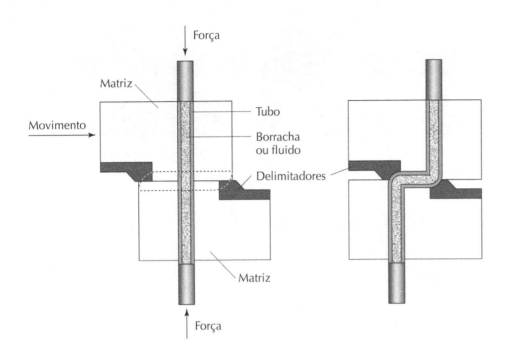

Figura 5.34
Dobramento por hidroformagem.

Para o correto posicionamento dos tubos durante a soldagem eles são fixados em um gabarito. A sequência de soldagem é extremamente importante nesta etapa, pois o aquecimento e resfriamento das juntas provocam distorções que devem ser minimizadas.

O processo de soldagem utilizado nesse caso é a Soldagem a Arco Tungstênio com atmosfera Gasosa, SATG, com metal de adição. O metal de adição recomendado para as ligas AA 6061 e AA 6063 é o ER4043, enquanto para a liga AA 7004 recomenda-se o ER5356. A Tabela 5.7 apresenta as composições químicas desses metais de adição. Em algumas juntas, utiliza-se mais de um cordão de solda para que haja maior reforço mecânico no local.

Tabela 5.7 Composição de ligas de alumínio utilizadas como metal de adição na soldagem. Porcentagens em peso

Liga	Si	Fe	Cu	Mn	Mg	Cr	Zn	Ti	Al
ER4043	4,5-6,5	0,8	0,3	0,05	0,05	-	0,1	0,20	Restante
ER5356	0,25	0,40	0,10	0,05-0,20	4,5-5,5	0,05-0,20	0,1	0,06-0,20	Restante

A soldagem SATG não é um processo de alta produtividade, mas permite um cordão de ótima qualidade metalúrgica, o que é essencial, pois as juntas soldadas estarão sujeitas a carregamentos cíclicos que podem provocar a fadiga prematura do material, devendo por isso não haver inclusões e descontinuidades.

A soldagem SATG, nesse caso, é executada com corrente alternada, pois ocorre limpeza catódica da superfície do alumínio durante os ciclos de polaridade reversa (peça negativa), o que garante a ótima qualidade da solda. O gás de proteção mais utilizado é argônio puro e os eletrodos recomendados são de tungstênio puro

(EWP, tarja verde) ou de tungstênio com zircônia (EWZr, tarja marrom). Não se deve usar eletrodo de tungstênio com tória (EWTh, tarja vermelha ou amarela) com corrente alternada, pois isso causa inclusões de tungstênio no cordão de solda, o que obviamente fragiliza o material.

A Tabela 5.8 indica os principais parâmetros de soldagem utilizados de acordo com a espessura da liga de alumínio a ser soldada.

Tabela 5.8 Parâmetros de soldagem SATG recomendados para juntas de topo em ligas de alumínio em todas as posições de soldagem

Espessura (mm)	Vareta de adição (mm)	Eletrodo (mm)	Corrente (A)	Velocidade (mm/s)
1,6	1,6 ou 2,4	1,6	60 a 80	3,4 a 4,2
2,4	2,4 ou 3,2	2,4	85 a 115	3,4 a 4,2
3,2	3,2 ou 4,0	2,4	110 a 150	4,2 a 5,1

O principal cuidado a ser tomado durante a execução da solda é o de se evitar o contado do eletrodo de tungstênio com a poça de fusão, o que acarreta inclusão de tungstênio e consequente fragilização do cordão. A limpeza prévia também é fundamental para uma boa execução. A superfície deve estar livre de resíduos ou oleosidade. Se a limpeza é feita por escovação, deve-se utilizar escova de aço inoxidável para evitar a transferência de óxidos de ferro das cerdas da escova para a superfície das peças, o que provocaria inclusões indesejáveis no cordão de solda.

A limpeza por ataque químico, usando, por exemplo, soda cáustica seguida de ácido nítrico, é mais eficiente que a mecânica, mas pode trazer inconvenientes devido aos resíduos químicos que gera para o ambiente e devido à periculosidade dos reagentes.

A Figura 5.35 ilustra cordões de solda executados por SATG em um quadro de bicicleta.

Após o processo de soldagem, o quadro passa ainda por um processo de tratamento térmico de solubilização e envelhecimento artificial (tratamento T6), que aumenta a resistência mecânica do material por precipitação. Finalmente, o conjunto recebe um tratamento superficial que pode ser a pintura ou a anodização. A anodização é um processo de oxidação controlada da superfície do alumínio produzindo um filme de óxido de alumínio (alumina, Al_2O_3) mais espesso que, por ser muito duro, propicia melhor proteção à superfície metálica. Além disso, o óxido que se forma é poroso e pode ser impregnado com pigmentos de diversas cores, produzindo uma coloração de aspecto metálico muito atraente do ponto de vista estético.

A Figura 5.36 apresenta um fluxograma do processo de fabricação do quadro de bicicleta de alumínio.

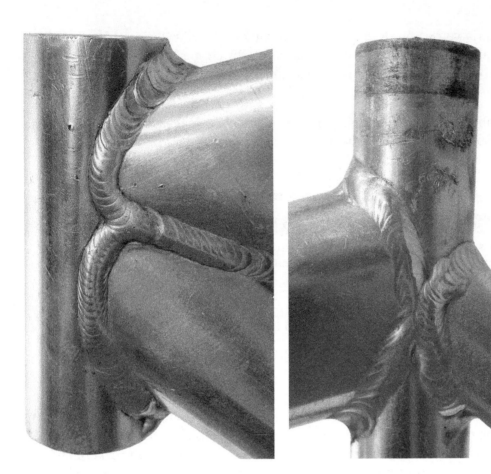

Figura 5.35
Cordões de solda SATG em um quadro de bicicleta de alumínio.

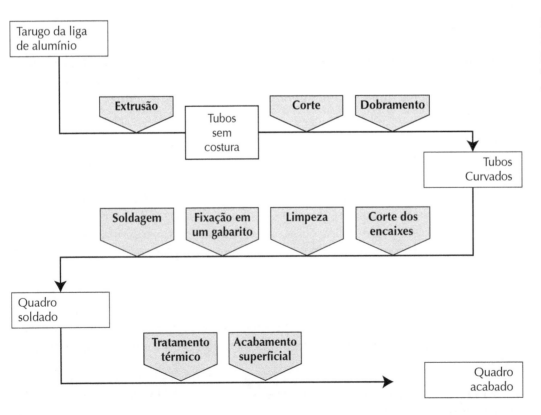

Figura 5.36
Fluxograma do processo de fabricação do quadro de bicicleta de alumínio.

5.8 BIBLIOGRAFIA

ALCÂNTARA N. G., "Tecnologia da Soldagem", Apostila editada pela UFSCar e pela ABS, 1990.

ALTHOUSE, A.D.; Turnquist, C. H.; BOWDITCH, W.A.,; "Modern Welding", The Goodheart-Willcor Co, Inc., 1980.

AMERICAN WELDING SOCIETY – "Welding Handbook", 7th Ed., AWS-USA, v. 1, 2, 3, 4 e 5, 1984.

ASM, Metals Handbook, 10th Ed., Materials Park, Ohio, Welding, Brazing and Soldering, v. 6, 1993.

CARY, H. B. "Modern Welding Technology", 2nd Ed., Prentice Hall, New Jersey, 1989.

GRIFFIN, I. H. "Welding Processses", 3a ed., Demalr Publishers Inc., 1967.

GROOVER, M. P. "Fundamentals of Modern Manufacturing", M. P. Groover, Prentice-Hall, New Jersey, 1996.

KALPAKJIAN, S.; SCHMID, S. R. "Manufacturing Engineering and Technology", v. 1, Prentice Hall, 2000.

LANCASTER, J. F. "Metallurgy of Welding", 2nd Ed., George Allen & Unwill Ltd., 1980.

MACHADO, I. G., "Soldagem & Técnicas Conexas: Processos", Editado pelo autor, UFRGS, Porto Alegre, 1996.

MACKENZIE, L.B. "Welding Encyclopedia", 16th Ed. – revised an re-edited by T.B. Jefferson, Monticello Books, Morton Grove, IL, 1968.

MARQUES, P. V. "Tecnologia da Soldagem", Editora "O Lutador", Belo Horizonte, MG, 1991.

OKUMURA T.; TANIGUCHI C. "Engenharia de Soldagem e Aplicações", Livros Técnicos e Científicos Editora S.A., 1982.

PARMLEY, R. O. "Standard Handbook of Fastening and Joining", 2nd Ed., McGraw-Hill, 1994.

SCHWARTZ, M. M. "Metals Joining Manual", McGraw-Hill, 1979.

WEINER E.; BRANDI S. D.; Homem de Mello F. D. "Soldagem, Processos e Metalurgia", Blucher, 1992.

WELDING, Brazing and Soldering, v. 6, 1993.

6 Metalurgia do pó

6.1 INTRODUÇÃO

A **metalurgia do pó** é um processo de fabricação pelo qual uma mistura de pós metálicos é compactada em matrizes formando peças "verdes" com a forma desejada, aquecidas (sinterizadas) em atmosfera controlada para ligar as superfícies de contato entre as partículas e eliminação dos vazios e, assim, ocorrer a consolidação num corpo denso, adquirindo a forma e as propriedades desejadas. Geralmente são realizadas operações secundárias (calibração, recompressão, infiltração, tratamentos térmicos, impregnação, usinagem) para melhorar a precisão dimensional, acabamento superficial, resistência mecânica, diminuir a porosidade e conferir características especiais.

A Figura 6.1 apresenta esquematicamente as etapas envolvidas na produção de uma peça por Metalurgia do Pó.

6.2 FUNDAMENTOS

6.2.1 Densidade de compactação

A compactação é a etapa na qual a mistura de pós é colocada numa matriz de aço endurecido com cavidade na forma da peça a ser produzida e submetida a uma alta pressão de compressão. Essa etapa é muito importante para a seguinte que é a de sinterização, sendo crítica para a qualidade e homogeneidade estrutural da peça final. É desejável uma alta densidade "a verde" do compactado, pois com isso tem-se maior resistência para a sua manipulação e também os pontos e áreas de contato entre as partículas do pó serão maiores, o que acelera o processo de sinterização. Também, visando homogeneidade estrutural, é desejável que a compactação seja a mais homogênea possível, isto é, que a densidade "a verde" seja homogênea em todo o volume do compactado.

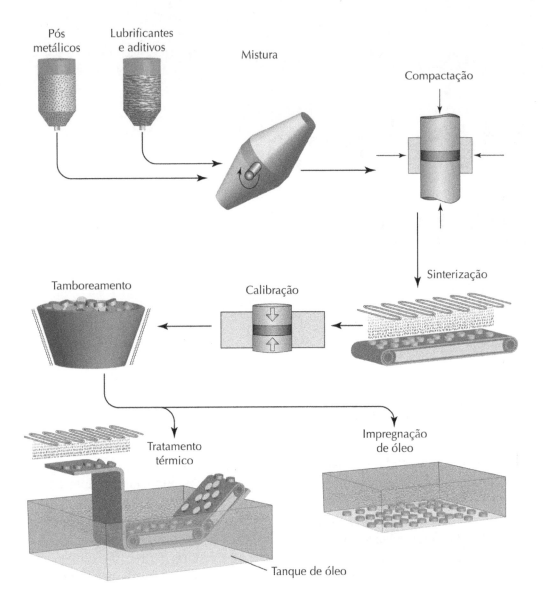

Figura 6.1
Principais etapas na produção de peças por metalurgia do pó.

No ponto de contato entre as partículas do pó ocorrem deformação elástica e plástica, sendo, portanto, a área de contato dependente das propriedades mecânicas da liga e à força aplicada.

Para uma dada pressão de compactação, para partículas de mesmo tamanho, porém com formas diferentes, a densidade de compactação decresce à medida que a forma se afasta da forma equiaxial (esférica), isto é, à medida que as partículas se tornam mais arredondadas, a densidade de compactação aumenta. A Figura 6.2 ilustra esquematicamente como varia o fator de empacotamento de partículas do mesmo tamanho de acordo com sua rugosidade superficial e irregularidade de forma. Já para as partículas na forma de fibras ou agulhadas (aciculares) a densidade de compactação aumenta com a diminuição da razão entre o comprimento e o diâmetro da fibra. Assim, o empacotamento é otimizado com a aproximação da forma arredondada.

O aumento da densidade pode ser alcançado também pela mistura de partículas com tamanhos diferentes. A chave para a otimização da compactação é, além da morfologia das partículas, a distribuição dos tamanhos das partículas do pó.

Figura 6.2
Fator de empacotamento de partículas de mesmo tamanho de acordo com a sua rugosidade superficial e irregularidade de forma.

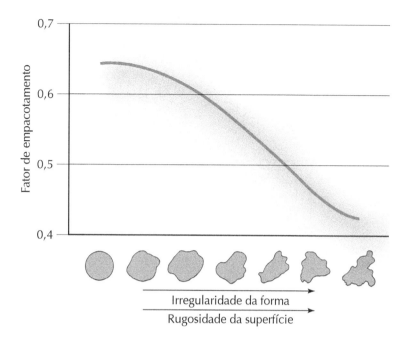

Figura 6.3
Fator de empacotamento de uma mistura homogênea entre partículas esféricas de tamanhos diferentes de acordo com a quantidade relativa entre elas.

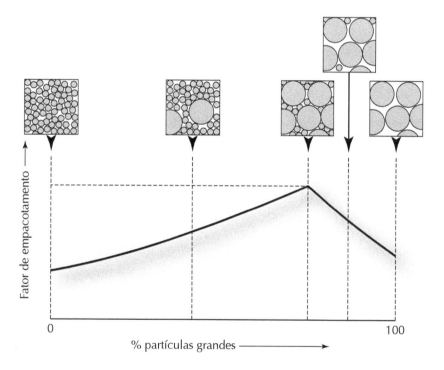

Pequenas partículas são selecionadas para se acomodarem entre os interstícios das partículas grandes sem causar um afastamento dessas partículas grandes. A Figura 6.3 ilustra esquematicamente como varia o fator de empacotamento de uma mistura homogênea entre partículas esféricas de tamanhos diferentes de acordo com a quantidade relativa entre elas. A otimização de empacotamento depende da razão entre os diâmetros da partícula pequena e da grande. Dentro de certo limite, quanto maior essa razão, maior é o valor da densidade máxima de compactação.

Os pós não se comportam como um líquido que, quando submetido à pressão em uma matriz fechada, transmite essa pressão igualmente por todo o volume da matriz. O pó se move primariamente na direção da força aplicada, sendo compri-

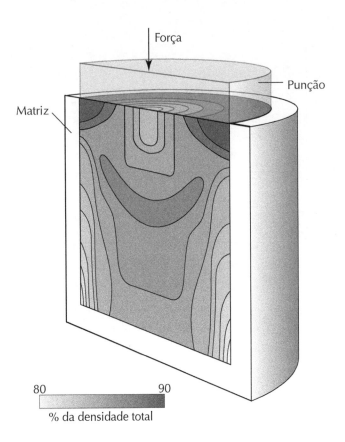

Figura 6.4
Variação da densidade em uma peça produzida por prensagem uniaxial de ação simples.

mido até que uma força de oposição de mesma magnitude é formada, devido ao atrito entre as partículas e destas com a parede da matriz. O resultado desse efeito, dependendo do modo de compactação, são diferenças de densidades no volume da peça "a verde". Isso pode resultar em heterogeneidades no processo de sinterização e nas propriedades da peça final. A Figura 6.4 ilustra esquematicamente a distribuição heterogênea de densidades em uma compactação de pós de aço feita por prensagem uniaxial simples; a densidade máxima é alcançada junto às paredes da matriz na região superior que teve contato direto com o punção e também na região central do volume. A figura também ilustra os níveis típicos alcançados pela compactação, que varia de 82% a 92% da densidade máxima teórica (18 a 8% de vazios). A Figura 6.5 ilustra o caso de compactação de peças com dois diferentes níveis de espessura. A variação da densidade de compactação entre as partes de diferentes espessuras resultantes do processo de prensagem com punção simples pode ser minimizada, ou mesmo eliminada, pelo uso de dois punções e controle para que as taxas de compressão nos dois níveis de espessura sejam mantidas iguais.

Em certas situações, conferir certos detalhes à peça implica em grandes dificuldades na compactação devido à baixa escoabilidade dos pós metálicos, acarretando preenchimento insuficiente ou baixa densidade; nesses casos esses detalhes são realizados por usinagem após a sinterização.

6.2.2 Mecanismos de sinterização

Sinterização é a união de partículas a altas temperaturas, abaixo da temperatura de fusão. Em alguns casos, tem-se a fusão parcial, chamada sinterização com fase líquida.

Figura 6.5
Densidade de compactação em uma peça com dois níveis de espessura utilizando punção simples e punção duplo.

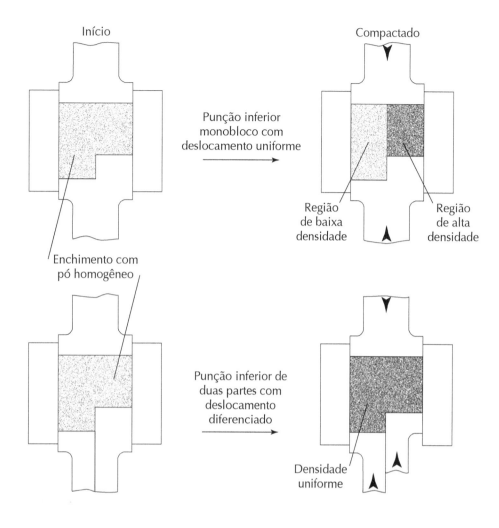

A força motriz para a sinterização é a redução da energia interfacial; partículas sinterizam-se pelo movimento atômico que elimina a alta energia superficial associada com os pós. Como a energia superficial por volume é associada à área superficial das partículas, ela é, portanto, inversamente proporcional ao diâmetro da partícula. Consequentemente, partículas menores, devido à sua alta área superficial específica, têm mais energia superficial e sinterizam mais rapidamente.

Existem três estágios geometricamente distintos na sinterização de um produto denso, apresentados esquematicamente na Figura 6.6.

No primeiro estágio, ocorre a ampliação das áreas de contato entre as partículas, denominadas "pescoços" e são as regiões plasticamente deformadas durante a compactação. Nesse estágio, ocorre mudança na forma dos poros que se torna arredondada. Simultaneamente, a densidade do compactado aumenta devido a um decréscimo do volume de vazios e da distância centro-a-centro das partículas. Embora os "pescoços" nesse estágio cresçam, as partículas originais ainda são distinguíveis dentro do agregado.

No segundo estágio, as partículas originais já não são distinguíveis e os canais dos poros entre elas começam a constringir e fechar. Entretanto, os poros continuam a formar um labirinto contínuo através do agregado.

No terceiro e último estágio os poros se tornam isolados.

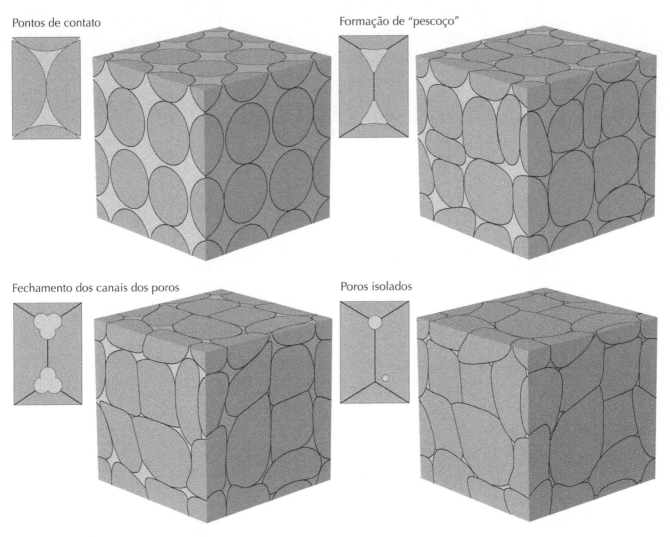

Figura 6.6
Representação esquemática das etapas da sinterização.

Numa peça produzida por metalurgia do pó, a porosidade remanescente é em torno de 4 a 8%.

A força motriz para a sinterização com fase líquida é a mesma da sinterização no estado sólido (energia interfacial), porém com um mecanismo adicional de transporte de material que é a fase líquida. Esse fato leva a um processo de densificação muito mais rápido, pois permite a maior mobilidade dos átomos por difusão, das partículas e dos poros. Esse tipo de sinterização é caracterizado por três estágios: fluxo do líquido, reprecipitação do soluto ou desaparecimento da fase líquida e sinterização da fase sólida.

No primeiro estágio, o compactado "verde" ao ser aquecido, tem a fusão parcial; o líquido será formado entre as partículas preenchendo rapidamente os vazios pela força da capilaridade, resultando num rápido aumento da densidade.

O segundo estágio ocorre quando se tem uma solubilidade do(s) componente(s) da fase sólida no(s) componente(s) da fase líquida e não o inverso, isto é, o(s) componente(s) da fase líquida não tem solubilidade no(s) componente(s) da fase sólida. Nesse caso, ainda tendo como força motriz a energia interfacial, as partículas sólidas se solubilizam no líquido, ocorrendo um processo de desaparecimento das partículas menores. Ao mesmo tempo, ocorre a reprecipitação do soluto junto às partículas maiores. Com isso, as partículas menores tendem a desaparecer enquanto as maiores crescem. Nesse estágio a densificação ainda ocorre se os poros tiverem tamanhos menores do que os canais da fase líquida, migrando para a superfície. Um exemplo desse mecanismo é o caso da fabricação de peças com a mistura de pós com 93%W, 5%Ni e 2%Cu.

Para o caso em que se tem uma solubilidade do(s) componente(s) da fase líquida no sólido, o que acontece nesse segundo estágio é o desaparecimento da fase líquida. Um exemplo desse mecanismo é o caso da fabricação de buchas autolubrificantes de Cu-Sn; na sinterização da mistura constituída por 90%Cu e 10%Sn, a temperatura excede a da fusão do estanho e, nesse estágio, após fundir-se, o estanho é solubilizado na fase sólida do cobre.

No terceiro estágio, quando a fase líquida não está mais presente, ocorre uma densificação muito pequena, baseada na difusão no estado sólido.

6.3 PÓS METÁLICOS

A matéria-prima para a metalurgia do pó são pós de metais e ligas que pode ser produzida por diversos processos, cada um levando a partículas com características diferentes (forma, distribuição de tamanho, porosidade, pureza, microestrutura, superfície específica). As fontes dos metais e ligas são geralmente na forma de sólidos maciços, minérios, sais e outros compostos.

Os principais processos de fabricação dos pós metálicos são apresentados a seguir, enquanto que ilustrações de alguns desses processos estão apresentadas na Figura 6.7.

a) *Moagem* – Os processos de moagem consistem basicamente na redução do tamanho de partículas do pó. Os equipamentos utilizados para isso são os moinhos de mandíbula, de barras, de bolas etc., operando a úmido ou a seco. O conhecimento prévio da dureza do material e a distribuição de tamanho final requerida determinam a escolha do equipamento.

b) *Atomização* – A técnica de atomização do metal líquido (geralmente com água, gás inerte ou ar) é a mais aplicada dentre os processos de produção de pós metálicos. O resfriamento é rápido, obtendo-se os benefícios microestruturais da solidificação rápida (minimização das segregações, homogeneidade composicional, estrutura refinada). O tamanho das partículas formadas depende da temperatura do metal, do fluxo, do tamanho do bocal e das características do jato. A forma das partículas é arredondada quando é atomizado a gás inerte ou ar e, de forma irregular e superfície rugosa, quando atomizadas com água.

c) *Condensação* – Combinação de dois processos químicos: condensação e redução. A primeira etapa consiste na evaporação de um óxido do metal (geralmente óxido de zinco, por ser o principal metal a ser obtido na forma de pós por esse processo), seguindo-se uma redução a vapor de zinco por

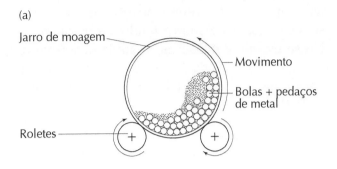
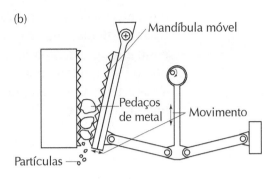

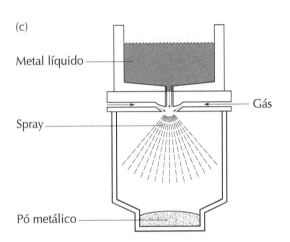
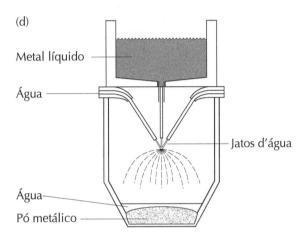

CO_2 sucedida por condensação do zinco em forma de pó. As partículas produzidas por esse método são esponjosas e porosas e elas têm um tamanho uniformemente esférico ou em forma angular.

Figura 6.7
Ilustrações esquemáticas de alguns processos de fabricação de pós metálicos:
(a) Moinho de bolas.
(b) Moinho de mandíbulas.
(c) Atomização a gás.
(d) Atomização a água.

d) *Decomposição Térmica* – A aplicação mais importante é o método da carbonila, empregado principalmente na obtenção de pós de ferro e níquel. Esse método inicia-se com a preparação da carbonila do metal na forma esponjosa (por ex. $Fe(CO)_5$, $Ni(CO)_4$); em seguida, faz-se a passagem do gás CO pela carbonila à alta temperatura e pressão provocando a decomposição da carbonila pela redução da pressão e mantendo-se a temperatura elevada. O produto obtido é composto por partículas quase esféricas com diâmetro de 0,01 – 10 µm e de alta pureza.

e) *Redução* – Moagem do óxido do metal sob condições controladas de temperatura, pressão e posição em atmosfera redutora (por ex. W, Mo, Fe, Cu, Ni, Co). A principal vantagem do processo é a sua flexibilidade, pois, variando-se o tamanho de partículas dos óxidos, a temperatura de redução e o tipo de agente redutor, é possível controlar, dentro de largos limites, o tamanho da partícula metálica resultante, sua densidade aparente e outras características.

f) *Eletrólise* – Precipitação eletrolítica de pós de metais por precipitação a partir de soluções é usada em metais como Cu, Fe, Ni, Sn, Ag e Pb. O método permite rigoroso controle de algumas características dos pós, pela regulagem da intensidade de corrente, temperatura do banho, concentração e composição do eletrólito, tamanho e disposição dos eletrodos.

Diversas características dos pós exercem grande influência em seu comportamento como matéria prima na metalurgia do pó, principalmente nas etapas de compactação e sinterização e, por consequência, na qualidade da peça final. As características importantes são, o tamanho médio, distribuição de tamanho das partículas, forma das partículas, superfície específica, empacotamento, densidade, porosidade, atrito interpartículas, escoabilidade, composição química do pó e da sua superfície.

A Figura 6.8 ilustra algumas formas que as partículas dos pós podem apresentar.

A Figura 6.9 apresenta a foto de pós de liga de ferro atomizada a gás inerte (argônio), mostrando a forma esférica das partículas, típica dos produtos de atomização a gás.

A Tabela 6.1 apresenta exemplos de pós metálicos e algumas de suas características. Observa-se que, para o caso do aço inoxidável, o pó atomizado a gás tem forma esférica e dimensões menores do que as obtidas por atomização a água, que

Figura 6.8
Ilustração de algumas formas que as partículas dos pós podem apresentar.

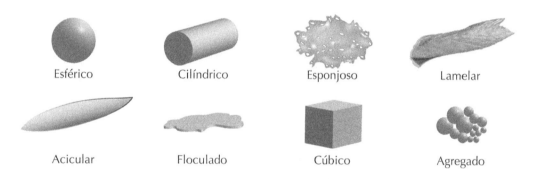

Figura 6.9
Foto de pó de liga de ferro atomizada a gás. Diâmetro médio: 25 μm.

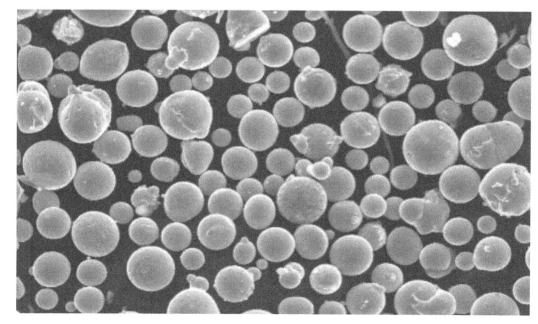

apresentam forma irregular; essas características resultam numa densidade aparente maior para o pó atomizado a gás; por outro lado, devido ao seu tamanho bem menor, embora seja esférico, o pó atomizado a gás apresenta uma escoabilidade menor (maior tempo para escoamento).

A Figura 6.10 apresenta uma curva típica da porcentagem cumulativa de massa em função do tamanho médio e distribuição de faixas granulométricas em porcentagem da massa do pó de um aço atomizado a gás cuja foto é mostrada na Figura 6.9; D_{50}, nessa curva é o diâmetro da partícula que corresponde ao ponto de 50% da massa acumulada, ou seja, 25 μm.

Considerando que o custo de um pó depende do processo utilizado na sua fabricação, a escolha da matéria-prima é bastante importante através da análise cuidadosa dos diversos conjuntos de características tecnológicas disponíveis e da implicação da escolha no processamento e qualidade do produto final.

Tabela 6.1 Características de alguns pós metálicos

Metal	Processo	Forma	D_{50} (1) [μm]	O_2 [ppm]	Densidade aparente (2) [g/cm³]	Escoabilidade (3) [s]
Aço inox	Atomizado a gás	Esférico	12	1.000	3,8	38
Aço inox	Atomizado a água	Irregular	60	2.000	2,6	30
Latão	Atomizado a água	Irregular	38	800	2,7	35
Prata	Moagem	Floco	10	100	1,5	-
Tungstenio	Redução de óxido	Poligonal	3	640	3,4	-

(1) Diâmetro da partícula que corresponde ao ponto de 50% da massa acumulada em um gráfico de distribuição acumulada.
(2) Medida pela massa de pó metálico que flui livremente por gravidade através de um funil.
(3) Medida pelo tempo necessário para escoar, através de um funil padronizado, 50 g de pó metálico.

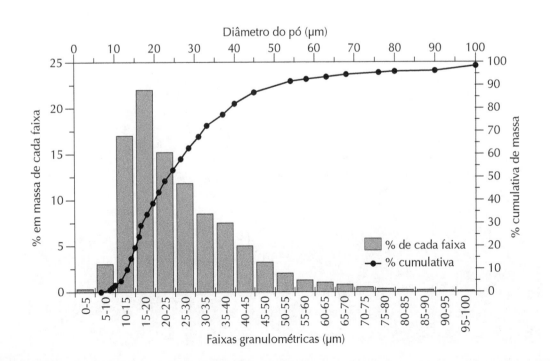

Figura 6.10 Distribuição do tamanho de partículas de um pó metálico de aço atomizado a gás.

6.4 MISTURA

Na operação de mistura, são adicionados aditivos aos pós que devem resultar em uma carga homogênea em termos de composição e de tamanhos de partículas. Essa etapa é essencial, pois são preparados vários quilos ou mesmo toneladas de material para a compactação; a última peça conformada desse lote deve ter exatamente a mesma composição e características de tamanhos de partículas da primeira peça.

Os aditivos geralmente usados são:

- Lubrificantes, tais como esterearato de zinco e de alumínio, em pequenas quantidades para reduzir o atrito entre partículas e entre partículas e a parede da matriz.

- Ligantes, para, em certos casos, alcançar a resistência mecânica "a verde" necessária para a manipulação das peças compactadas.

- Defloculantes, os quais inibem a aglomeração dos pós para manter as boas características de escoamento durante a alimentação da matriz no processo de compactação.

Para a mistura e homogeneização, são usados misturadores que podem ser classificados de acordo com o modo de mistura:

1. Equipamentos que usam força da gravidade, como, por exemplo, o tambor rotativo, duplo cone rotativo e misturadores em V, são indicados para materiais que podem ser misturados facilmente, como os usados na fabricação de peças estruturais e buchas autolubrificantes.

2. Equipamentos que usam forças mecânicas, como, por exemplo, os misturadores de lâminas e misturador de rosca, são indicados para materiais que não se misturam facilmente.

3. Equipamentos que usam forças de escoamento são indicados para pós extremamente finos, como os usados no processo de moldagem por injeção.

A Figura 6.11 apresenta esquematicamente exemplos de misturadores.

6.5 COMPACTAÇÃO

A compactação tem os seguintes objetivos:

- Conformar o pó na forma projetada com dimensões que levam em conta as alterações dimensionais que ocorrem na sinterização.

- Conferir densidade "a verde" proporcionando máximo contato entre as partículas para que a sinterização ocorra adequada e rapidamente.

- Conferir resistência mecânica necessária para o manuseio.

O processo mais utilizado envolve matrizes rígidas e prensas hidráulicas, mecânicas ou combinação entre as duas, sendo a produção de uma típica prensa me-

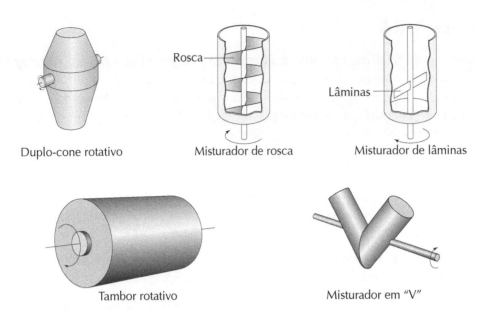

Figura 6.11
Ilustrações de alguns tipos de misturadores.

cânica de 100 peças/minuto. A compactação típica utiliza pressões de 70 MPa para ligas de Al e 700 MPa para aços e ferros fundidos.

As matrizes uniaxiais, devido à sua praticidade, são as mais largamente usadas, e, com um bom projeto, a prensagem uniaxial fornece compactos bastante uniformes. A Figura 6.12 mostra a sequência de um processo de compactação em uma matriz uniaxial com punção simples (Figura 6.12a) e com punções múltiplos (Figura 6.12b).

Considerado o que já foi apresentado na seção 6.2.1, a densidade de compactação deve ser a mais elevada e também mais homogênea possível, sendo que a primeira condição depende das características do pó (partículas esféricas e com diferentes dimensões e microestruturas dúcteis favorecem a compactação) e a segunda condição depende do projeto da matriz e do uso de aditivos. A densidade da peça "a verde" alcançada é de 80 – 90%.

6.6 SINTERIZAÇÃO

A sinterização é o processo em que o compactado verde é aquecido em um forno com atmosfera controlada a uma temperatura abaixo da temperatura de fusão, para o caso de sinterização no estado sólido; ou à temperatura que funda parcialmente o material, para o caso de sinterização com fase líquida.

Os fornos utilizados na sinterização são a gás (temperatura máxima em torno de 1.200 °C), elétricos à resistência (temperatura máxima de 3.000 °C, dependendo do elemento resistivo) e elétricos à indução (temperatura máxima em torno de 2.000 °C). Os fornos são geralmente contínuos, como o ilustrado esquematicamente na Figura 6.13, sendo que, para aqueles com vácuo, a operação é intermitente.

As atmosferas são controladas, tendo como função:

- Proteger a peça da oxidação.

Figura 6.12
Esquema da sequência de compactação em uma matriz uniaxial com punção simples (a) e com punções múltiplos (b).

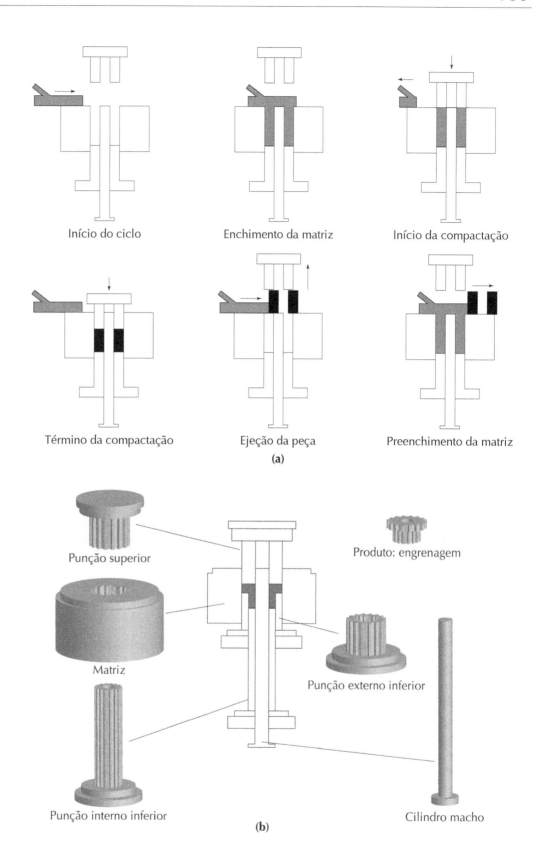

- Estabelecer atmosfera redutora para a remoção de óxidos existentes.
- Estabelecer atmosfera carburante.
- Auxiliar na eliminação dos lubrificantes e ligantes usados na compactação.

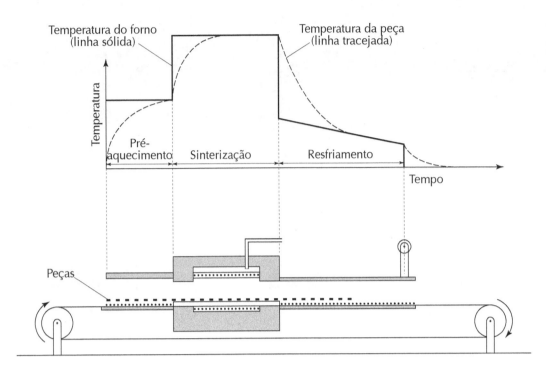

Figura 6.13
Ilustração esquemática de um forno contínuo para sinterização com a distribuição das zonas de temperaturas.

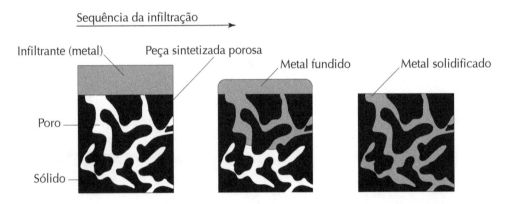

Figura 6.14
Ilustração esquemática da sequência de infiltração.

Os gases usados são inertes (Ar, He), cuja aplicação é limitada pelo alto custo; nitrogênio, que reage com alguns elementos podendo formar compostos que aumentam as propriedades mecânicas da peça; hidrogênio, que é redutor de óxidos metálicos, ótimo condutor de calor; amônia dissociada (75% H_2 e 25% N_2); endogás e exogás obtidos pela combustão de gás natural (hidrocarboneto). O vácuo é usado para materiais reativos, como aços inoxidáveis e tungstênio.

Num forno contínuo, como ilustrado na Figura 6.13, a temperatura na zona de pré-aquecimento é na faixa de 500 a 800 °C, enquanto na zona de sinterização, por exemplo, para o bronze é na faixa de 780 a 840 °C e para um aço na faixa de 1.050 a 1.150 °C. A Tabela 6.2 apresenta temperaturas e tempos de sinterização típicos para vários metais e ligas. A temperatura é geralmente cerca de 70 a 90% da temperatura de fusão, o tempo mínimo de cerca de 8 a 10 minutos para ligas de Fe e de Cu e tempo máximo de 8h para tungstênio e tântalo.

Dependendo da temperatura, tempo e histórico do processo, diferentes estruturas e porosidades podem ser obtidas no compactado sinterizado, afetando suas propriedades.

Tabela 6.2 Temperaturas e tempos de sinterização típicos		
Material	Temperatura (oC)	Tempo em minutos
Alumínio	600 – 630	10-30
Bronze	780 – 840	10-20
Cobre	850 – 900	10-40
Latão	850 – 900	10-40
Níquel	1.000 – 1.150	30-50
Aço Inox	1.050 – 1.250	30-60
Ferro, ferro + grafita	1.000 – 1.150	10-40

6.7 OPERAÇÕES SECUNDÁRIAS

Após a sinterização, algumas operações são realizadas para aumentar a densidade, melhorar a precisão dimensional ou completar a conformação da peça sinterizada. Entre elas, podemos citar:

a) *Recompressão ou calibragem* – Essa operação tem por objetivo eliminar as distorções e empenamentos verificados durante a sinterização, resultando num acerto definitivo da forma e das dimensões das peças sinterizadas. Essa operação se faz necessária principalmente quando as tolerâncias dimensionais são estreitas e difíceis de serem controladas durante a sinterização.

b) *Tratamentos térmicos e termoquímicos* – São aplicados geralmente em peças sinterizadas de ferro e aço com o objetivo de melhorar suas propriedades mecânicas. Como existem porosidades nos compactados sinterizados, essas operações são realizadas geralmente na presença de atmosferas gasosas e não em banho líquido.

c) *Tratamentos superficiais* – Tratamentos de revestimento superficial de zinco, níquel e cromo e a fosfatização podem ser aplicados em peças sinterizadas de ferro, desde que elas sejam suficientemente densas, com o objetivo de melhorar a resistência à corrosão. As peças de ferro infiltradas com cobre são as que melhor se prestam aos referidos tratamentos.

d) *Impregnação e Infiltração* - Porosidade é a característica singular e inerente ao processo de metalurgia do pó. Essa característica pode ser explorada para a fabricação de produtos através do preenchimento dos poros com óleos, polímeros ou metais que tenham temperatura de fusão inferior à do pó básico da peça. Na impregnação, o óleo ou outro fluído é permeado para dentro dos poros da peça sinterizada. Mancais autolubrificantes, geralmente feitos de bronze ou ferro com 10% a 30% em volume de poros impregnados com óleo são usados na indústria automobilística.

Na infiltração, o metal fundido penetra nos poros de uma peça sinterizada, sendo a temperatura de fusão do metal infiltrante inferior à do material da peça.

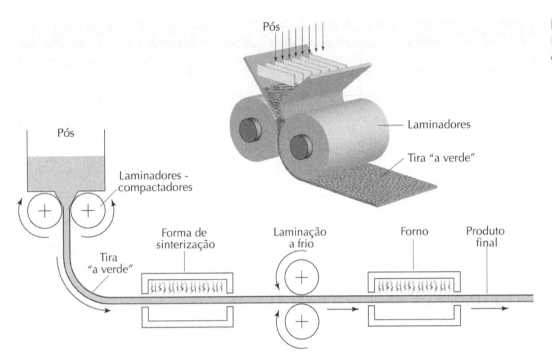

Figura 6.15
Ilustração do processo de laminação de pós.

Cobre é usado para infiltração de peças de aço objetivando uniformizar a densidade e melhorar a tenacidade e resistência mecânica. A Figura 6.14 mostra esquematicamente a sequência de infiltração.

6.8 OUTROS PROCESSOS

6.8.1 Laminação de pós

Pós podem ser compactados por laminação, formando tiras de metal em seguida sinterizadas. É um processo contínuo, como ilustrado esquematicamente na Figura 6.15.

6.8.2 Prensagem isostática

Na prensagem isostática, a pressão para a compactação é aplicada em todas as direções no pó confinado em molde flexível. Com isso, a variação de densidade na peça compactada é minimizada. A prensagem isostática pode ser classificada da seguinte forma:

- Prensagem isostática a frio, em que a compactação é realizada à temperatura ambiente, sendo o fluído de compressão a água ou óleo.

- Prensagem isostática a quente, em que a compactação é realizada a altas temperaturas, sendo o meio de compressão argônio ou hélio. A compactação e sinterização são realizadas num só estágio.

A Figura 6.16 apresenta uma ilustração esquemática da sequência de prensagem isostática.

Figura 6.16
Ilustração esquemática do processo de prensagem isostática:
(a) preenchimento do molde.
(b) fechamento do molde.
(c) aplicação de pressão.
(d) retirada da peça.

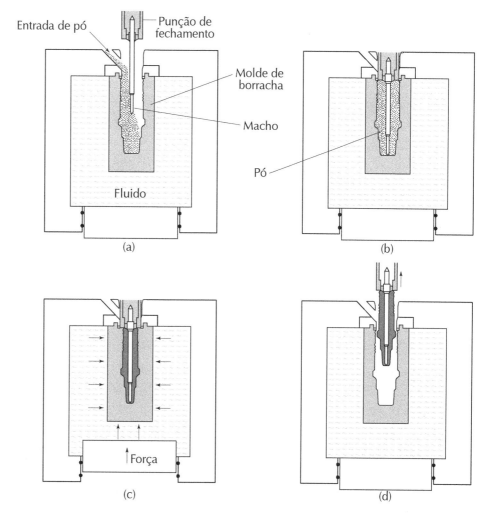

6.8.3 Moldagem de pós por injeção

A Figura 6.17 apresenta esquematicamente as etapas para produção de uma peça por moldagem de pós por injeção. Sequencialmente, as etapas são:

1. Pós metálicos muito finos (< 10 μm) são misturados com grande volume (cerca de 35 a 50%) de ligantes orgânicos; estes têm a função de dar mobilidade ao pó metálico na compactação e reduzir a abrasão nas partes do equipamento de injeção.

2. Pelotas (*pellets*) são formadas com a mistura.

3. As pelotas são aquecidas até que se tornem pastosas (cerca de 260 °C) e injetadas na cavidade do molde com altas pressões (cerca de 70 MPa); essa etapa distingue esse processo daquele convencional de metalurgia do pó pela alta escoabilidade do pó, possibilitando a conformação de peças com geometrias complexas e com boa precisão dimensional.

4. Após resfriada, a peça "verde" é retirada do molde, e é feito o tratamento térmico ou químico para eliminar o ligante; dessa etapa, é obtido o "compactado marrom", poroso e frágil.

5. Finalmente a peça é sinterizada, sendo alcançada até 96% da densidade teórica da liga com grande contração no volume (30–40%).

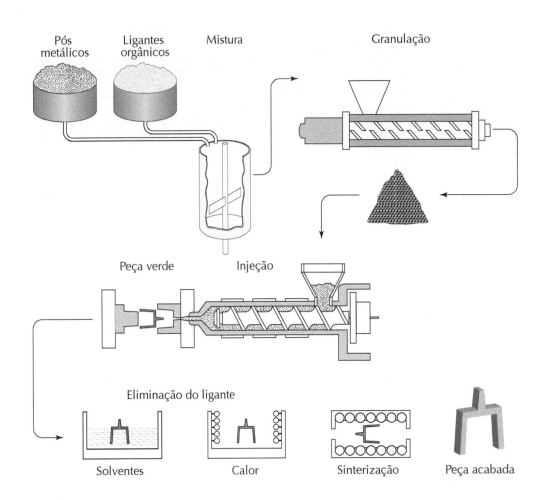

Figura 6.17
Ilustração esquemática das etapas para a produção de uma peça por moldagem de pós por injeção.

Esse processo é aplicado na fabricação de peças para computadores, impressoras e *disc-drives*, para máquinas têxteis, indústria de armas leves, indústria eletrônica, de fibra ótica e comunicações, para medicina, odontologia (ortodontia) e ótica.

As partes críticas são a retirada do ligante e os pós finos que o processo envolve. Os altos custos limitam o processo à fabricação de peças de paredes bastante finas (< 12 mm) e pequenas (< 50 g) ou peças com geometrias mais complexas que não podem ser obtidas por prensagem axial.

6.9 APLICAÇÕES

A grande vantagem dos processos de metalurgia do pó é serem processos *near-net-shape*, isto é, após o processamento, a peça está praticamente pronta, havendo aproveitamento acima de 95% de utilização do material processado na peça. Assim, elimina-se ou minimiza-se a usinagem frequentemente necessária na etapa final da fabricação de uma peça.

Outra vantagem é a economia de energia frente a processos tradicionais de fabricação de peças metálicas. A prensagem de pós não exige prensas muito potentes quando comparadas a processos de conformação plástica e a sinterização, por sua vez, não exige temperaturas tão elevadas quanto aquelas utilizadas em processos de fundição.

A metalurgia do pó permite ainda a fabricação de peças com características particulares, impossíveis ou muito difíceis de serem fabricadas por outros processos, como peças porosas, tais como filtros e mancais e engrenagens com impregnação de óleo, filamento de lâmpadas incandescentes e peças com metais de altas temperaturas de fusão, como, por exemplo, tungstênio e molibdênio.

Peças de 10 g a 15 kg ou 4 mm² a 0,016 m² de área projetada podem ser fabricadas com espessura mínima de cerca de 0,4 mm e tolerâncias típicas de ± 0,13 mm. O custo de acabamento é baixo e o processo possibilita automatização.

As limitações do processo são relativas ao volume de produção mínima economicamente viável, que é alto (> 20.000 peças) e também relativas à forma da peça devido ao pó metálico não fluir lateralmente durante a prensagem em matriz, o que causa variação da densidade do material no volume da peça prensada levando a problemas no processo de sinterização. Também podem ser consideradas desvantagens do processo o alto custo dos pós metálicos, do ferramental e dos equipamentos, a baixa flexibilidade do processo devido à necessidade de um novo conjunto de matrizes e punções para cada novo produto e a relativa baixa resistência mecânica devido à porosidade residual. A porosidade remanescente é uma característica do processo, tendo o produto comumente porosidade na faixa de 4 a 8%. Essa porosidade remanescente depende da densidade do compactado a verde e das condições de sinterização (temperatura, tempo e atmosfera do forno).

As ligas mais comuns utilizadas são ligas de cobre (6 – 7%), ferro fundido, aços (85%), metais refratários (filamento de W), aços inoxidáveis e ligas de alumínio.

As aplicações típicas são peças para os setores: automobilístico (capas de mancais, anéis sincronizadores, bielas, cubos sincronizadores, peças para amortecedores); eletrodomésticos (engrenagens, buchas e outras peças de liquidificadores, ventiladores, compressores de geladeiras e ar-condicionado); ferramentas elétricas e equipamentos de jardinagem (mancais, flanges, buchas e engrenagens de furadeiras, cortadores de grama, serras, plainas).

6.10 ESTUDO DE CASO: BUCHA AUTOLUBRIFICANTE

6.10.1 Apresentação do produto

A bucha é um componente mecânico utilizado para o suporte de eixos. Ela tem como função manter o eixo em sua posição e, além disso, suportar as cargas que são aplicadas e garantir o mínimo de resistência contra o movimento de rotação. Para atender esse último quesito e também para minimizar o desgaste da bucha, que comprometeria a posição correta do eixo, é necessária a lubrificação.

Existem três tipos básicos de lubrificação, e no presente caso trata-se de lubrificação hidrodinâmica. Devido ao movimento relativo de rotação entre o eixo e a bucha, e não sendo as superfícies perfeitamente paralelas, criam-se gradientes de pressão que forçam a formação de um filme contínuo de lubrificante entre o eixo e a bucha. Esse fenômeno só acontece a partir de uma velocidade mínima de rotação relativa entre as peças que depende da geometria e da viscosidade do lubrificante.

A Figura 6.18 ilustra o efeito hidrodinâmico de lubrificação.

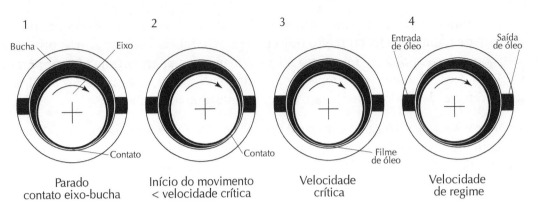

Figura 6.18
Formação de um filme contínuo de lubrificante entre o eixo e uma bucha com o aumento da velocidade de rotação.

Através do efeito hidrodinâmico, é possível, então, minimizar muito o desgaste sofrido pelo conjunto. O fornecimento de lubrificante para a região de interesse é feito através de orifícios e ranhuras na bucha. Durante o funcionamento ou na parada da rotação, parte do lubrificante entre o eixo e a bucha pode se perder, tornando-se necessária a adição frequente de mais lubrificante ou a utilização de reservatórios.

Numa bucha autolubrificante o "reservatório" de lubrificante é a própria bucha, pois, nesse caso, a peça, não sendo maciça e sim porosa, possui uma rede interconectada de poros impregnados de óleo lubrificante. Como os poros são muito finos, por efeito da capilaridade, o óleo permanece preso no seu interior. Porém, no início da rotação do eixo, seu atrito com a bucha provoca aquecimento e consequente expansão térmica. Como o coeficiente de expansão térmica do óleo é muito maior do que do material da bucha, parte do óleo é expulsa dando início à formação do filme lubrificante.

Com a progressão da rotação, o efeito hidrodinâmico cria gradientes de pressão que ajudam a manter o filme de óleo em equilíbrio dinâmico. Ocorre, assim, um equilíbrio entre as forças de arraste do eixo, expansão do óleo e a força capilar dos poros, mantendo o filme estável. Quando o eixo para de girar, cessa o efeito hidrodinâmico, a temperatura decresce e o óleo é novamente absorvido pela rede de poros devido às forças de capilaridade. Desse modo, o óleo não se perde durante as paradas do eixo permanecendo "reservado" no interior da bucha até que o sistema funcione novamente. Durante o funcionamento a porosidade também minimiza muito qualquer possibilidade de perda.

Esse tipo de mecanismo de lubrificação é muito usado em motores elétricos e sistemas mecânicos de eletrodomésticos em que as cargas suportadas pelo eixo e pela bucha não são muito grandes.

A Figura 6.19 apresenta bucha autolubrificante utilizada em diversos equipamentos.

Como exemplo de fabricação desse produto, será considerado, como modelo uma bucha autolubrificante utilizada em motores elétricos.

Trata-se de um produto com as seguintes dimensões:

- Diâmetro interno: 7,952 – 7,961 mm.
- Diâmetro externo: 15,95 – 16,05 mm.
- Altura: 10,973 – 11,227 mm.

Figura 6.19
Exemplo de bucha autolubrificante.
Diâmetro externo: ≈ 16 mm.

6.10.2 Características e propriedades exigidas

A bucha autolubrificante utilizada em motores elétricos tem como especificações de projeto uma resistência radial mínima de 21,3 kgf, uma densidade entre 5,5 e 6,0 g/cm^3, com uma rede de poros arredondados e interconectados, num total de 20% do volume da peça. Para buchas autolubrificantes, em geral, essa porosidade varia de 15 a 25%, e o tamanho médio dos poros é de 5 a 20 μm.

A quantidade de poros, tamanho e sua geometria são características muito importantes, pois determinam, em conjunto com as propriedades do lubrificante, o efeito de capilaridade necessário ao bom funcionamento da bucha.

É importante que a bucha tenha uma boa resistência ao desgaste, para resistir ao atrito que ocorre no início da rotação do eixo quando, conforme ilustrado na Figura 6.18, não se tem a lubrificação otimizada.

Também é conveniente que a bucha tenha uma boa resistência à corrosão/oxidação para não se degradar e possa absorver vibrações mantendo o funcionamento do conjunto mais silencioso.

> Conclui-se, portanto, que o material desse componente deve apresentar uma combinação única de características:
> - Boa resistência mecânica.
> - Resistência ao desgaste.
> - Resistência à oxidação/corrosão.
> - Amortecimento.
> - Porosidade uniforme e controlada (característica mais importante).

6.10.3 Material

Como em qualquer caso, a escolha do material está não só ligada às propriedades exigidas, mas também ao processo de fabricação; a escolha de ambos, material/processo, é interdependente. Nesse caso, especificamente, não há outra opção para o processo senão a metalurgia do pó porque o material precisa ter uma porosidade

198 | Introdução aos processos de fabricação de produtos metálicos

uniforme e controlada, tanto em quantidade de poros quanto em tamanho e geometria; o único processo metalúrgico capaz de produzir uma microestrutura assim é a metalurgia do pó.

A liga a ser selecionada deve, então, atender a necessidade de ser processada via metalurgia do pó, além das outras características específicas desse produto apresentadas anteriormente. Nesse caso, uma liga ferro-cobre-grafita atende satisfatoriamente todas as propriedades exigidas. A composição química da liga é apresentada na Tabela 6.3.

Tabela 6.3 Composição química da liga usada na fabricação da bucha autolubrificante. Porcentagens em peso

C	Cu	Pb	Fe
1,2	3,0	1,5	94,3

O carbono tem duas funções importantes; primeiro ele deve se difundir, em pequena quantidade (cerca de 5% do total adicionado) no ferro, provocando o seu endurecimento, pois o ferro puro tem dureza e resistência mecânica muito baixa. Esse endurecimento e aumento da resistência mecânica da matriz de ferro contribuem para que a bucha atinja a resistência radial mínima exigida. Outra função do carbono é agir como lubrificante sólido, função particularmente importante no estágio inicial de funcionamento do motor elétrico quando o filme de óleo ainda não se formou completamente entre o eixo e a bucha. Portanto, a maior parte do carbono, cerca de 95% do total adicionado, deve permanecer livre, na forma de grafita. Também, como no caso dos ferros fundidos cinzentos ou nodulares, a grafita ajuda no amortecimento de vibrações que possam ocorrer entre o eixo e a bucha, tornando o funcionamento do conjunto mais silencioso.

O cobre tem uma importante função endurecedora; ele se difunde na austenita durante a sinterização do componente e se precipita na ferrita durante o resfriamento. Esse endurecimento por precipitação, juntamente com a contribuição da difusão da pequena quantidade de carbono no ferro, confere à bucha a resistência mecânica exigida.

O chumbo é adicionado porque dificulta a difusão do carbono para a matriz de ferro, fazendo com que a maior parte desse elemento fique livre na forma de grafita.

Os pós dos elementos constituintes devem ter pureza, granulometria e morfologia controladas e especificadas. No presente caso, o tamanho médio das partículas de pó varia entre 20 e 40 µm e sua morfologia é esférica.

6.10.4 Processo de fabricação

A Figura 6.20 apresenta um fluxograma da rota de fabricação do produto.

A primeira etapa do processo de fabricação é a mistura dos pós, no caso, pós de ferro, grafita, cobre e chumbo em quantidade adequada à composição química

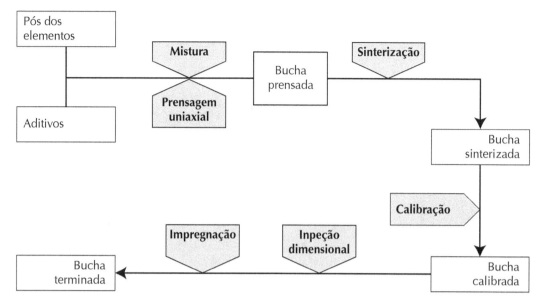

Figura 6.20
Fluxograma do processo de fabricação de uma bucha autolubrificante.

especificada. Essa mistura é feita em misturadores do tipo Y, V ou duplo-cone (vide Figura 6.11). Lubrificantes sólidos, como o estearato de zinco, são adicionados para minimizar o atrito entre as partículas, entre o pó e as paredes do misturador e entre o pó e as paredes da matriz de compactação.

A próxima etapa é a compactação do pó em prensas com matrizes que darão ao compactado (peça verde) a geometria desejada. O bom projeto das matrizes é importante para que a compactação do pó seja feita de modo que a densidade da peça verde seja a mais homogênea possível; nesse sentido, a adição de lubrificante feita na etapa de mistura também auxilia na compactação. O molde também pode ter, por exemplo, um dispositivo de vibração que permite a melhor acomodação do pó antes da prensagem, garantindo a homogeneidade de tamanhos de poros.

A prensagem é feita em matrizes, com ação biaxial ou flutuantes, seguindo um protocolo de especificações das pressões e tempo previamente testado e estabelecido como ótimo.

As peças verdes, possuindo resistência mecânica suficiente para a sua manipulação, são colocadas em bandejas para seguir para a sinterização.

A sinterização é feita sob atmosfera protetora de nitrogênio, em um forno contínuo. O forno possui três zonas básicas, pré-aquecimento, aquecimento e resfriamento. A zona de pré-aquecimento leva as peças até uma temperatura de 780 °C, eliminando aditivos orgânicos; enquanto a zona de aquecimento, em que a sinterização ocorre, alcança uma temperatura de 1.020 °C. O tempo de sinterização é de 10 a 20 minutos, o que garante a união das partículas e, ao mesmo tempo, uma rede aberta de poros, de 5 a 20 μm de tamanho médio.

Após a sinterização, a peça passa por um processo de recompressão para eliminar as pequenas distorções sofridas durante a sinterização e conferir a precisão dimensional especificada, que para o diâmetro interno da bucha aqui apresentada é de 9 μm. A recompressão é feita pela nova compressão em matriz de cada peça produzida.

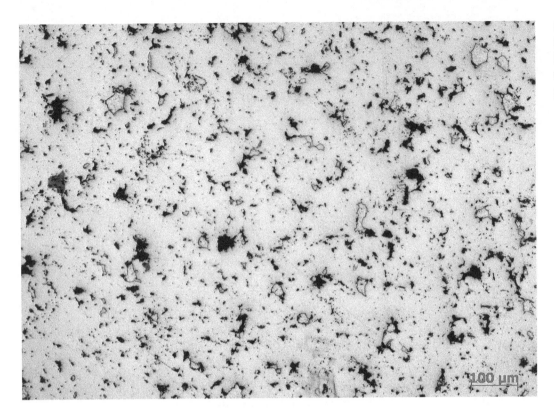

Figura 6.21
Metalografia de uma bucha autolubrificante evidenciando a presença de poros.

A última etapa, excetuando as de inspeção, controle de qualidade e embalagem, é a impregnação. As peças são impregnadas com óleo em uma câmara de vácuo onde a pressão é reduzida para valores menores que 0,9 atm. O vácuo reduz a pressão do ar contido nos poros otimizando a absorção, pelo efeito capilar, do óleo lubrificante quando a peça é submersa neste. O óleo de uso mais geral em buchas autolubrificantes é o SAE 30 ou similares. No caso de eixos de alta velocidade e que suportam baixas cargas, como é caso de muitos eixos de motores elétricos, o óleo recomendado é o SAE 10. Para motores que operam em baixas temperaturas ou em grandes variações climáticas recomenda-se o SAE 5.

A Figura 6.21 mostra a microestrutura final obtida para este produto.

6.11 BIBLIOGRAFIA

ASM, Metals Handbook, 9th Ed., Materials Park, Ohio. v. 7, Powder Metallurgy (1984).

DEGARMO, E. P.; BLACK, J T.; KPHSER, R. A., "Materials and Process in Manufacturing", v. 1, Ed. Prentice Hall, 1997.

GERMAN, R. M., "Powder Metallurgy Science", Metal Powder Industries Federation (1994).

GROOVER, M. P., "Fundamentals of Modern Manufacturing", M. P. Groover, Prentice-Hall, New Jersey, 1996.

HIRSCHORN, J. S., "Introduction to Powder Metallurgy", American Powder Met. Inst., New York (1969).

KALPAKJIAN, S.; SCHMID, S. R., "Manufacturing Engineering and Technology", v. 1, Ed. Prentice Hall, 2000.

KUHN, H. A.; LAWLEY, A., "Powder Metallurgy Processing: New Techniques and Abalyses", Academic Press (1978).

LENEL, F. V., "Powder Metallurgy, Principles and Applications", Metal Powder Industries Federation. Princeton, NJ (1980).

Estudos de caso

7.1 PISTÃO DE MOTOR

7.1.1 Apresentação do produto

O pistão é uma peça móvel do interior do motor que tem como função transmitir a força originada pela combustão da mistura combustível/ar à biela e esta, por sua vez, ao virabrequim. Esse conjunto, pistão/biela/virabrequim é o responsável por transformar a expansão dos gases quentes em movimento rotacional. Esse movimento, executado pelo virabrequim, pode, então, ser controlado por outros dispositivos do carro para que as rodas girem com velocidade e torque adequados.

A Figura 7.1 ilustra um pistão montado em um motor de combustão.

O pistão é uma peça de geometria complexa para atender todas as exigências mecânicas e físicas do projeto de um motor. A Figura 7.2 ilustra o conjunto pistão/biela mostrando em mais detalhes a geometria de um pistão, formado pela cabeça, saia, orifício para o pino e ranhuras para os anéis. Essa geometria e o tamanho variam em função do tipo de motor (Otto ou diesel) e potência; pistões para motores pequenos têm cerca de 35 mm de diâmetro, enquanto para motores a diesel essa medida pode passar de 180 mm e nos motores de navios chegar a 960 mm.

7.1.2 Características e propriedades exigidas

As características e propriedades mais importantes exigidas de um pistão são principalmente determinadas pelas temperaturas de trabalho, bem como de suas variações. Enquanto num motor de carro de passeio a temperatura na cabeça do pistão chega 300 °C, num motor de caminhão a diesel pode chegar a 350 °C.

As pressões às quais o pistão está sujeito são muito altas; por exemplo, em um carro de passeio, com o motor a 6.000 rpm, o pico de pressão chega a 75 atm; isso

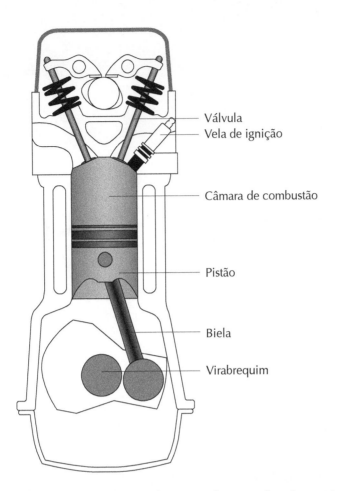

Figura 7.1
Ilustração de um pistão no interior de um motor de combustão.

significa que o pistão suporta um pico de carga de aproximadamente 5 t, 50 vezes por segundo. Assim, mesmo a altas temperaturas, a parte superior do pistão deve apresentar alta resistência mecânica (tanto estática quanto dinâmica) suficiente para suportar esse pico de carga.

O pistão também deve possuir, em alta temperatura, dureza adequada para resistir ao desgaste e, além disso, baixo coeficiente de atrito, não só para minimizar o desgaste, mas também para tornar o sistema eficiente energeticamente.

A resistência à fadiga é fundamental devido à grande frequência de carregamentos e com altos picos de carga. Boa condutividade térmica também é um requisito importante já que o pistão deve ser refrigerado para que sua temperatura não se eleve demais, uma vez que a temperatura média do gás na câmara de combustão é de 1.000 °C.

O pistão deve ter um baixo peso, o que resulta em baixa força inercial, pois seu movimento muda constantemente de sentido.

A dilatação térmica do pistão deve ser compatível com a dilatação térmica do bloco do motor para que o pistão não sofra engripamento ou que a folga entre o pistão e a camisa fique muito grande, causando ruído e desgaste excessivos devido ao movimento lateral.

Os pistões também possuem algumas dimensões em que a tolerância é muito estreita e exige bom acabamento superficial. A Tabela 7.1 apresenta algumas tolerâncias exigidas para pistões comuns.

Figura 7.2
Ilustração do conjunto Pistão/Biela.

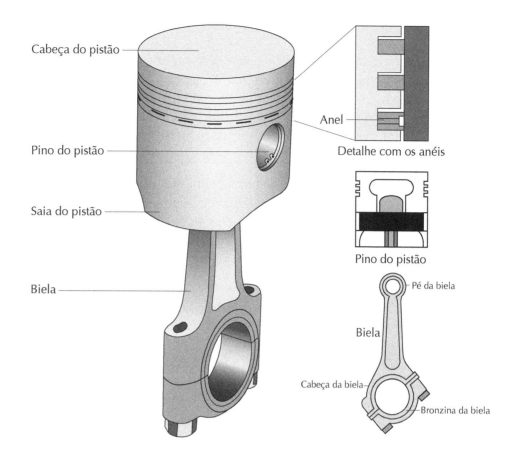

Tabela 7.1 Tolerâncias em pistões de uso comum		
Diâmetro externo		10 a 20 μm
Furo do cubo		6 μm
Rugosidade, Ra	Cabeça	4,0 μm
	Superfície de trabalho	1,0 - 5,0 μm
	Furo do cubo	0,6 - 0,8 μm
	Flanco das canaletas do anel	0,6 - 2,0 μm

Conclui-se, portanto, que o material desse produto deve apresentar as seguintes propriedades:

- Alta resistência mecânica.
- Alta tenacidade.
- Média dureza e baixo coeficiente de atrito.
- Alta condutividade térmica.
- Coeficiente de dilatação térmica compatível com o conjunto mecânico.
- Baixa densidade.
- Estabilidade térmica (várias das propriedades anteriores devem manter-se mesmo em temperaturas mais elevadas).
- Deve ser de fácil usinagem devido às partes com tolerância dimensional muito pequena.

7.1.3 Material

Os materiais mais comuns com os quais os pistões são fabricados são os ferros fundidos e as ligas de alumínio. Os ferros fundidos são usados em pistões de compressores, bombas, ou em motores de rotação lenta e grandes diâmetros de cilindro; em motores de combustão de automóveis, os materiais mais adequados são as ligas de alumínio. Para motores a diesel de alta solicitação, parte do pistão pode ser em ferro fundido ou até em aço.

O uso das ligas de alumínio se deve principalmente à sua baixa densidade e boa condutividade térmica. Elas possuem densidade em torno de 2,7 g/cm^3, já os ferros fundidos têm densidade aproximada de 7,3 g/cm^3. Enquanto as ligas de alumínio mais usadas apresentam coeficientes de condutividade térmica entre 150 e 165 W/m·K, as ligas de ferro fundido possuem valores de, no máximo, 55 W/m·K.

Além disso, várias ligas de alumínio permitem o uso de processos de fundição, o que facilita a fabricação de componentes com geometrias complexas, como é o caso dos pistões, sendo a fundição o processo largamente utilizado. Entretanto, também existem muitos tipos de pistões com partes forjadas, ou totalmente forjados, além de pistões montados, cujas partes são fixadas mecanicamente ou soldadas por laser, feixe de elétrons ou fricção.

A Tabela 7.2 apresenta algumas ligas de alumínio tradicionalmente usadas na fabricação de pistões.

Tabela 7.2 Composições químicas de ligas de alumínio usadas na fabricação de pistões. Porcentagens em peso

Liga	Si	Fe	Cu	Mn	Mg	Cr	Ni	Zn	Sn	Ti	Al
AA 332.0	8,5-10,5	1,2	2,0-4,0	0,50	0,50-1,5	-	0,50	1,0	-	0,25	Balanço
AA 336.0	11,0-13,0	1,2	0,50-1,5	0,35	0,7-1,3	-	2,0-3,0	0,35	-	0,25	Balanço
AA 242.0	0,7	1,0	3,5-4,5	0,35	1,2-1,8	0,25	1,7-2,3	0,35	-	0,25	Balanço
AA 243.0	0,35	0,40	3,5-4,5	0,15-0,45	1,8-2,3	0,20-0,40	1,9-2,3	0,05	-	0,06-0,20	Balanço

As duas ligas da série AA 3XX.X indicadas na Tabela 7.2 possuem baixo coeficiente de expansão térmica e combinam muito bem as propriedades mecânicas e físicas necessárias ao produto, além de apresentarem boa fundibilidade. A liga mais comum para fabricação de pistões para carros de passeio é AA 332.0 com tratamento térmico na condição T5 (envelhecida artificialmente).

As duas ligas da série AA 2XX.X indicadas na Tabela 7.2 possuem propriedades superiores em temperaturas mais elevadas e são usadas em motores mais potentes, como em caminhões ou ainda em motores refrigerados a ar, como motocicletas e aviões.

Todas essas ligas de alumínio fundidas podem ser artificialmente endurecidas por tratamento térmico de solubilização e precipitação, o que melhora a usinabilidade e a dureza. Além disso, o tratamento térmico previne possíveis mudanças nas dimensões do produto devido ao envelhecimento que poderia ocorrer durante a operação do pistão por atingir altas temperaturas.

A Tabela 7.3 apresenta algumas propriedades de ligas para pistões nas condições mais usuais de tratamento térmico.

Tabela 7.3 Propriedades de ligas fundidas de alumínio para pistões, após tratamento térmico					
Liga	Tratamento Térmico	Densidade (g/cm^3)	Intervalo de fusão $(°C)$	Condutividade térmica* (cal/ cm·s· °C)	Expansão térmica** $(°e^{-1})$
AA 332.0	T5	2,76	520-580	0,25	$20,7 \times 10^{-6}$
AA 336.0	T551	2,72	540-570	0,28	$18,9 \times 10^{-6}$
AA 242.0	T571	2,81	525-635	0,32	$22,5 \times 10^{-6}$

* A 25 °C; ** entre 20 e 100 °C.

7.1.4 Processo de fabricação

São utilizadas duas rotas para produção de pistões, a fundição e o forjamento, ambas seguidas de usinagem. Cada rota é adequada para determinados tipos de pistões e de material. Os pistões totalmente forjados normalmente apresentam melhores propriedades mecânicas do que os fundidos porque podem usar ligas de alumínio com teores menores de silício (o silício é necessário no caso de fundidos porque melhora muito a fluidez). Porém os pistões forjados necessitam de muita usinagem para chegar à forma final porque os processos de forjamento não são tão precisos dimensionalmente e não permitem conferir à peça detalhes complexos como a fundição e, portanto, produzem uma pré-forma do pistão ainda longe da forma final. Como a rota de forjamento e usinagem não permite formas tão intrincadas quanto a fundição, os pistões forjados também têm projetos diferenciados, tendendo a ser mais pesados, pois apresentam mais massa em certas regiões. Por isso os pistões forjados tendem a ser menos estáveis dimensionalmente. Os pistões fundidos, por outro lado, são mais leves e muito estáveis em suas dimensões.

Como as ligas mais comumente usadas são de alumínio e o pistão tem uma geometria relativamente complexa, o processo mais usual para a fabricação é a fundição. Em geral, para a produção em massa de motores de veículos, a opção mais usada para pistões é a fundição, porque a fabricação em larga escala os torna economicamente atraentes. Além da fundição, outra etapa importante de fabricação é a usinagem, já que várias partes do pistão possuem tolerâncias muito estreitas, o que não pode ser conseguido por fundição. A Figura 7.3 apresenta o fluxograma do processo de fabricação desses pistões.

Dentre os processos de fundição, o mais aplicado para pistões é a fundição em coquilha. A solidificação rápida no molde metálico permite a obtenção de grãos refinados e, consequentemente, melhores propriedades mecânicas. Combinando-se diversas formas de machos e coquilhas é possível reproduzir os detalhes do pistão. Cavidades de refrigeração com geometrias mais intrincadas são obtidas usando-se machos de sal, que depois da fundição são dissolvidos em água durante um processo cuidadoso de lavagem.

As ligas são normalmente preparadas em fornos de indução a uma temperatura entre 790 e 820 °C, bem acima da temperatura liquidus da liga, o que é necessário de-

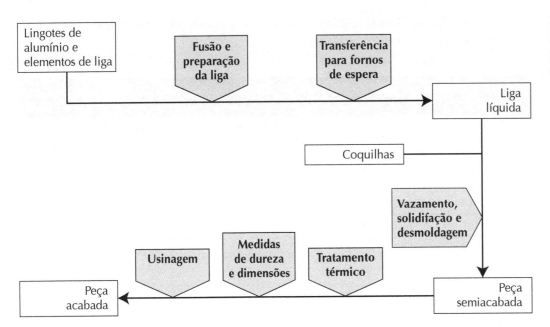

Figura 7.3
Fluxograma do processo de fabricação de pistões.

vido à etapa de desgaseificação detalhada mais adiante. O banho é mantido sob agitação, em função do campo indutivo do forno, por cerca de 20 minutos com o intuito de garantir a homogeneidade química. Depois da transferência para o forno de espera, o banho recebe adição de sal escarificante para a retirada de impurezas na superfície. A retirada da escória é feita mecanicamente. Nesse ponto, o banho está pronto para o processo de desgaseificação que é fundamental para garantir que o fundido fique isento de porosidades devido à liberação de hidrogênio que foi absorvido pelo metal líquido em função da reação com a água presente na umidade atmosférica ou do contato do banho metálico com hidrocarbonetos, no caso de fornos de fusão à chama.

O hidrogênio é muito mais solúvel no alumínio líquido do que no sólido, como ilustra a Figura 7.4. Por esse motivo, durante a solidificação, há grande evolução de bolhas que ficam retidas na matriz metálica caso a desgaseificação não seja previamente feita. A Figura 7.5 ilustra o efeito do hidrogênio dissolvido no interior de peças de alumínio fundidas.

A desgaseificação é normalmente realizada através de uma lança cerâmica (um tubo) introduzida até o fundo da panela de fusão, injetando um gás ou uma mistura de gases. As bolhas de gás ajudam na captura do hidrogênio dissolvido no banho arrastando-o até a superfície.

Para que o processo seja eficiente, as bolhas de gás devem ser finamente dispersas. Isso é conseguido através do uso de cerâmicas porosas na ponta da lança e também pelo uso de sistemas de rotação que distribuem melhor o gás no fundo da panela, como ilustra a Figura 7.6.

Os gases mais comumente usados na desgaseificação são nitrogênio, argônio, freon e cloro. Este último possui uma eficiência bem maior em comparação, por exemplo, ao nitrogênio e o freon, como mostra a Figura 7.7, e por isso é normalmente utilizado. Outro método muito usado é a adição de pastilhas de Hexacloroetano (C_2Cl_6) que se dissocia no metal líquido gerando o gás de arraste. Essas pastilhas, geralmente, já contêm o inoculante que será disperso no metal líquido promovendo grande refino de grãos durante a solidificação.

Figura 7.4
Solubilidade do hidrogênio no alumínio em função da temperatura.

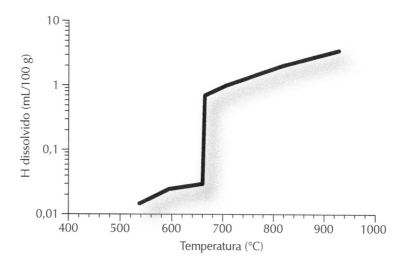

Figura 7.5
Efeito de hidrogênio dissolvido em alumínio líquido no aspecto final de uma peça fundida. Diâmetro das bolhas: ≈ 5 mm.

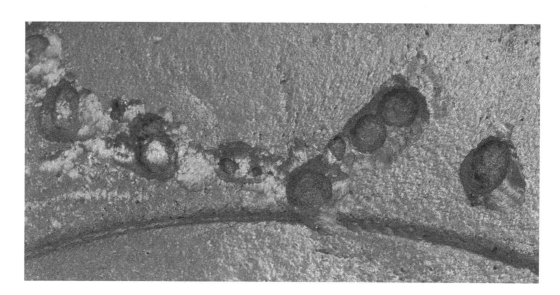

Figura 7.6
Ilustração esquemática de um sistema de desgaseificação contínuo, com rotor de cerâmica porosa.

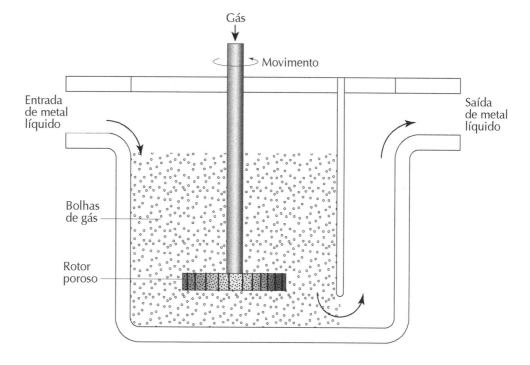

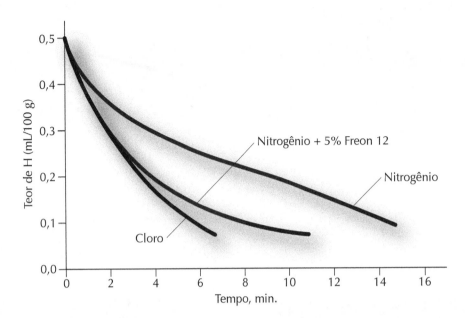

Figura 7.7
Redução do teor de H dissolvido em alumínio com o tempo, em função do uso de diferentes gases.

O processo de desgaseificação reduz a temperatura do metal líquido e é por isso que a temperatura inicial do banho normalmente está bem acima do intervalo de fusão da liga. O tempo desse tratamento pode se estender por até 10 minutos.

Com a liga limpa, a camada de óxidos da superfície é afastada para a introdução de cadinhos que levam o líquido até os moldes para o vazamento. Outra possibilidade é o uso de um sistema de vazamento que coleta o metal líquido do fundo da panela e não da superfície, evitando, assim, qualquer contaminação com a escória sobrenadante.

O vazamento do metal para dentro do molde é feito por gravidade e de maneira suave para evitar turbulência e consequente aprisionamento de ar que gera bolhas no fundido. Por esse motivo, e para que não haja descontinuidades na peça, o vazamento nunca deve ser interrompido até o completo preenchimento do molde. O uso de filtros cerâmicos, nos canais de vazamento, também contribui para um fluxo suave, além de aprisionar impurezas, como partículas de óxido, que possam estar suspensas no metal líquido.

A Figura 7.8 ilustra um molde permanente metálico usado na fundição de pistões.

Após a solidificação, o molde é aberto, os machos, canais e massalotes são retirados e o pistão segue para o tratamento térmico.

O tratamento térmico corresponde à solubilização, resfriamento rápido e envelhecimento artificial. O tratamento térmico, como dito anteriormente, melhora a usinabilidade do material.

Na etapa de usinagem três operações são importantes:

- Usinagem da saia.
- Usinagem das canaletas.
- Usinagem do furo cubo (onde se encaixa o pino).

Figura 7.8
Ilustração de um molde permanente usado na fundição de pistões.

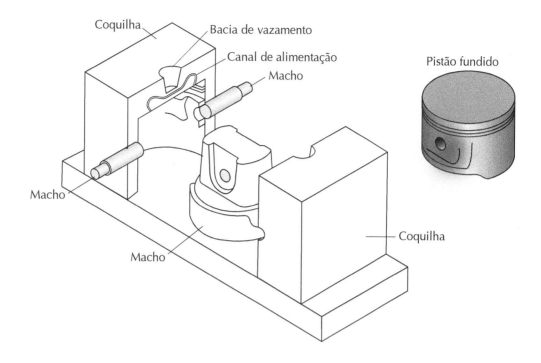

A usinagem da saia é uma operação bastante complexa. Geralmente são usados tornos copiadores ou de controle numérico (CNC) para se fazerem ovalizações e caimentos. As ferramentas de corte são diamantadas a fim de que as especificações de tolerância dimensional, de rugosidade e de forma sejam atingidas. Além disso, é importante que todos dos pistões sejam inspecionados para que se mantenha o rigoroso controle dimensional.

Além das tolerâncias rígidas, as canaletas precisam ser bastante paralelas e circulares. A mesma rigidez quanto à circularidade e ao alinhamento se aplica ao furo do cubo. Nesse caso, a operação de usinagem adotada é o mandrilamento, feito em vários passos, com precisão crescente e usualmente em furadeiras CNC.

A etapa final de fabricação consiste no tratamento superficial dos pistões para que tenham coeficientes de atrito adequados. Esses tratamentos também servem para proporcionar melhor proteção térmica e mecânica em algumas partes do pistão.

Finas camadas (cerca de 1 μm) de chumbo e estanho são depositadas eletroliticamente para minimizar a possibilidade de engripamentos durante a partida do motor ou em outras condições em que a lubrificação é insuficiente. Revestimento de grafita também é utilizado em pistões de caminhões, com espessura variando entre 15 e 20 μm.

Como barreira térmica normalmente se utiliza a anodização, com camadas variando de 40 a 120 μm. A anodização produz um filme de alumina (Al_2O_3) através de um processo eletrolítico. Como a alumina é muito dura e inerte quimicamente, esse filme também melhora a resistência à corrosão e ao desgaste.

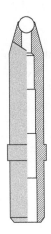

Figura 7.9
Desenho da ponta de uma caneta comum com a esfera. Diâmetro: ≈ 2 mm.

7.2 PONTA DE CANETA ESFEROGRÁFICA

7.2.1 Apresentação do produto

A caneta esferográfica foi inventada por Laslo Biro e seu irmão, nos EUA, em 1938. Mas foi em 1945 que o francês Marcel Bich desenvolveu um processo de fabricação de baixo custo que permitiu a popularização das canetas que hoje são um padrão universal. O funcionamento é simples, trata-se basicamente de uma esfera, de latão, aço, ou "metal duro" WC-Co, que gira livremente dentro de uma cavidade na ponta da caneta. Esta cavidade é ligada ao depósito de tinta de modo que, quando a esfera gira, ocorre a distribuição da tinta de forma gradativa sobre o papel. A ponta de uma caneta esferográfica é responsável por dar suporte à esfera que gira e distribui a tinta no papel.

A Figura 7.9 apresenta o desenho de uma ponta de caneta comum onde são indicadas algumas dimensões e tolerâncias.

7.2.2 Características e propriedades exigidas

Devido às pequenas dimensões do produto, a característica mais importante é a precisão dimensional, sendo fundamental para que a esferográfica proporcione uma escrita suave, uniforme e sem falhas. Essa precisão dimensional precisa ser mantida durante toda a vida útil da caneta, portanto, o produto deve apresentar resistência mecânica suficiente para suportar as cargas impostas sem que haja deformações permanentes.

O produto também precisa resistir a impactos para que continue funcionando mesmo depois que a caneta tenha caído ao chão, por exemplo.

Variações térmicas também não podem alterar significativamente as dimensões do produto, caso contrário a caneta poderá soltar muita tinta em dias mais quentes ou ocorrer o engripamento do mecanismo em dias mais frios.

A ponta da caneta também deve ser resistente ao ataque químico da tinta, das mãos, água e de outros produtos químicos encontrados em nosso dia a dia.

A esfera, particularmente, deve manter sua forma inalterada durante a aplicação de carga e não pode sofrer desgaste durante a sua vida útil, que é em torno de

2 km de escrita para as canetas comuns, enquanto uma caneta de qualidade superior pode produzir mais de 8 km.

> Conclui-se, portanto, que o material desse produto deve apresentar as seguintes propriedades:
>
> - Alta resistência mecânica.
> - Alta tenacidade.
> - Alta dureza e alto módulo de elasticidade para a esfera.
> - Baixo coeficiente de dilatação térmica.
> - Alta resistência à corrosão.
> - Deve ser de fácil usinagem devido à grande precisão dimensional.

7.2.3 Material

O material mais usado na fabricação de pontas de canetas é a liga de cobre com zinco, denominada latão, cuja composição é CuZn39Pb3 (UNS C38500 ou CEN CW614N). A composição química especificada para essa liga é apresentada na Tabela 7.4 e as principais propriedades desse material são apresentadas na 7.5.

Tabela 7.4 Composição química do latão UNS C38500

Cu	Pb	Fe	Outros	Zn
55,0 - 60,0	2,0 - 3,8	0,35 máx.	0,5 máx.	Restante

Tabela 7.5 Propriedades do latão UNS C38500 na condição M30 (extruda a quente)

Limite de resistência	415 MPa
Resistência mecânica	140 MPa
Dureza	122 kgf/mm^2 (Vickers)
Módulo de elasticidade	97 GPa
Intervalo de fusão	875 a 890 °C
Coeficiente de expansão térmica	$20,9 \times 10^{-6}\,°C^{-1}$
Usinabilidade	90% do latão C36000
Capacidade de ser trabalhado a frio	Pobre
Capacidade de ser trabalhado a quente	Ótima, entre 625 e 725 °C

Destacam-se nesse material a ótima capacidade de ser trabalhado a quente e sua ótima usinabilidade. Além disso, possui boa resistência mecânica, boa resistência à corrosão e é relativamente barato.

A ótima usinabilidade permite usinagem em alta velocidade com bom acabamento superficial. O elemento responsável por isso é o chumbo, que sendo insolúvel no cobre, forma pequenas inclusões que lubrificam as ferramentas de corte e favorecem a ruptura localizada na base dos cavacos. O estanho tem a função de melhorar a resistência à corrosão da liga. O Fe aumenta a resistência mecânica e dureza e, portanto, não deve ultrapassar o limite estabelecido pela norma, pois se estiver em teores elevados, prejudica as boas propriedades de usinagem.

Para as canetas de melhor qualidade o material usado na confecção da ponta é um aço inoxidável martensítico, como por exemplo, o AISI 416 ou o ferrítico SF20T, que é uma modificação do AISI 444 com pequenas adições de Pb e Te para melhorar a usinabilidade. O SF20T tem melhor usinabilidade e melhor capacidade de conformação a frio do que oAISI 416.

A Tabela 7.6 apresenta as composições químicas desses aços e a Tabela 7.7 suas principais propriedades. Note como estas são superiores à liga de latão para a aplicação em pontas de caneta.

Tabela 7.6 Composição química de aços inoxidáveis usados em pontas de caneta. Porcentagens em peso, balanço Fe

Liga	C	Si	Mn	P	S	Ni	Cr	Mo	Pb	Te
AISI 416	0,15	1,0	1,25	0,06	0,15	-	12-14	-	-	-
SF20T	<0,05	<1	<2	<0,05	<0,15	<0,16	19-21	1,5-2,5	0,1-0,3	> 0,03

Tabela 7.7 Propriedades de aços inoxidáveis usados em pontas de caneta

Liga	Resistência Mecânica ** (MPa)	Módulo de Elasticidade (GPa)	Dureza Vickers (kgf/mm^2)	Coeficiente de expansão térmica* (°C^{-1})
AISI 416	450-550	200	235-300	$10,0 \times 10^{-6}$
SF20T	390-560	200	240-260	$11,0 \times 10^{-6}$

* a 25 °C; ** recozido e trabalhado a frio.

As propriedades exigidas para a esfera na ponta da caneta geralmente são obtidas pela utilização de "metal duro" WC-Co, que nesse caso é um compósito de matriz metálica (uma liga de Co) com uma grande fração (88-96%) de partículas de carbeto de tungstênio (WC). Decorre daí o fato do material desse tipo de esfera para canetas ser denominado apenas de "carbeto de tungstênio". A tabela 7.8 apresenta as principais propriedades desse "metal duro".

Tabela 7.8 Propriedades do compósito WC-Co

Resistência mecânica	1,2 a 2,2 GPa
Módulo de elasticidade	420 a 630 GPa
Dureza	1.300 a 1.700 kgf/mm^2 (Vickers)
Coeficiente de expansão térmica	54×10^{-6} °C^{-1}

Figura 7.10
Desenho esquemático do corte do arame e recalque a frio das pré-formas de pontas de canetas.

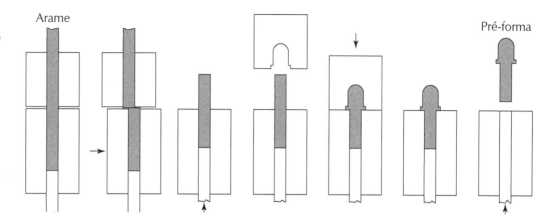

O compósito WC-Co tem uma altíssima dureza, alta rigidez, alta resistência mecânica e boa resistência à corrosão.

7.2.4 Processo de fabricação

A fabricação das pontas comuns começa com o fio de latão, de aproximadamente 2 mm de diâmetro.

Como a precisão dimensional exigida para as pontas é muito rigorosa, o único processo capaz de atingir as tolerâncias estreitas necessárias é a usinagem.

Para que as peças tenham uma geometria mais próxima da forma final, o arame é cortado e forjado a frio. Nessa etapa, uma prensa com várias matrizes montadas em um disco rotativo corta por cisalhamento e recalca o arame para criar o anel que circunda o meio da peça, ajustar os diâmetros das duas extremidades do produto e promover uma angulação na ponta. Essas operações são feitas com lubrificação que o arame recebe logo antes de entrar na máquina. Essa etapa é bastante produtiva, gerando mais de 2 peças por segundo.

Além de economizar material e garantir o alinhamento da peça (que dificilmente seria obtido por torneamento), a deformação a frio por recalque promove encruamento que aumenta a resistência mecânica e a dureza.

A Figura 7.10 ilustra as operações de corte e recalque.

Como o processo de prensagem produz pequenas rebarbas, as peças são colocadas em um tambor giratório para eliminá-las. O atrito promovido dentro do tambor, entre as peças e abrasivos (Al_2O_3, SiC, por exemplo) em meio aquoso ou óleo, retira as rebarbas enquanto um desengraxante, que também é adicionado, retira o óleo das peças. Cerca de 30.000 peças podem ser limpas e rebarbadas de uma só vez. Depois do tamboreamento as peças são separadas do desengraxante e dos resíduos por peneiramento. A Figura 7.11 ilustra a operação de tamboreamento.

Nesta altura, as pontas estão prontas para a usinagem e montagem, que segue a sequência apresentada na Figura 7.12 de forma resumida; nessa figura estão incluídas também as etapas de montagem.

Um centro de usinagem controlado numericamente (CNC) com um carrossel contendo 20 estações produz aproximadamente uma ponta de caneta por segundo.

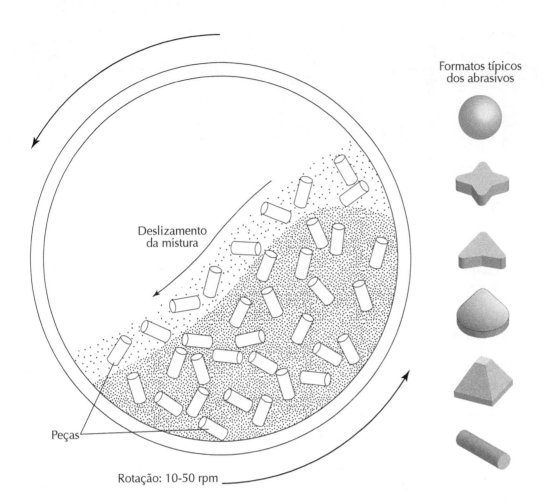

Figura 7.11
Ilustração esquemática da operação de tamboreamento usada para eliminação das rebarbas.

Nesta máquina são executadas todas as operações de furação, desbaste, usinagem e conformação do encaixe e colocação da esfera e dobramento da borda para sua fixação. O óleo solúvel é utilizado em todas as operações de usinagem, pois é uma opção de baixo custo com grande capacidade de refrigeração (devido à água que contém), reduz a fumaça e elimina os riscos de combustão dos finos cavacos formados.

A primeira etapa consiste na furação do canal que transporta a tinta até a esfera. Essa furação é feita em diversas etapas para que o canal seja escalonado, com diâmetros que variam de 0,9 a 1,2 mm, como ilustra a Figura 7.13. O ângulo da ponta é feito por desbaste como ilustra a Figura 7.14.

A velocidade de rotação das brocas varia de 7.000 a 15.000 rpm e o avanço é de aproximadamente 10 a 20 μm/revolução.

Na extremidade onde será encaixada a esfera, primeiramente, é feito um furo de centro para garantir que a cavidade fique bem centralizada. Em seguida, uma broca faz o furo que interliga o canal de alimentação de tinta e a cavidade da esfera, como ilustra a Figura 7.15.

A cavidade que abriga a esfera é alargada para que fique com um formato esférico e côncavo capaz de abrigar cerca de 70% do volume da esfera, como ilustra a Figura 7.16. Para que a tinta seja corretamente distribuída quando a esfera gira, 5 microcanais são criados na extremidade do canal principal. Diferentemente das

Figura 7.12
Fotos da ponta da caneta ao final das etapas de confirmação, usinagem e montagem. Diâmetro: ≈ 2 mm.

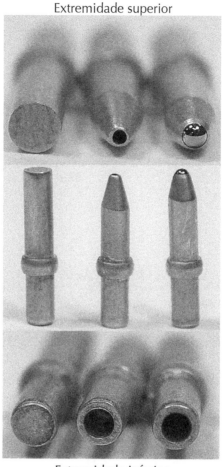

Extremidade superior

Extremidade inferior

Figura 7.13
Sequência de furos que produzem o canal de alimentação de tinta da ponta da caneta.

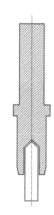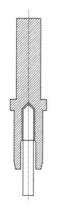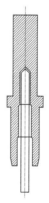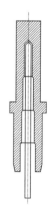

Figura 7.14
Desbaste da ponta da caneta.

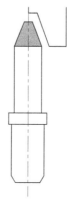

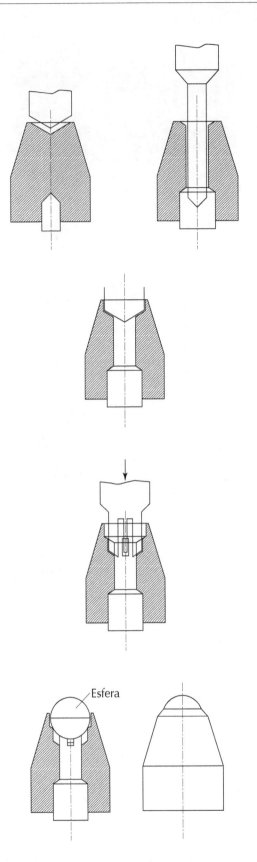

Figura 7.15
Furação de centro e da ligação do canal de alimentação de tinta com a cavidade da esfera.

Figura 7.16
Usinagem da cavidade que abriga a esfera.

Figura 7.17
Estampagem dos microcanais de distribuição de tinta e dos ressaltos na cavidade que abriga a esfera.

Figura 7.18
Encaixe da esfera e dobramento da borda da ponta.

outras etapas, esses microcanais são estampados, como ilustra a Figura 7.17. Durante esse processo, além dos canais, ressaltos centrais são criados, isso impede que a esfera obstrua a passagem da tinta quando é forçada contra a superfície do papel. Neste ponto, a esfera é introduzida na cavidade e sua fixação é feita pelo dobramento da borda da ponta, como ilustra a Figura 7.18.

Figura 7.19
Fluxograma do processo de fabricação da ponta de uma caneta esferográfica.

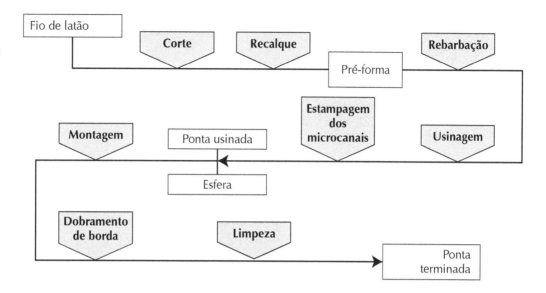

Dependendo do tipo de ferramenta usada no processo de usinagem, a durabilidade pode variar de 500 mil a 2 milhões de peças produzidas. As ferramentas de "metal duro" são as mais duráveis.

Depois de montadas, as pontas ainda passam por processos de limpeza, centrifugação a 80 °C e lavagem para a completa eliminação de resíduos.

A Figura 7.19 apresenta um fluxograma resumido de todo o processo de fabricação da ponta de uma caneta esferográfica.

A fabricação das esferas de WC-Co é um caso à parte, ela combina dois processos:

1. Primeiro ocorre a fabricação de pré-formas, esféricas e sinterizadas, por técnicas de metalurgia do pó, similares às da produção de buchas autolubrificantes (Seção 6.10) com a diferença que no presente caso busca-se a máxima densificação do componente. A sinterização é feita a 1.500 °C com presença de fase líquida, em que ocorre fusão parcial do pó (Co), molhando e reagindo com todas as partículas de WC, assim atingindo uma densidade de aproximadamente 100%.

2. A pré-forma é, então, retificada e polida até atingir o formato esférico final; as técnicas de retificação e polimento são similares às descritas na seção 7.3.4 para o caso da produção de esferas de aço para rolamentos.

7.3 ROLAMENTO

7.3.1 Apresentação do produto

O rolamento é um mecanismo que garante uma ligação móvel entre dois elementos de um mecanismo de rotação, como um eixo e uma roda, por exemplo. O uso de rolamentos é antigo; no Egito supõe-se que as gigantescas pedras usadas na construção das pirâmides eram transportadas sobre troncos. Nos destroços de um barco romano datado de 40 a.C. foi encontrado um rolamento de esferas que dava suporte a uma mesa giratória. Em 1.500, Leonardo da Vinci desenhou seu rolamento, ilustrado na Figura 7.20.

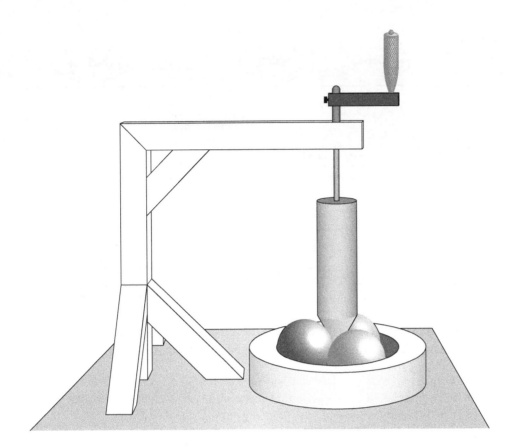

Figura 7.20
Rolamento idealizado por Leonardo da Vinci.

O principal objetivo de um rolamento é diminuir o atrito existente entre as partes móveis. A diminuição do atrito se dá através de esferas, cilindros ou troncos cônicos muito lisos que giram sobre superfícies igualmente muito lisas.

Há vários tipos de rolamentos dependendo do uso específico. Os rolamentos mais usados são os de esferas, de roletes, de esferas axiais, de roletes axiais e os de rolos cônicos.

O mais conhecido é o rolamento de esferas, ilustrado na Figura 7.21.

Estes rolamentos podem suportar tanto cargas radiais quanto axiais e normalmente são usados quando a carga não é grande. A carga é transmitida de uma pista para a outra através das esferas, sendo estas o único contato entre as pistas. Como a área de contato entre a esfera e a pista é muito pequena, isso propicia uma rotação muito suave; por outro lado, a pressão nesses pontos de contato é grande e o rolamento pode ser danificado, por exemplo, pelo esmagamento das esferas, se a carga aplicada for muito grande. Os rolamentos de rolos, como o ilustrado na Figura 7.22, são utilizados quando as cargas radiais são grandes. Nesse tipo de rolamento, o elemento deslizante é um cilindro que possui uma área de contato maior com as pistas e por isso distribui melhor a pressão. Por outro lado, esse tipo de rolamento não suporta grande carga axial. Os rolamentos de rolos cônicos podem suportar grandes cargas radiais e axiais. Os elementos deslizantes são troncos de cone, como ilustra a Figura 7.22. Esse tipo de rolamento é usado, por exemplo, nos eixos das rodas de automóveis.

Os rolamentos axiais têm como função suportar, principalmente, cargas axiais. Exemplos de uso são bancos, cadeiras mesas e plataformas giratórias. Esse tipo de

Figura 7.21
Desenho, em corte, de um rolamento de esferas.

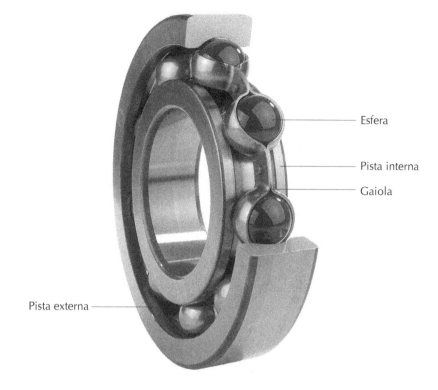

Figura 7.22
Rolamento de rolos e um rolamento de rolos cônicos.

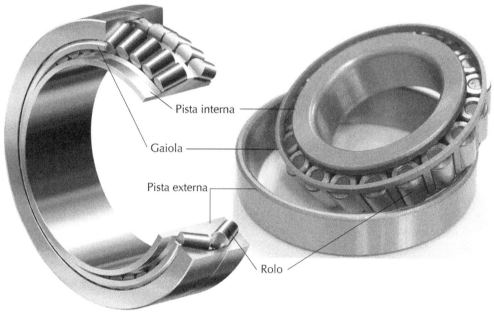

rolamento não suporta bem cargas radiais. A Figura 7.23 ilustra as gaiolas de um rolamento axial de esferas e de um rolamento axial de rolos. Os rolamentos axiais de rolos suportam cargas bem maiores que os axiais de esferas e são usados, por exemplo, em sistemas de transmissão de automóveis.

7.3.2 Características e propriedades exigidas

Um rolamento deve possuir alta resistência mecânica para suportar as cargas às quais será submetido sem sofrer deformações significativas que prejudiquem sua precisão dimensional. Deve também suportar impactos.

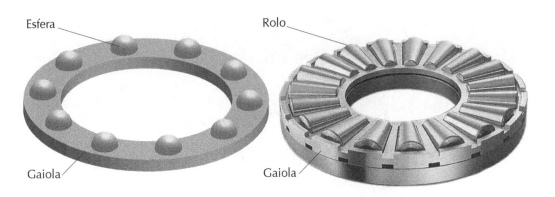

Figura 7.23
Gaiolas de rolamentos axiais, de esferas e de rolos.

A precisão dimensional do componente é muito importante e as tolerâncias são geralmente muito estreitas. Tanto os elementos deslizantes quanto as pistas devem resistir ao desgaste, devido ao atrito provocado durante o funcionamento. A resistência à fadiga também se aplica a esse caso, principalmente a resistência à fadiga superficial. Esse requisito é importante para que a precisão dimensional do componente se mantenha constante pelo máximo de tempo possível.

Em geral, os rolamentos operam em condições de lubrificação realizada por óleos e graxas, mas algumas aplicações exigem ainda que o componente seja resistente à corrosão. Alguns rolamentos possuem a cavidade com os elementos deslizantes preenchida com graxa e selada, nas duas faces, por anéis que impedem a entrada de contaminantes. Esse tipo de rolamento é usado em locais onde não há lubrificação externa.

A grande maioria dos rolamentos opera sob as seguintes condições:

- Temperaturas máximas de 120 a 150 °C, embora breves picos de 175 °C sejam tolerados.

- Temperaturas mínimas de –50 °C.

- As superfícies de contato entre os elementos deslizantes e as pistas estão sempre lubrificadas.

- A máxima pressão de contato entre os elementos deslizantes e as pistas está entre 2,1 e 3,1 GPa.

Conclui-se, portanto, que o material desse produto deve apresentar as seguintes propriedades:

- Alta resistência mecânica.
- Alta tenacidade.
- Alta resistência à fadiga.
- Alta dureza superficial.
- Resistência à corrosão (em alguns casos).
- Deve ser de fácil usinagem devido à grande precisão dimensional.

7.3.3 Material

Os materiais mais usados na fabricação de rolamentos são os aços, devido ao seu custo benefício. Os aços são relativamente baratos e poucas adições de elementos de liga os tornam muito versáteis quanto às características microestruturais e, consequentemente quanto às suas propriedades. É possível, por exemplo, confeccionar uma peça de alta resistência, tenaz e ao mesmo tempo muito dura na superfície. Além disso, os aços podem ser forjados com relativa facilidade e usinados para que as peças alcancem grandes precisões.

Excetuando-se alguns rolamentos especiais que usam outros tipos de materiais, como cerâmicas duras, principalmente devido às características superiores desses materiais na resistência ao desgaste, tradicionalmente os rolamentos são feitos de aços de alta resistência de alto ou baixo carbono (para cementação). Os aços de alto carbono podem ser totalmente endurecidos por tratamento térmico ou endurecidos somente na superfície por indução. Os aços de baixo carbono são endurecidos por cementação mantendo o núcleo tenaz. Ambos os tipos de aço apresentam características atraentes para a aplicação em rolamentos.

Os aços de alto carbono:

- Podem suportar maiores pressões de contato, como as que ocorrem em rolamentos de esferas.

- São simplesmente temperados e revenidos, o que é uma operação mais simples do que a cementação.

- São mais estáveis dimensionalmente em temperatura mais elevadas porque possuem muito pouca austenita retida após o tratamento térmico.

Os aços para cementação (baixo carbono):

- Apresentam mais ductilidade superficial (devido à austenita retida oriunda do tratamento termoquímico), o que permite uma melhor acomodação de aumentos abruptos de pressão causados por partículas de resíduos ou desalinhamentos no rolamento.

- Produzem peças com um alto nível de tenacidade no núcleo.

- Quando cementados apresentam tensão residual compressiva na superfície, o que melhora a resistência ao dobramento e reduz a taxa de propagação de trincas de fadiga na superfície.

- São mais fáceis de usinar antes do tratamento térmico.

O sucesso de um aço no uso em rolamentos não depende muito do tipo de aço escolhido, mas da maneira com que é tratado.

A resistência à fadiga superficial geralmente aumenta com o aumento da dureza. Já a resistência à fadiga devida à flexão tende a ser maior nos aços cementados graças ao estado compressivo de tensões residuais na superfície e à maior tenacidade do núcleo.

A Tabela 7.9 apresenta as composições químicas dos aços de alto carbono mais usados na fabricação de rolamentos.

Tabela 7.9 Composição química de aços de alto carbono usados em rolamentos. Porcentagens em massa, balanço Fe

Liga	C	Mn	Si	Cr	Ni	Mo
AISI 52100	1,04	0,35	0,25	1,45	-	-
ASTM A 485-1	0,97	1,10	0,60	1,05	-	-
ASTM A 485-3	1,02	0,78	0,22	1,30	-	0,25
TBS-9	0,95	0,65	0,22	0,50	0,25 máx.	0,12
SUJ 1	1,02	<0,50	0,25	1,05	<0,25	<0,08
105Cr6	0,97	0,32	0,25	1,52	-	-

A Tabela 7.10 apresenta as composições químicas dos aços para cementação mais usados em rolamentos.

Tabela 7.10 Composição química de aços para cementação usados em rolamentos. Porcentagens em massa, balanço Fe

Liga	C	Mn	Si	Cr	Ni	Mo
AISI 4118	0,20	0,80	0,22	0,50		0,11
AISI 5120	0,20	0,80	0,22	0,80	-	-
AISI 8620	0,20	0,80	0,22	0,50	0,55	0,20
AISI 4620	0,20	0,55	0,22	-	1,82	0,25
AISI 4320	0,20	0,55	0,22	0,50	1,82	0,25
AISI 3310	0,10	0,52	0,22	1,57	3,50	-
SCM420	0,20	0,72	0,25	1,05	-	0,22

A resistência das peças do rolamento à fadiga superficial é muito dependente da microestrutura, da espessura da camada superficial e, consequentemente, do aço e do tratamento térmico executado. A Figura 7.24 ilustra como o limite de resistência à fadiga superficial depende da microestrutura formada.

No caso de rolamentos especiais, como aqueles que devem resistir a temperaturas mais altas ou corrosão, outros tipos de aços são utilizados; por exemplo o aço M50 para temperaturas mais elevadas do que o usual e o aço inoxidável 440C para rolamentos que devem resistir à corrosão ou oxidação.

7.3.4 Processo de fabricação

Será considerada neste estudo de caso a fabricação de um rolamento de esferas, que é o tipo mais comum. Embora existam algumas etapas de forjamento, os principais processos empregados são de usinagem, principalmente devido à grande precisão dimensional que os componentes devem apresentar.

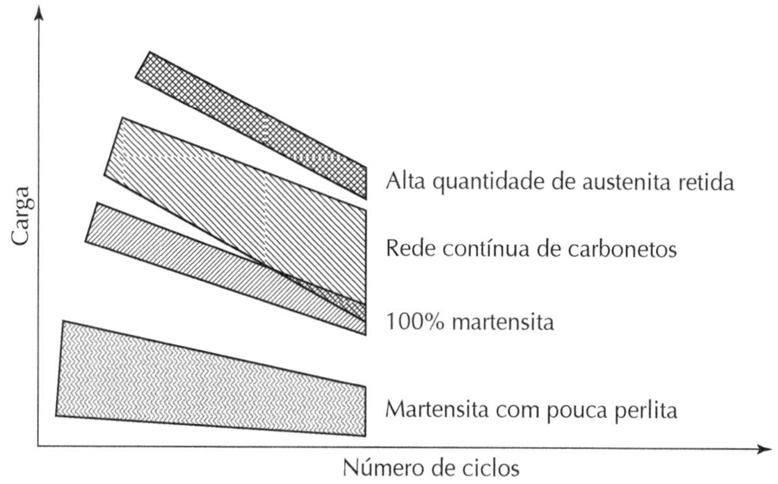

Figura 7.24
Limite relativo de resistência à fadiga superficial para diferentes tipos de microestrutura em aços para rolamentos.

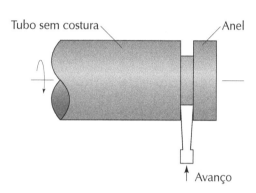

Figura 7.25
Ilustração da operação de sangramento para corte de anéis de rolamentos a partir de um tubo sem costura.

Primeiramente, será explicado como são fabricadas as pistas, interna e externa, dos rolamentos.

O início do processo depende basicamente do tamanho do rolamento. Para o caso de rolamentos comuns, de menor porte, os materiais de partida são tubos de aço sem costura. Eles são cortados por usinagem, fornecendo anéis que serão usados na confecção das pistas, como ilustra a Figura 7.25. A usinagem do anel interno, por exemplo, demanda quatro operações e dura de 6 a 7 minutos. No caso de rolamentos de maior porte, esses anéis são inicialmente forjados e depois usinados. Como se trata de um rolamento de esferas, o tipo de aço mais usado é o de alto carbono. Como visto anteriormente, esse tipo de aço suporta maiores pressões de contato devido à pequena área de apoio entre as esferas e as pistas.

O próximo passo consiste, então, no tratamento térmico dos anéis. Utiliza-se normalmente uma temperatura entre 820 e 850 °C para a austenitização e a têmpera é realizada em óleo entre 40 a 80 °C. Depois disso, os anéis sofrem um tratamento térmico de alívio de tensões pelo aquecimento na faixa de 150 a 180 °C. O resfriamento final é natural, ao ar. É necessário que, após o tratamento térmico, os anéis apresentem dureza entre 59 e 64 Rc.

A forma final dos anéis é conferida através de retificação desses anéis tratados termicamente. A forma final não pode ser conferida por usinagem, em processo mais simples do que a retificação, antes do tratamento térmico, porque este último causa distorção e mudanças de dimensão. Portanto, devido à grande precisão dimensional dos componentes, a usinagem só pode ser feita depois do tratamento

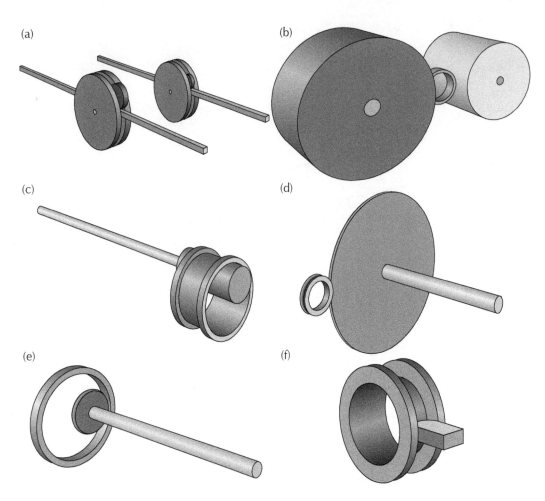

Figura 7.26
Operações de retificação dos anéis do rolamento.
(a) Retificação das faces.
(b) Retificação da parte externa do anel externo.
(c) Retificação da parte interna do anel interno.
(d) Retificação da pista do anel interno.
(e) Retificação da pista do anel externo.
(f) Polimento da pista do anel interno.

térmico, o que exige o uso de retíficas devido à grande dureza. Várias são as operações de retificação aplicadas, como ilustra a Figura 7.26. A operação final é de polimento das pistas.

Na retificação, a velocidade relativa entre as superfícies é alta, cerca de 35 m/s. A maior parte da energia usada é convertida em calor, o que causa grande elevação da temperatura na superfície. Por esse motivo, a refrigeração é sempre constante e abundante. Durante a retificação, se os parâmetros forem ajustados corretamente, ocorre deformação plástica na superfície, o que provoca um estado compressivo de tensões residuais que é benéfico.

Quanto maior a dureza do aço, maior a dificuldade de retificação. Não só a dureza da matriz, mas a dureza, o tamanho e a distribuição de carbonetos são importantes para definir o tipo de rebolo e os parâmetros a serem usados. A escolha deve-se pautar tanto por critérios técnicos quanto econômicos. Se baseada somente em critérios econômicos há sério risco de resultados desastrosos, com perdas de ferramentas, produtos e danos em equipamentos. Porém, a escolha baseada somente em critérios técnicos pode levar a altos custos sem necessidade real.

A fabricação das esferas dos rolamentos segue uma rota bem particular. Primeiramente, uma pré-forma da esfera é retirada de uma barra maciça por forjamento a frio. No caso de aços com alto teor de carbono, considerado neste estudo de caso, estes devem passar antes por um tratamento térmico de esferoidização. Esse tra-

Figura 7.27
Métodos de produção de pré-formas esféricas.
(a) Variação do processo de laminação transversal.
(b) Forjamento por estampo em matriz.

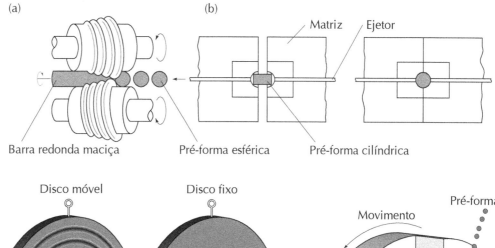

Figura 7.28
Discos para conformação de esferas de rolamento e seu funcionamento.

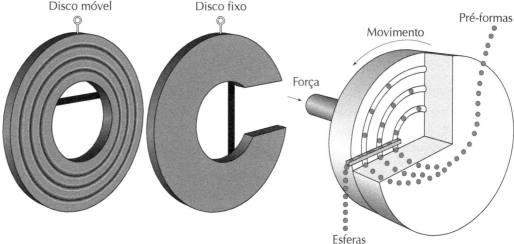

tamento produz partículas de cementita, com formato mais ou menos esférico, imersas numa matriz de ferrita o que torna o aço bem mais dúctil.

A operação de fabricação da pré-forma pode ser feita de duas maneiras:

1. Por uma variação do processo de laminação transversal, através do uso de rolos de laminação oblíquos com sulcos helicoidais na superfície (Figura 7.27a).

2. Por forjamento, com uma operação de estampo em matriz (Figura 7.27b)

No segundo caso o processo produz uma rebarba central e em ambos os casos as pré-formas não são totalmente regulares, isto é, não são muito esféricas.

As pré-formas das esferas são, então, conformadas em uma máquina que consiste de dois discos paralelos que giram em sentidos contrários. Nas faces dos discos, existem canais na forma de anéis, dispostos de maneira radial, desde a parte central dos discos até a periferia, como ilustra a Figura 7.28. A superfície desses discos é tratada para apresentar alta dureza. Um dos discos, o fixo, tem uma porção aberta, é neste local que as esferas são colocadas e retiradas.

Os discos ficam posicionados um de frente para o outro com uma distância que equivale ao diâmetro final das esferas. Quando um dos discos gira, as esferas são forçadas a percorrer os canais existentes entre eles, isso deforma e encrua a superfície das esferas, inclusive causando a ruptura de rebarbas e excessos. Depois de percorrer um dos canais, a esfera cai na abertura inicial e entra de maneira aleatória em outro canal. Esse processo se repete continuamente para muitas esferas ao mesmo tempo. Como todas as esferas percorrem todos os canais, muitas vezes, e de maneira aleatória, assegura-se que todas saiam da máquina com o mesmo tamanho. Esse processo gera muito calor e precisa de refrigeração constante, normalmente realizada com água.

Depois da conformação, as esferas são tratadas termicamente, seguindo os mesmos procedimentos já descritos para os anéis do rolamento.

Após o tratamento térmico, as esferas também são retificadas para chegar à forma final. A retificação é feita em uma máquina similar à usada anteriormente com a diferença que nesse caso utiliza-se um líquido refrigerante que contém partículas abrasivas.

Ao final desse processo, as esferas têm precisão de 10 μm.

A etapa final consiste no polimento feito no mesmo tipo de máquina, mas, nesse caso, os discos não são tão duros, menos pressão é utilizada para fechar os discos e uma pasta de polimento é usada. No final, as esferas apresentam uma superfície muito lisa e brilhante.

A Figura 7.29 mostra as diversas etapas na produção das esferas.

As gaiolas que mantêm as esferas posicionadas dentro do rolamento são obtidas por estampagem de folhas de aço que, nesse caso, não precisam de tratamento térmico. Elas são produzidas em duas metades que depois se encaixam dentro do rolamento através de pinos e furos.

A montagem final é realizada automaticamente. Primeiramente, o anel central é colocado dentro do anel externo, ambos sobre uma superfície. O anel interno não é colocado no centro, e sim deslocado para a lateral do anel externo. Isso permite que as esferas sejam colocadas com facilidade entre os dois anéis, veja Figura 7.30. As esferas são depois posicionadas de maneira simetricamente espaçada através de hastes que as rolam para as posições corretas. Neste momento, a gaiola é montada sobre as esferas através de uma prensa que, ao mesmo tempo, insere os pinos nos furos das gaiolas, fixando todo o conjunto. A pressão aplicada deforma plasticamente os pinos, prendendo-os permanentemente.

A Figura 7.31 mostra o fluxograma com as etapas de fabricação do rolamento.

Figura 7.29
Etapas de produção das esferas de aço para rolamentos. Diâmetro da esfera: 11 mm.

Figura 7.30
Ilustração do processo final de montagem do rolamento. Diâmetro externo do rolamento: 85 mm.

Figura 7.31

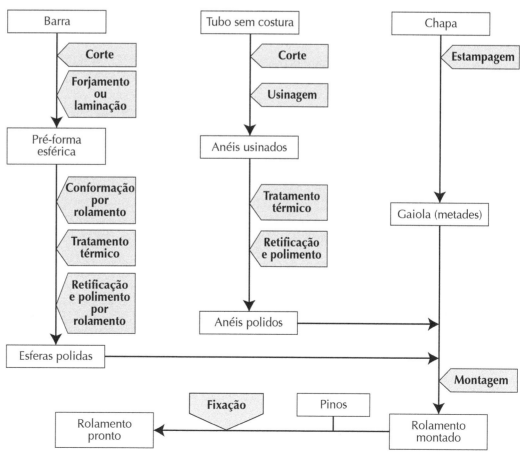

7.4 FILAMENTO DE LÂMPADA INCANDESCENTE

7.4.1 Apresentação do produto

O filamento de uma lâmpada incandescente é o responsável por transformar a energia elétrica em energia luminosa através do efeito Joule. Devido à resistência do filamento a corrente elétrica provoca seu aquecimento. Se a temperatura atingir níveis elevados, o filamento emite fótons de luz visível que são mais energéticos quanto mais alta a temperatura do filamento. Para que todos os comprimentos de onda da luz visível sejam emitidos, o filamento precisa atingir temperaturas muito elevadas. Numa lâmpada comum, essa temperatura fica em torno de 3.000 °C.

Os filamentos podem operar em uma ampla faixa de voltagem, desde 1,5 até 300 V, não exigem nenhum tipo de regulagem externa e ainda podem ser acoplados a circuitos que permitem o controle do brilho por meio da variação da voltagem aplicada. São relativamente baratos e largamente empregados em lâmpadas, embora sua eficiência seja muito pequena quando comparados com outros métodos de iluminação mais modernos. Apenas 5% da energia empregada é convertida em luz enquanto o restante se converte em calor. Apesar disso continuam sendo bastante empregados, pois, embora sua durabilidade seja menor que a de outros dispositivos mais modernos, esta ainda os torna economicamente atraentes.

A Figura 7.32 mostra em mais detalhes como é um filamento de lâmpada comum.

Uma lâmpada de 60 W, por exemplo, possui um filamento com comprimento de 580 mm, duplamente espiralado, e com diâmetro de 45 µm.

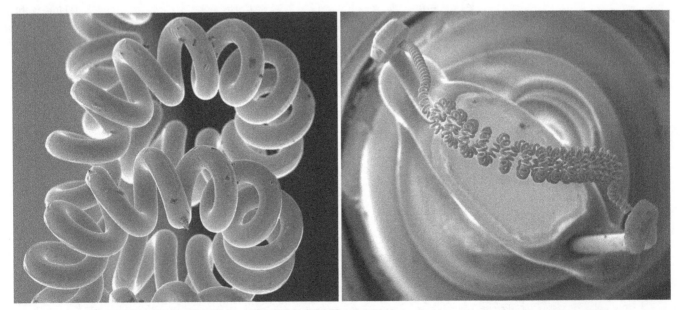

Figura 7.32 Filamento de uma lâmpada incandescente comum. Diâmetro do fio: 77 µm.

7.4.2 Características e propriedades exigidas

Para que o filamento tenha boa luminosidade e vida útil aceitável, é imprescindível que ele se funda somente em temperaturas extremamente altas, acima da temperatura de funcionamento da lâmpada. O filamento também precisa suportar a alta temperatura a que será submetido por centenas de horas mantendo suas propriedades e resistindo à fadiga térmica induzida pelos ciclos de aquecimento e resfriamento (liga e desliga da lâmpada). Outra característica importante é não evaporar durante o uso, o que pode provocar redução da seção transversal em alguns locais, causando sobreaquecimento com consequente fusão ("queima") e ruptura do componente.

Conclui-se, portanto, que o material desse produto deve apresentar as seguintes propriedades:

- Alta temperatura de fusão (refratário).
- Baixo coeficiente de dilatação térmica, para minimizar a fadiga térmica.

7.4.3 Material

Os primeiros filamentos eram feitos de carbono, platina e ósmio. O primeiro tinha uma vida útil muito curta enquanto os outros dois eram caros e não produziam uma boa luminosidade.

A partir do início do século XX os filamentos passaram a ser fabricados com tungstênio. O tungstênio é o metal mais refratário que se conhece, ele possui temperatura de fusão de 3.410 °C, baixa taxa de evaporação em altas temperaturas e baixo coeficiente de dilatação térmica, $4,5 \times 10^{-6}$ °C^{-1}. Em temperaturas muito elevadas, em torno de 3.000 °C, que são próximas de sua temperatura de fusão, o tungstênio está sujeito ao fenômeno de fluência, que faz o filamento deformar com o próprio peso até chegar à ruptura e consequente "queima" da lâmpada. Para minimizar esse efeito e aumentar muito a vida dos filamentos, o tungstênio recebe pequenas adições (ppm) de óxidos de potássio, silício e alumínio.

7.4.4 Processo de fabricação

O tungstênio não pode ser extraído do seu minério por fusão, devido à temperatura extremamente elevada. A redução ocorre por reação química em estado sólido, em alta temperatura, dando origem ao pó de tungstênio, que é a matéria-prima usada para a fabricação dos filamentos.

A Figura 7.33 ilustra o fluxograma geral do processo de obtenção de um filamento de tungstênio.

O primeiro passo é transformar o pó em uma barra sólida que possa ser processada por técnicas de conformação plástica. Para isso, utilizam-se as técnicas da metalurgia do pó. O pó de tungstênio, com tamanho médio de partícula de 150 μm, é misturado com um ligante em misturadores do tipo Y ou duplo cone. Esse ligante

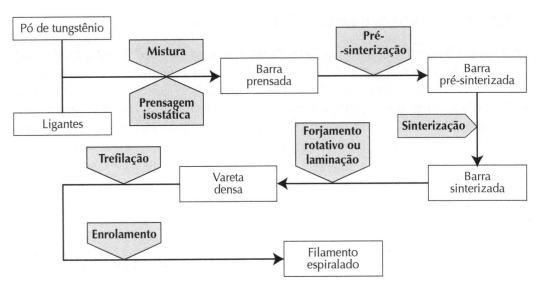

Figura 7.33
Fluxograma do processo de fabricação de um filamento de tungstênio.

facilita a união das partículas durante a compactação, permitindo que o produto seja manuseado devido à sua grande fragilidade. A prensagem é feita isostaticamente, a cerca de 300 MPa, em moldes de borracha para gerar barras de seção circular ou em prensas uniaxiais, no caso de seções retangulares ou hexagonais. O comprimento das varetas varia entre 60 e 120 mm e a espessura de 4 a 30 mm. A densidade alcançada é de aproximadamente 56%.

A barra compactada é pré-sinterizada em alta temperatura, 1.200 a 1.400 °C, sob atmosfera de hidrogênio, por 10 a 15 minutos, chegando a uma densidade de 60 a 70%. As partículas começam a se ligar nessa etapa, mas praticamente não há crescimento dos grãos. A sinterização final é feita através de aquecimento pela passagem de corrente elétrica na barra, de 5.000 a 6.000 A, realizada dentro de um recipiente preenchido com hidrogênio e com as paredes refrigeradas à água, como ilustra a Figura 7.34. A temperatura varia em patamares crescentes até atingir 2.900 °C, com um tempo total de 45 minutos, conforme ilustra a Figura 7.35. Nessa etapa, além da sinterização, começa o crescimento dos grãos. A densidade final alcançada é de 85 a 95% e ocorre a perda de diversos elementos dopantes como mostra a Figura 7.35. O controle desta etapa é importante, pois, ao final, os principais dopantes, K, Si e Al, devem permanecer em níveis mínimos para que sejam efetivos no prolongamento da vida útil do filamento, como discutido anteriormente.

Depois da sinterização começa a etapa de conformação plástica. A barra já tem resistência mecânica suficiente para ser trabalhada, mas é frágil à temperatura ambiente e não pode ser deformada plasticamente. Por isso, as operações de conformação ocorrem em alta temperatura, de 1.200 a 1.500 °C, condições em que o tungstênio pode ser forjado e trefilado.

Para as barras de menor espessura, de 4 a 7 mm, utiliza-se um processo de forjamento rotativo. A barra é continuamente puxada entre martelos que giram e comprimem a vareta com 10.000 pancadas por minuto, como ilustra a Figura 7.36. Vários passes são realizados nessa etapa, a redução do diâmetro é de aproximadamente 12% a cada passe. Durante o processo, a densidade máxima é alcançada, os grãos são alongados e alinhados na direção longitudinal da vareta. Essa operação de forjamento produz, ao final, uma vareta com espessura de aproximadamente 2,5 mm.

Figura 7.34
Sistema de sinterização de tungstênio pela passagem de corrente elétrica.

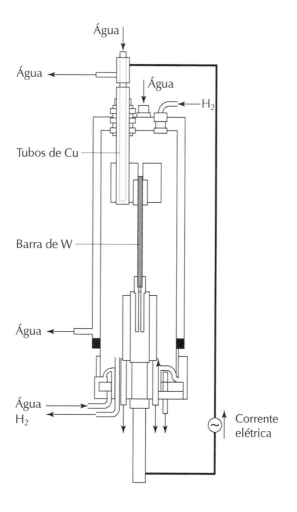

Figura 7.35
Curva de sinterização (tempo x temperatura) da vareta de tungstênio e perda de elementos dopantes com o tempo.

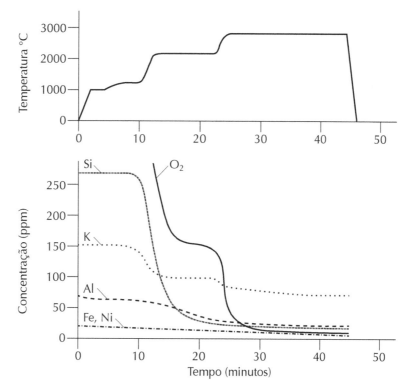

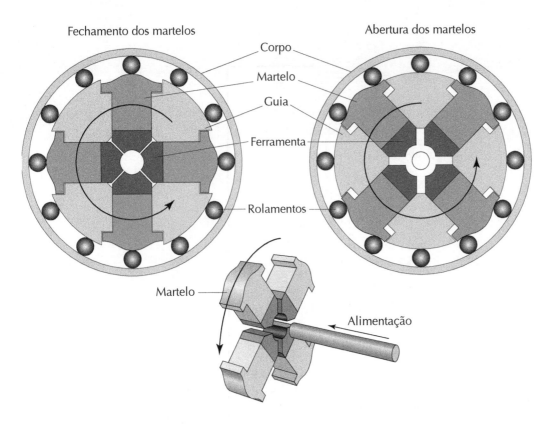

Figura 7.36
Ilustração em corte de um equipamento de forjamento rotativo.

Como o forjamento rotativo não é muito produtivo, cerca de 3 m/min, no caso de barras mais espessas utiliza-se um trem de laminação, até que o diâmetro final chegue a 4 mm ou menos.

Entre os passes ocorrem operações de reaquecimento para recristalização e alívio de tensões. A limpeza superficial também é necessária, geralmente feita em banhos de ácidos, principalmente para eliminar o Fe advindo dos rolos de laminação. No caso de forjamento rotativo, forma-se um filme de WO_3 relativamente estável que protege a barra.

O processo final de conformação utilizado é a trefilação em vários passes que reduzem gradativamente o diâmetro do fio. Matrizes de "metal duro" (WC-Co) são usadas até uma espessura de aproximadamente 0,5 mm. Abaixo dessa espessura, são utilizadas matrizes de diamante (natural ou sintético). O lubrificante utilizado é a grafita. Para guiar o fio, entre um trefilador e outro, utilizam-se suportes, cilíndricos ou cônicos, revestidos com alumina, zircônia ou crômia.

A trefilação continua, com muitas e progressivas reduções, até que o filamento chegue a um diâmetro final na faixa de algumas dezenas de micrômetros, podendo ser reduzido até 5 µm.

A última etapa consiste no enrolamento do filamento para formar a dupla espiral.

Primeiro, enrola-se, a frio, o filamento de W sobre um fio de Mo com o diâmetro interno da espiral mais fina (vide Figura 7.32). Segundo, enrola-se esse conjunto sobre outro fio de Mo, mais espesso, com o diâmetro interno da espiral maior (vide Figura 7.32). O conjunto é aquecido a cerca de 1.400 °C para alívio de tensões e, depois disso, o Mo é eliminado por dissolução química em uma mistura contendo ácido nítrico e sulfúrico, restando apenas a dupla espiral de W.

7.5 BIBLIOGRAFIA

Apostila: Fabricação do Pistão de Liga Leve, Mahle Metal Leve S.A.

Apostila: Tecnologia em Pistão, Mahle Metal Leve S.A.

ASM Handbook, v. 2. Properties and Selection : Nonferrous Alloys and Special-Purpose Materiais, ASM International Handbook Committee, 2008.

ASM Handbook, v. 15. Casting, ASM International Handbook Committee, 2008.

LASSNER, E.; SCHUBERT, W-D. - Tungsten: Properties, Chemistry, Technology ofthe Element, Alloys, and Chemical Compounds, Kluwer Academic/Plenum Publishers, New York,1999.

KANE, R.; SELL, H. - Revolution in lamps: a chronicle of 50 years of progress, 2a. ed., The Fairmont Press, Inc., 2001.

MACISAAC, D.; KANNER, G.; ANDERSON, G.; Basic Physics ofthe Incandescent Lamp (Lightbulb), The Physics Teacher v. 37, p. 251. Dez. 1999.